80 002 684 011

Weston Favell

KU-365-624

Please return / renew this item by last
date shown. Books may also be renewed
by phone or the Internet.

Northamptonshire Libraries and Information Service

Northamptonshire
County Council

www.northamptonshire.gov.uk/catalogue

Rodzicom
moim i Janka

Krystyna Kaplan

LONDYN
po polsku

Świat Książki

Projekt okładki i opracowanie graficzne książki
Cecylia Staniszewska

Zdjęcia
*Krystyna i Jan Kaplan, Kaplan Productions Archive
oraz B. Obst, A. Pisarski, W. Plewiński i East News*

Plany na wyklejkach
Carta Blanca

Redaktor prowadzący
Tomasz Jendryczko

Redakcja
Anna Tłuchowska

Indeksy
Małgorzata Dehnel-Szyc

Korekta
Grażyna Henel

Świat Książki
Warszawa 2006

Bertelsmann Media sp. z o.o.
ul. Rosoła 10
02-786 Warszawa

Skład i łamanie
Page Graph

Druk i oprawa
Perfekt, Warszawa

ISBN 83-247-0283-0
ISBN 978-83-247-0283-1

Nr 5568

Mieszkam w Londynie od 1976 roku, tak więc uważam siebie za starego londyńczyka. Kiedy zaczęłam zbierać materiały do przewodnika, nie tylko odkryłam wielu wybitnych, niezwykle twórczych Polaków, ale także odwiedziłam wiele miejsc, o których wiedziałam, że istnieją, ale w których nigdy nie byłam. Z radością wplatałam polskie nici do tego „londyńskiego gobelinu".

Przyjechałam do stolicy Wielkiej Brytanii w czasach, kiedy jeszcze czuło się smak lat sześćdziesiątych. W sklepach można było ciągle znaleźć kosmetyki Biby w czarnych flakonikach i pudełeczkach ze złotym secesyjno-celtyckim symbolem (Biba to firma Barbary Hulanickiej). Pamiętam, że odwiedziłam wiele miejsc związanych z emigracją niepodległościową, Ognisko, Instytut Sikorskiego, POSK, restaurację „Daquise" i inne. Dzięki pracy w filmie (najpierw jako montażystka, później jako reżyserka i producentka), spotkałam wiele osobistości, m.in. Ivana Vaughna, przyjaciela Paula McCartneya, który go poznał z Johnem Lennonem, Omara Shariffa i trzech światowych mistrzów brydżowych w hotelu na Knightsbridge, gdzie odbywał się brydżowy turniej „Sunday Times'a". Spędziłam w pubie wieczór z George'em Bestem, legendarnym piłkarzem Manchester United – okazało się, że w bilard potrafię go pobić. Przy okazji robienia filmu o ogrodach Rothschildów byłam na obiedzie z Jamesem Masonem, hollywoodzkim aktorem, który był także znakomitym ogrodnikiem. Podczas nagrywania komentarza z Edwardem Foxem (aktorem znanym z filmu *Dzień Szakala*) spędziłam kilka godzin w studio. (Nagrywanie trzeba było powtórzyć, ponieważ Foxowi plątał się język – tego rana wypił zapewne coś więcej niż herbatę). Na jednym z przyjęć poznałam odtwórczynię przeboju z lat sześćdziesiątych ubiegłego stulecia *Those were the days*, Walijkę, Mary Hopkins. Czasami były to krótkie rozmowy z aktorami, reżyserami, projektantami (Daniel Day Lewis, John Malkovich, Zandra Rhodes), czasami ktoś mi tylko mignął na jakiejś imprezie (wnuk Churchilla czy też księżna Diana na Wimbledonie). Margaret Thatcher zapytała, czy mam odpowiedni obiektyw, kiedy robiłam jej zdjęcie. (Muszę przyznać, że miała w sobie magnetyzm jak wszyscy ci, którzy są u władzy; jej twarz pokrywał meszek, jak brzoskwinię).

Kolorowość Londynu była odurzająca. W pewnym sensie Polacy nie wydawali mi się tak barwni i interesujący. Może dlatego, że jako przybysza z socjalistycznej Polski traktowano mnie (i innych) tutaj z pewną powściągliwością. Emigracja na pewno jest podejrzliwa i nieufna. Zacytuję Lechonia, który napisał w roku 1955:

„«Dziennik Polski» w Londynie nawołuje do tworzenia «Komitetów ocalenia», do tropienia szpiegów i agentów Warszawy. Bardzo nie lubię szpiegów i agentów, ale uważam, że równie potrzebne byłyby komitety do walki z głupotą i złodziejstwem na emigracji. Gdyby nie durnie i złodzieje, żadni agenci nikogo by nie zwerbowali".

Kiedy robiłam filmy dokumentalne dla angielskiej telewizji, współpracowałam z Andrzejem Kostenką (w młodości operatorem Polańskiego) przy filmie o festiwalu w Jarocinie. Raz czy dwa spotkałam Skolimowskiego, z którym przeprowadziłam wywiad dla „Ekranu". Wywiadu tego nigdy nie wysłałam (może dlatego, że reżyser próbował mnie częstować marihuaną albo dlatego, że czułam pustkę ziejącą z jego filmu *Wrzask*). Przez ostatnich sześć lat często rozmawiałam z byłym kapitanem Markiem Ołdakowskim, którego łódź podwodna zatopiła niemiecki statek transportowy „Rio de Janeiro". Miał on dużą wiedzę historyczną. Tych czysto polskich kontaktów nie było wiele i ze względów czasowych, i geograficznych. Londyn jest olbrzymim ośmiomilionowym miastem, w dodatku bardzo rozległym. (Polskie dzielnice mieszczą się na zachodzie, ja mieszkam na północy). Dopiero kiedy Janina Baranowska, kierowniczka galerii w POSK-u zgodziła się na moją pierwszą wystawę w 2001 roku, zaczęłam częściej bywać w zachodnim Londynie, w polskich kręgach, przebywać z polskimi artystami, rozmawiać z ludźmi ze starszego pokolenia, które cudem przetrwało zsyłkę na

Sybir i wymknęło się dwóm ludobójcom: Stalinowi i Hitlerowi. Niedawno malarz Andrzej Dawidowski powiedział mi, że jeszcze siedem lat temu na wystawach polskich artystów nie było napisów po angielsku. Kiedy od czasu do czasu przyszli Anglicy, bardzo się dziwili. W pewnym sensie Polacy zaczęli się otwierać na świat niedawno. Może dlatego, że wreszcie zaszły upragnione zmiany polityczne w kraju i doczekali się... zwycięstwa, Polski niepodległej. A może dlatego, że mieliśmy polskiego papieża, który swoim moralnym autorytetem pozwolił nam wszystkim odzyskać cząstkę godności i dumy narodowej. „Świat jest teraz dużo uboższy bez tej busoli etycznej", powiedziała pewna Polka po śmierci Jana Pawła II. Może też w końcu dlatego, że po prostu się zmieniamy.

Dopiero niedawno zaczęłam odkrywać skarby, jakie londyńscy Polacy zostawili po sobie i zostawiają. Aby móc to odkryć, musiałam najpierw sama dojrzeć, nauczyć się angielskiego, poznać kulturę wyspiarzy, zwiedzić trochę świat, i zrozumieć, że nie wszystko, co się świeci, ma wartość. Kiedy odchodzą ludzie prawi i odważni, którzy zasłużyli na order za samą uczciwość, odczuwam ból, że czegoś nie zapisałam, nie zarejestrowałam, że z nimi nie porozmawiałam. (Ale gdybym to robiła, być może nie nakręciłabym 60 filmów, nie napisała paru artykułów i książek, nie stworzyła kilku gobelinów czy kilkudziesięciu batików). Pocieszam się tym, że są wśród Polaków ludzie, którzy prowadzą dzienniki, pamiętniki, robią zapiski. Nie boję się, że nasza historia zostanie wypaczona i że się o nas zapomni.

Mam nadzieję, że świat, który odkryłam, poznałam i zbadałam (na pewno nie w całości) przybliży czytelnikowi to wspaniałe miasto i jego polskich mieszkańców.

Chciałabym podziękować Magdzie Szkucie, kustoszowi polskich zbiorów Nowej Biblioteki Brytyjskiej, która znalazła dla mnie wiele ważnych pozycji bibliograficznych, a także odbyła ze mną długą i ciekawą rozmowę. Wiele osób w POSK-u okazało mi dużo życzliwości: dziękuję prezesowi Mieczysławowi Stachiewiczowi z Instytutu Józefa Piłsudskiego i jego asystentkom, a także tym wszystkim w POSK-u, którzy byli niezwykle serdeczni, życzyli mi dobrze i uśmiechali się do mnie często. Bez ich uśmiechu trudniej byłoby pisać.

Niektóre tłumaczenia robiłam sama w dużym pośpiechu i dlatego bardzo doceniam wkład Urszuli Smereckiej z Wrocławia, która zna angielski, ma wspaniałą wrażliwość językową i cierpliwie szlifowała je tu i tam.

Wiele zawdzięczam pomocy: Olgi Sienko, Sławomira Blattona, Piotra Kirkiłły, Wojtka Sobczyńskiego, Basi Zarzyckiej, Ireny Delmar, Grzegorza Zagórskiego, Jasi Reichardt, która prowadzi archiwum Themersonów, prof. Wojciecha Falkowskiego (któremu szczególnie dziękuję za informacje o PUNO i udostępnienie listów), prof. Jacka Lohmana (jego pomoc i katalogi o Muzeum Londyńskim, a także entuzjazm, który wykazał, kiedy dowiedział się o projekcie, były nieocenione).

W trzech muzeach kuratorzy i ich asystenci okazali się wspaniałą kopalnią wiedzy: Peter Devitt z Muzeum RAF-u, Nigel Steel z Imperial War Museum oraz Margaret Reid i Fulvio Rubesa z Dulwich Picture Gallery.

Dziękuję również tym, którzy wysłali mi materiały z pozwoleniem ich użycia, Maryli Jakubowskiej, Rafałowi Młodzianowskiemu; konsulowi Januszowi Wachowi za pozwolenie sfotografowania obrazu z Zamku i Aleksandrowi Kropiwnickiemu za pozwolenie sfotografowania wnętrza polskiej ambasady.

Jak zwykle dziękuję też wielu innym bibliotekarkom i bibliotekarzom, którzy potrafią wszystko znaleźć, a szczególnie paniom pracującym w POSK-u, Markowi Jaroszowi z Wiener Library, Bibliotece Wolnomularzy i Martinowi Cherry'emu, który wynalazł mi polskie pozycje, dotyczące historii wolnomularstwa.

Przepraszam z góry wszystkich tych, których nie wymieniłam, a którzy czasami doradzali mi, jak pójść we właściwym kierunku. Dziennikarka Martyna Mazurek przy kawie dzieliła się ze mną swoją wiedzą o emigracji i jej wybitnych osobistościach. Wytworna Jean Pateman i jej podopieczna Aneta Gomulnicka pozwoliły mi zapoznać się z pięknym cmentarzem Highgate, nie tylko ze sztuką nagrobną, ale także z gatunkami drzew i kwiatów tam rosnących.

Jestem wdzięczna Zofii Komedzie-Trzcińskiej, która mimo choroby i trudności z oddychaniem rozmawiała ze mną kilka razy i opowiadała mi o swoim i męża pobycie w Londynie. Z Zofią skontaktował mnie życzliwy Krzysztof Balkiewicz. Dziękuję także Nabilowi Shabanowi, aktorowi, który świetnie zapamiętał podniecenie, jakie ogarnęło wszystkich, gdy przyszli obejrzeć sztukę Kapuścińskiego

Cesarz w Royal Court Theatre, szczególnie wojowniczo nastawionych rastafarianów.

Chciałabym także podziękować mojej rodzinie, za komputer, za książkę, za odwiedziny, za rady, za sprawdzenie diagnozy choroby Kościuszki i za wiele innych rzeczy. Jak zwykle tym, który mnie zawsze wspierał, jest mój mąż, jemu też dziękuję za nieustanną pomoc i cierpliwość. Jego rady dotyczyły wielu tematów: negocjacji, komputerów, fotografii i wytrwałości, wiary w siebie i w swój talent.

Jestem bardzo wdzięczna wszystkim za duże i małe perełki, które ofiarowali mi z największą przysłowiową polską szczodrością.

Więcej informacji na temat moich filmów, książek i kolaży można znaleźć na stronie: http://kaplan.4me.pl

Gmachy Parlamentu

Westminster, czyli zachodni klasztor, to niegdyś opactwo benedyktynów leżące na zachód od City of London (miasta Londyn). City of Westminster rozrosło się i egzystowało jako oddzielne miasto, a w XX wieku zostało połączone z historycznym Londynem.

Jest to najciekawsza część Londynu pod względem polityczno-historycznym. (Nie biorę tu pod uwagę placu Grosvenor, gdzie mieści się amerykańska ambasada i gdzie po przystąpieniu Stanów Zjednoczonych do drugiej wojny światowej odbywały się narady Amerykanów z Brytyjczykami). Znajdują się tu gmachy Parlamentu (Houses of Parliament) i ulica prowadząca na północ, zwana Whitehall,

Neogotyckie gmachy Parlamentu od strony Tamizy

której odgałęzieniem jest króciutki zaułek – Downing Street, z siedzibą premiera, budynki Ministerstwa Spraw Zagranicznych, Skarbu, Admiralicja, policja, nieco na południe nad rzeką siedziba wywiadu, po drugiej stronie rzeki – kontrwywiadu, jednym słowem, w tej części miasta mieści się serce angielskiej władzy, stąd kieruje się całym krajem, tutaj zapadają decyzje, które mają wpływ na życie Brytyjczyków i na losy innych państw. Kiedy mówimy Westminster, mamy zawsze na myśli historyczną siedzibę rządu i Kościoła, wypełnioną posągami i monumentalnymi budynkami administracji.

Zegar na wieży z Big Benem

Kiedy tu przychodzę, nie myślę jednak o polityce, ale koncentruję się na „widokówkowym" Londynie – podziwiam piękną wieżę ze słynnym zegarem i dzwonem Big Benem, która jest częścią gmachów Parlamentu – przypomina mi ona zawsze o punktualności Anglików. Zerkam na strzeliste wieże Opactwa Westminsterskiego (Westminster Abbey), zielony plac Parlamentu (Parliament Square) z pomnikiem Churchilla (niedaleko za rogiem kryją się bunkry, których Churchill nie cierpiał i starał się nie używać). Obserwuję nowe autobusy, tzw. *bendies* (przegubowce), widzę jak wśród nich przemyka jeden pięćdziesięcioletni staruszek, piętrowy routemaster (Unia Europejska zabroniła ich używać, bo są ponoć niebezpieczne). Na rogu Whitehall i placu Parlamentu – eleganckie wejście z kutego żelaza prowadzi do jednej z najnowocześniejszych stacji metra, Westminster, obok stoją czerwone budki telefoniczne z wyciśniętą koroną i pierwszą literą imienia królowej.

Członkowie polskiego rządu, którzy znaleźli się tutaj w 1940 roku, szybko poznali Whitehall i plac Parlamentu, często je przemierzając tam i z powrotem. Pełne napięcia dni poprzedzające wypowiedzenie wojny wspomina ówczesny ambasador polski Edward Raczyński (w tym czasie premierem był nadal Neville Chamberlain, który w oczach wielu skompromitował się uległością wobec żądań Hitlera i w 1938 roku podpisał układ monachijski, przyznający Rzeszy teren Sudetów, należący do Czechosłowacji):

„O 3-ej po południu 1-go września pojechałem do Izby Gmin... Sala przepełniona, galerie pełne ludzi rozgorączkowanych, na galerii dyplomatycznej prawie cały korpus, ale bez ambasadora sowieckiego p. Majskiego. Cały budynek w ciemnościach, w przejściach słabe widmowe lampy elektryczne na ziemi, osłonięte metalowymi pokryciami, rzucały

Stylowe wejście
do stacji metra
Westminster

sinawy blask na kamienne posadzki. Podobnie w samej Izbie okna wzdłuż galerii zasłonięte czarnymi firankami.

Premier wstał i wygłosił mowę, w której rzucił rękawicę Hitlerowi i hitleryzmowi i zapowiedział walkę aż do ich zniszczenia. Potem przemawiał poseł Greenwood... [po nim] Sinclair – w podobnym tonie. Po nich ni stąd ni zowąd poseł Gallacher, jedyny w izbie komunista, próbował rozpaczliwie pogodzić tradycyjne wyzwiska pod adresem «faszyzmów» z nową przyjaźnią hitlerowsko-sowiecką. Służba parlamentarna wywołała mnie i wraz z bracią ambasadorską, niemal na jej czele, zaprowadziła do jej najlepszych miejsc na dyplomatycznej ławce".

Dzień później:

„... przy czarnych firankach, dyskretnie osłoniętych światłach. Sala przepełniona, galerie też. Trzymam się jako tako, ale w duszy mam – jak mówią Francuzi – śmierć. Zza krzesła Speakera wychodzi premier, gorąco witany. Atmosfera jest naelektryzowana, ale nie ta sama co wczoraj, zdaje się być wypełniona podrażnieniem i niepokojem. Premier mówi cicho i wyraża przypuszczenie, że, jeżeli Francja ujawniła wahanie w postawieniu ultimatum Hitlerowi, to być może zrobiła to pod «wpływem oczekiwania na rezultat pokojowej inicjatywy Mussoliniego». Izba wysłuchuje tych słów w niemym zdumieniu. Ale kiedy po premierze wstał poseł, aby zająć stanowisko imieniem Labour Party, z różnych stron padają okrzyki: «Speak, Speak». – «Speak for Britain». Okrzyki te wychodzą od liberałów i konserwatystów. Greenwood mówi z największym umiarem, ale i z widocznym wzruszeniem. Dobiera słów, aby wyrazić to, co wszyscy czują, a kiedy improwizując w pewnym momencie stwierdza, że wystąpienia po stronie polskiej wymaga „interes Wielkiej Brytanii" – z wielu ław podnoszą się głosy protestujące: «Honour». Nastrój w izbie jest stanowczy, a nawet gniewny, że w końcowych słowach premiera jest znaczne usztywnienie. Premier obiecuje na dzień następny, w niedzielę 3 września, na godz. 12 w południe definitywną odpowiedź na dręczące wszystkich pytanie.

...Wróciłem do domu i wówczas... zadzwonił do mnie Winston Churchill. W tych gorących dniach telefonował do mnie często, pytając o informacje, o wiadomości z frontu lub po prostu dla dodania mi otuchy. Tym razem zapytał, co słychać nowego, a kiedy odpowiedziałem, że decyzja Anglii i Francji jest wciąż w zawieszeniu, z wolna i głucho wystękał: «Ufam, ufam... że Anglia dotrzyma, dotrzyma swego...» nie dopowiedział, że dotrzyma «słowa». Głos mu uwiązł w gardle i przez telefon usłyszałem szloch, niespodziewany przeze mnie w tej chwili. Brzmiało w nim gorzkie upokorzenie, a także troska".

(Notabene, Churchill był jednym z nielicznych polityków, który przeczytał książkę Hitlera *Mein Kampf* i wiedział, jakie zamiary miał ten były austriacki kapral wobec Europy). „W niedzielę 3 września Anglia wręczyła o godz. 9 rano przez swego ambasadora w Berlinie, sir Neville Hendersona, ultimatum z terminem dwugodzinnym. Później tego samego dnia zrobiła to Francja".

Polaków w Londynie oczekiwał następny cios – 17 września Związek Radziecki (lub jak to się mówi w Londynie i prasie angielskiej „Sowiecki") napadł na Polskę ze wschodu.

Churchill, którego przemówienia w Izbie Gmin cieszyły się coraz większą popularnością (w maju 1940 roku zostanie wybrany na premiera), powiedział, że dwa mocarstwa zaatakowały Polskę, ale ona się nie podda, ponieważ heroiczna obrona Warszawy wskazuje na niezniszczalność polskiego ducha. À propos Rosji dodał, że jest ona „zagadką zapakowaną w tajemnicę, wewnątrz tajemnicy"...

Podziwiając gmachy Parlamentu patrzymy na neogotycką architekturę XIX wieku (1812–1852). Średniowieczny pałac Westminsterski, który stał w tym miejscu, spłonął w 1834 roku, z wyjątkiem Westminster Hall – części, która znajduje się za pomnikiem Cromwella. Westminster Hall (obecnie przedsionek do Izby Gmin) został zbudowany w 1097 roku i odrestaurowany 300 lat później. Dodano wówczas nowy dach. Po wspomnianym pożarze przebudowę powierzono dwóm architektom, sir Charlesowi Barry'emu i Augustusowi Puginowi. Pugin był jednym z najbardziej znanych architektów neogotyku. Wieża z Big Benem, Wieża Wiktorii (po stronie południowej) i wnętrza to właśnie jego dzieła. Książę Wellington zasugerował, ażeby gmachy stanęły tuż nad rzeką; w razie rozru-

Gmachy Parlamentu, Big Ben i most Westminsterski

chów tłumom byłoby trudniej zagrozić posłom, ukrytym wewnątrz budynku. Stąd dostęp od rzeki nie jest możliwy. Od 1512 roku mieści się tutaj Izba Gmin i Izba Lordów.

Dla nas gmachy Parlamentu są ciekawe z powodu wnuka Mieszka I – Kanuta Wielkiego (995–1035), pierwszego władcy zjednoczonej Anglii. Córka Mieszka wyszła za mąż za króla duńskiego Svena Widłobrodego, który zbrojnie najeżdżał Anglię. Ich syn Kanut został władcą Anglii po utwierdzeniu podbojów ojca. Za panowania Kanuta rozpoczęto budowę pałacu Westminsterskiego – około 1020 roku. Pięćdziesiąt lat później stał się on londyńską siedzibą Wilhelma Zdobywcy. Kiedy Henryk VIII wyprowadził się do pałacu Whitehall, pałac Westminsterski stał się wyłącznie siedzibą rządu.

Polakiem, który przychodził tutaj często, ucząc się polityki, był młody Stanisław August Poniatowski (1732–1798). Bawił on w Londynie przez cztery miesiące w 1754 roku, odwiedzał Parlament, obserwując i polityków, i wnętrza. Uważał, że Izba Lordów wygląda dosyć biednie w porównaniu z wielkim i pięknym polskim senatem, ale podziwiał wysoki poziom debat. Pewnego dnia, kiedy siedział na galerii, został rozpoznany przez Lorda Kanclerza, który go pozdrowił w imieniu zgromadzenia. Poniatowski był anglo-

14

filem. Podczas swojego czteromiesięcznego pobytu złożył wizytę królowi Jerzemu III, który potraktował go wielce łaskawie, podbił serca kilku Angielek i wydrapał swoje imię w katedrze św. Pawła, pod kopułą, na ścianie złotej galerii. Miał wówczas 22 lata. W 10 lat później został wybrany na króla, a w 1795 roku zmuszono go do abdykacji.

Izba Lordów

Gmachy Parlamentu od strony północnej zamyka wieża ze sławnym zegarem. Dźwięczny czternastotonowy dzwon nazwano Big Benem na cześć atlety Benjamina Caunta, który ważył 102 kilogramy. Inni twierdzą, że nosi on imię sir Benjamina Halla, przewodniczącego komisji rządowej, nadzorującej prace nad wieżą. Dzwon zawieszono w 1858 roku, a jego dźwięk stał się symbolem Brytanii na całym świecie, od czasu kiedy radio BBC rozpoczyna nim swój program. Pierwsza transmisja odbyła się w ostatnim dniu 1923 roku. Pewna polska dziennikarka dzieli się zabawnymi szczegółami na ten temat, pisząc: „Pierwszy mikrofon umieszczono w dzwonnicy, w dętce piłki nożnej, wypchanej watą, by go uchronić od wibracji. Gołębie, które zamieszkały na wieży, zaczęły używać waty do budowania gniazd i dziurawiły dętkę, by ją wyskubać. Zastąpiono więc piłkę pudełkiem wyłożonym filcem, pozbawiając gołębie materiału tapicer-

Pomnik Cromwella
stoi przed najstarszą
częścią gmachów
Parlamentu

skiego". Okazuje się, że londyńskie wojny z gołębiami mają
długą tradycję.

Pomnik Olivera Cromwella (1599–1658), wybitnego
organizatora i wodza, stoi przed Westminster Hall. Przypomina o tym, że Anglia nie zawsze była monarchią. Jednemu
z królów obcięto nawet głowę w 1649 roku „za zdradę państwa". Karol I nadużywał władzy i po kłótni z Izbą Gmin
próbował rządzić bez Parlamentu. Rozpoczęła się wojna
domowa, zakończona egzekucją króla na ulicy Whitehall (na
ścianie Banqueting House znajduje się tablica uwieczniająca
ten historyczny moment). Cromwell był generałem wojsk
Parlamentu (nie przegrał ani jednej bitwy z armią królewską),
a później lordem protektorem Anglii, Szkocji i Irlandii.

Po śmierci został pochowany w Opactwie Westminsterskim. W 1660 roku Parlament zaprosił Karola II do objęcia tronu i kiedy przywrócono monarchię, postanowiono pośmiertnie ukarać Cromwella. Jego ciało wykopano, powieszono na szubienicy w Marble Arch (zawinięte w biały całun), a głowę wbito na drąg i zatknięto na Westminster Hall.

Były to czasy, kiedy królowie wierzyli w swoją własną propagandę, nawet w to, że są bogami. Na przykład Jakub I (1567–1625) powiedział, że „królowie są nie tylko zastępcami Boga na ziemi i siedzą na Jego tronie, ale nawet przez samego Boga są nazywani bogami..."

Popiersie króla Karola I na ścianie Banqueting House

Jeżeli odwiedzicie Londyn w pierwszych dniach listopada i będziecie zaintrygowani fajerwerkami, które się puszcza 5 listopada w noc Guya Fawkesa, dowiecie się, że w ten sposób czci się rocznicę Spisku Prochowego (Gunpowder Plot). W 1605 roku niewielka grupa katolickich spiskowców obmyśliła plan wysadzenia w powietrze protestanckiego króla Jakuba I i Parlamentu. (Katolicy byli skazywani na dyby i wysokie kary pieniężne za uczęszczanie na mszę świętą). Plan został wykryty, a sprawcy ukarani. Tuż po północy 5 listopada Guy Fawkes, odważny żołnierz, który miał wysadzić w powietrze Parlament, został schwytany w piwnicy, gdzie złożono proch. Przy okazji rozprawiono się z innymi „papistami". Rząd uznał, że dzień 5 listopada powinien stać się świętem narodowym, dniem, w którym czci się zwycięstwo nad katolicyzmem. Rozpala się wtedy ogniska, puszcza fajerwerki i pali kukłę Fawkesa.

Downing Street

Downing Street jest siedzibą brytyjskich premierów od 1732 roku. Po jednej stronie widać fasadę jednego z budynków Foreign Office, Ministerstwa Spraw Zagranicznych, naprzeciwko zaś, pod numerem 10, w domu wzniesionym w 1684 roku, mieszczą się biura premiera. Jeszcze dwadzieścia lat temu można było dokładnie obejrzeć wejście do rezydencji premiera. Przed drzwiami zawsze stał policjant. Obecnie ulica jest zamknięta masywną bramą i zaporą, która zapada się w ziemię, kiedy samochód wjeżdża lub wyjeżdża z ulicy, tak więc nie można już z bliska obejrzeć słynnego budynku.

Członkowie polskiego rządu, szczególnie ambasador Raczyński, często bywali wzywani na Downing Street na spotkania z Churchillem lub do Ministerstwa Spraw Zagranicznych. Po napaści Niemiec na Związek Radziecki i zerwaniu układu Sikorski–Majski, pogorszyły się stosunki polsko-angielskie. Na wiosnę 1943 roku podejrzliwy Raczyński zanotował w dzienniku, że ambasador Bogomołow „mnożył kontakty z Polakami różnych odcieni w rządzie, a nawet poza nim. We wszystkich rozmowach podkreśla zainteresowanie dla wewnętrznych spraw polskich, dopytywał się o opozycję przeciw premierowi Sikorskiemu.

„15 kwietnia wraz z gen. Sikorskim byłem na śniadaniu w rezydencji premiera przy Downing Street. Ze strony angielskiej poza Churchillem był obecny tylko podsekretarz stanu w Foreign Office, sir Aleksander Cadogan. Śniadanie podano na parterze, w pomieszczeniu ongiś służbowym, od czasu wojny przerobionym na małą salę jadalną poprzedzoną małym salonikiem, od czasów bombardowania w 1941 roku podpartą kilku drewnianymi belkami pomalowanymi na biało. Churchill był pochylony, miał nalaną twarz, ale w nastroju dość pogodnym, choć poważnym... «Póki żyję, nie odstąpię od zasad, którym hołdowałem zawsze, wolności indywidualnej i prawa do rzeczywistej niepodległości państw małych na równi z wielkimi». Obiecał interwencję u Stalina...

Horse Guards od strony parku St James's (z drugiej strony budynku stoi uroczysta konna warta)

Działo się to 15 kwietnia. Sensacyjne odkrycie grobów katyńskich od kilku dni już było głoszone z Berlina. Mówiliśmy o tym, że mamy obiektywne dowody, stwierdzające winę moskiewskiego NKWD. Churchill zachowaniem się swoim, aczkolwiek niewyraźnie, okazywał, że nie wątpi. Powiedział: «Bolszewicy mogą być bardzo okrutni». Dodawał jednak, że w ich bezwzględności leży ich siła, a ta służy sprawie przymierzonych, niszcząc siłę niemiecką.

...Dnia 16 kwietnia odbyło się w Foreign Office kolejne śniadanie ministra Edena poprzedzone zebraniem, na którym ministrowie spraw zagranicznych rządów europejskich rezydujących w Londynie mają sposobność w przeciągu niespełna godziny wysłuchać sprawozdania Edena o sytuacji wojskowo-politycznej... W czasie tych zebrań, których odbyło się wszystkiego 4 czy 5, schodzimy się najpierw w poczekalni FO na pierwszym piętrze, zamienionej wówczas na salę posiedzeń, i zasiadamy dookoła stołu na oznaczonych miejscach. Miejsca te zmieniają się od posiedzenia do posiedzenia w myśl protokołu, który zapewne jest obmyślony, ale którego reguł nie zgłębiłem.

Zebranie rozpoczyna się o 12.30, a o 1.30 jest śniadanie... Nastrój... przyjazny i koleżeński".

Kiedy Raczyński wyjawia, że rząd polski chce ogłosić komunikat, Anglicy reagują na to „bez entuzjazmu, ale z rezygnacją, prosząc tylko, aby w naszej deklaracji znalazło się zdanie zwrócone przeciwko metodom niemieckiej propagandy i pozwalające na interpretację odciążającą Sowiety".

Stalin stawia warunki, które dla Polaków są nie do przyjęcia, upiera się, że w Katyniu zbrodnię popełnili Niemcy, a nie Rosjanie. 26 kwietnia Związek Radziecki zrywa stosunki dyplomatyczne z Polską. 28 kwietnia generał Sikorski otrzymuje zaproszenie do ministra Edena i po południu razem z Raczyńskim idą do Churchilla.

„Na początku była krótka niema scena, kiedy nasza strona milczała, a Churchill ze swej strony czekał... Churchill doradzał pragmatyzm i cierpliwość. Od tej rozmowy rozwinęła się akcja rozjemcza W. Brytanii: o nawiązanie stosunków dyplomatycznych, o wypuszczenie Polaków z Rosji, jak dotąd bezskuteczna... Skończyło się na obietnicy Stalina, że obecnie nie będzie tworzył rządu polskiego w ZSRR, i na naciskach o uspokojenie prasy polskiej. To oficjalnie. Nieoficjalnie zaś, na żądaniu Stalina o czystkę w naszym rządzie".

Gmach Admiralicji, gdzie Churchillowie mieszkali w czasie wojny

Ciemne chmury gromadzą się nad głowami polskiego rządu w Londynie. Nawet Anglicy zaczynają okazywać zniecierpliwienie swoim sojusznikom, którzy upierają się przy tym, że to Rosjanie wymordowali bezbronnych polskich oficerów. Ich ręce były związane drutem i strzelano im w tył głowy.

Pomnik Nieznanego Żołnierza

Około stu pięćdziesięciu metrów na północ od placu Parlamentu stoi Pomnik Nieznanego Żołnierza (The Cenotaph), zaprojektowany przez Edwina Lutyensa. Słowo *cenolaph* oznacza „pusty grób" (z greckiego, *kenos* – pusty i *taphos* – grób). W konstrukcji pomnika wykorzystano grecką koncepcję *entasis*, w której linie wyglądające na proste są niedostrzegalnie wygięte. Monument został odsłonięty 11 listopada 1920 roku, w Dniu Zawieszenia Broni. Wzniesiono go dla uczczenia tych, którzy polegli w wojnach. Obyczaj złożenia w nim urny z wawrzynem, zawiniętej we flagę ułożoną na lawecie, zapoczątkowany przez Anglików, został powielony w innych krajach. Co roku o 10 rano w niedzielę najbliższą 11 listopada (tzw. Remembrance Sunday – Niedziela Pamięci), odbywa się uroczyste składanie wieńców z udziałem królowej, rządu, dyplomatów i kombatantów, także polskich. W listopadzie dajemy datek na kombatantów i otrzymujemy maleńki kwiatek maku ze sztucznego tworzywa, który przez parę dni nosimy przypięty do klapy.

20

Pomnik
Nieznanego Żołnierza
na Whitehall

W 2005 r. odsłonięto
pomnik upamiętniający
kobiety, które poległy
w czasie drugiej wojny
światowej

W Niedzielę Pamięci
składa się wieńce.
Są wśród nich kwiaty
od polskich
kombatantów

W książce pamiątkowej Cenotaphu odnalazłam własnoręcznie wpisany przez Conrada cytat z jego książki *Zwierciadło morza*:

„Wszystko przemija, wszystko się zmienia: wrogie uczucia narodów, manewrowanie flotami, kształty okrętów i nawet samo morze wydaje się inne i zmniejszone od czasów
lorda Nelsona. Wśród nieprzerwanego pędu cieni i mro-
ków – które niby ciemne widma dziwacznych chmur, suną-
ce w cień wietrzny po wodzie, przelatują mimo nas, aby

Conrad wpisał
własnoręcznie cytat
ze swojej książki
Zwierciadło morza.
Paderewski skreslił
melodię

zapaść na oślep za ostrym brzegiem nieubłaganego hory-
zontu – musimy się zwrócić do ducha narodu; ten duch
wyższy jest w swej sile i ciągłości nad zły czy dobry los i tylko on jeden może nam dać poczucie trwałego istnienia
i potęgi, wobec której los jest bezsilny".

Drogę do Cabinet War Rooms i Muzeum Churchilla dyskretnie wskazuje mały, czarny znak, umieszczony na Whitehall. Bunkry są dosyć głęboko ukryte pod obecnym Ministerstwem Skarbu pod dziewięćdziesięciocentymetrową warstwą cementu. Składają się z 21 pokoi bez okien, ale są wystarczająco duże, by pomieścić 500 osób, kantynę, szpital i strzelnicę. Od grudnia 1940 roku tutaj była kwatera dowodzenia Churchilla. Przyrzekł on, że będzie w niej „siedzieć tak długo, aż Niemcy zostaną pobici albo wyniosą go martwego". Jest tutaj sala konferencyjna, gabinet, sypialnia i tajna budka telefoniczna, zakamuflowana jako WC. Churchill miał tu nawet mównicę, za którą wypróbowywał przemówienia przed ich publicznym wygłoszeniem. Po wojnie, w 1948 roku, bunkry zamieniono na muzeum, ale tylko dla specjalnych gości. Od 1981 roku są one dostępne dla wszystkich. Biurko, telefon, którego premier używał, dzwoniąc do F.D. Roosevelta, pokój z mapą, pokrytą kolorowymi pineskami, i fragmenty jego przemówień pozwalają odczuć nie tylko atmosferę wojenną, ale także osobowość wybitnego polityka. Wyposażenie bunkra zachowało się w nietkniętym stanie. W pudełku na biurku Churchilla zostało nawet cygaro.

Muzeum i Bunkry Churchilla

Popiersie Churchilla przy wejściu do kwatery wojennej rządu

Nad głównym wejściem do Opactwa Westminsterskiego w 1998 roku umieszczono 10 nowych posągów chrześcijańskich męczenników. Jednym z nich jest ojciec Maksymilian Kolbe (1894–1941), franciszkanin. Kolbe został aresztowany przez Niemców w 1939 roku. Wkrótce zwolniony wrócił do klasztoru w Niepokalanowie, przygotowując tam 3000 miejsc dla wysiedlonych Polaków (w tym 1500 Żydów). Został ponownie zaaresztowany w lutym 1941 roku i razem z czterema innymi zakonnikami wywieziony w maju do Auschwitz. Po próbie ucieczki jednego z więźniów Niemcy wybrali co dziesiątą osobę, by skazać ją na śmierć głodową. Franciszek Gajowniczek, skazany na śmierć, żałował swojej żony i dzieci. Kolbe zaproponował swoje życie w zamian za życie Gajowniczka. 14 sierpnia po dwóch tygodniach bez wody i pożywienia, został zamordowany przez wstrzyknięcie fenolu. Ojciec Kolbe został beatyfikowany w 1971 roku przez Pawła VI i kanonizowany w 1982 roku przez Jana Pawła II. W uroczystości wziął udział Gajowniczek.

Opactwo Westminsterskie

Główne wejście
do Opactwa
Westminsterskiego.
Wieże fasady
wzniesiono w 1745 r.
według projektu
Nicholasa
Hawksmoora

Opactwo było założone przez Seberta, króla wschodnich Sasów, w 616 roku, a w kronikach zostało zapisane jako West Minster, czyli Zachodni Klasztor. W 1065 roku odbudowano je jako opactwo z 70 mnichami. Edward Wyznawca zasiadł wówczas na tronie w Pałacu Westminsterskim (obecnie gmachy Parlamentu). Opactwo jest najważniejszą budowlą religijną w Anglii. Od XVII wieku odbywały się tutaj koronacje (na przykład królowej Wiktorii w 1838 czy Elżbiety II w 1953 roku), śluby i pogrzeby królów. W 1997 roku tutaj odprawiono nabożeństwo za Dianę, księżnę Walii, podczas którego jej brat wygłosił słynne przemówienie, oskarżając paparazzich o jej śmierć. (Dziesięć miesięcy przed śmiercią Diana napisała, że umrze w zaaranżowanym wypadku samochodowym. List ten został opublikowany dopiero niedawno). Po raz pierwszy w historii Wielkiej Brytanii dziesiątki tysięcy ludzi otwarcie opłakiwało kogoś, kto swoją odwagą, współczuciem dla chorych, miłością do dzieci i niezwykłą urodą podbił serca wszystkich. W opactwie są pochowani królowie i poeci. Najsłynniejsza jego część to Zakątek Poetów (Poets' Corner), gdzie wielu najwybitniejszych Anglików zostało uczczonych tablicą, plakietą, pomnikiem czy też posągiem. Warto wymienić kilku: poeta Geoffrey Chaucer (ok. 1343–1400), autor *Opowieści kanterberyjskich*; poeta i dramaturg, przyjaciel Szekspira, Ben Jonson (1572–1637, pochowany na stojąco, ponieważ nie stać go było na grób w pozycji leżącej); twórca angielskiego słownika Dr Samuel Johnson (1709–1784), który miał zwyczaj przygarniania biedaków. Miał on czułe serce i intelekt jak ostry, precyzyjny, chirurgiczny skalpel. Do dziś jest często cytowany, nie tylko ze względu na poczucie humoru, ale przede wszystkim mądrość. „Nie jest ważne, jak człowiek umiera, ale jak żyje" – powiedział kiedyś Dr Johnson. – „Sam akt umierania jest nieistotną sprawą, trwa bardzo krótko"; aktor i dyrektor teatru David Garrick (1716–1779), który kierował teatrem Drury Lane; autor *Księgi dżungli*, pisarz i poeta Rudyard Kipling (1865–1936), który w 1907 roku otrzymał literacką Nagrodę Nobla. Na posadzce leży marmurowa biała tablica (z 1969 roku) z nazwiskiem wielkiego poety romantycznego lorda Byrona (1788–1824), który opuścił Anglię zdegustowany hipokryzją społeczeństwa, zaszokowanego jego biseksualizmem. Oczywiście można tu również znaleźć londyńskiego reportera, dziennikarza i pisarza Charlesa Dickensa (1812–1870). Powieściopisarz Thomas Hardy (1840–1928) jest pogrzebany w południowym transepcie. Jego powieść *Tessa D'Urberville* (1891) została zaadaptowana przez Romana Polańskiego w 1979 roku. To film przepełniony delikatną, melancholijną czułością, zadedykowany pięknej żonie reżysera, Sharon Tate, brutalnie zamordowanej przez członków „rodziny Mansona" w 1969 roku.

Uczczono tu również poetę noblistę T.S. Eliota (1888–1965), niemieckiego kompozytora G.F. Haendla (1685–1759), który był protegowanym króla Jerzego I, aktora i reżysera sir Laurence'a Oliviera, poetę, malarza i rytownika Williama Blake'a (1757–1827), którego władze uznały za wielkiego artystę dopiero w 1957 roku i upamiętniły rzeźbą autorstwa Jacoba Epsteina. Blake był mistykiem, gorąco wierzył w wolność wyobraźni, nienawidził racjonalizmu

Kościół
św. Małgorzaty
(St Margaret)
z początku XV wieku
i Opactwo
Westminsterskie

i materializmu, nie miał też zbyt wysokiej opinii o salonowej sztuce Królewskiej Akademii Sztuk Pięknych.

Wśród naukowców znajdują się dwaj słynni uczeni, o których uczymy się w szkołach: sir Isaac Newton (1642–1727) i Charles Darwin (1809–1882). Należy także wymienić członka Parlamentu, Williama Wilberforce'a (1759–1833), który walczył o zniesienie niewolnictwa.

26

Dwa miliony niewolników schwytanych w Afryce pracowało na plantacjach trzciny cukrowej na Karaibach, bogacąc członków rodziny królewskiej i kilku przedsiębiorczych kupców. Miasta takie jak Bristol i Liverpool rozwinęły się właśnie dzięki dochodom płynącym z niewolnictwa. Wybrany do Parlamentu w 1780 roku Wilberforce wreszcie zwyciężył i handel niewolnikami został zniesiony w 1807 roku, znajdują się na liście Światowego Dziedzictwa Kulturalnego UNESCO

Zakątek Poetów.
Tu spoczywają
wybitni pisarze,
poeci, naukowcy
i kompozytorzy

a samo niewolnictwo – w 1833 roku, w roku jego śmierci. Wilberforce przysłużył się także sprawie polskiej, szczególnie finansowo. W latach rozbiorów wielu Anglików sprzyjało losom Polski, a wielu młodych i bardziej porywczych wyrażało chęć walki przeciwko zaborcom.

W East Chapel mieści się Kaplica Królewskich Sił Powietrznych (RAF), upamiętniająca 1497 pilotów, którzy zginęli w Bitwie o Anglię. Na jednym z witraży umieszczono znaki polskich dywizjonów 302 i 303.

W pierwszym etapie Bitwy o Anglię w dywizjonach RAF walczyło 24 polskich pilotów myśliwców. Pierwszymi, którzy wzięli udział w walkach, byli Antoni Ostowicz (pierwszy zestrzelił niemieckiego messerschmitta, był też pierwszym, który zginął), Wilhelm Pankratz, Tadeusz Nowak i Włodzimierz Samoliński. Dywizjon myśliwski 302 wykonał pierwsze bojowe zadanie 15 sierpnia 1940 roku. 30 sierpnia podczas lotu treningowego Ludwik Paszkiewicz z Dywizjonu 303 zauważył maszyny wroga, zameldował o tym przez radio i nie otrzymawszy odpowiedzi ruszył do ataku. Pojedynek zakończył się zwycięstwem Polaków, które zadecydowało, że Dywizjon 303 został przeniesiony do działań bojowych następnego dnia. Po wylądowaniu Paszkiewicz, doskonały brydżysta i tancerz, dostał i naganę, i pochwałę.

24 września 2005 roku w 65 rocznicę Bitwy o Anglię odbyło się nabożeństwo z udziałem weteranów – 70 żyjących jej uczestników – oraz ambasadorów 14 państw, których żołnierze brali udział w walkach. Po nabożeństwie delegacja z księciem Karolem przeszła na pobliskie Nabrzeże Wiktorii, gdzie stanął pomnik wszystkich zasłużonych w kampanii 1940 roku, w tym 145 polskich pilotów. Podstawę pomnika stanowi granitowy blok o długości 25 metrów, autorstwa Paula Daya, ustawiony wokół zamkniętego już otworu wentylacyjnego, którym niegdyś odprowadzano dym z tunelu metra. Na brązowych tablicach widnieją nazwiska wszystkich 2936 uczestników Bitwy o Anglię z 15 krajów, w tym nazwiska polskich pilotów, a także emblematy dywizjonów. Budowę pomnika sfinansowano dzięki darowiznom indywidualnych osób, organizacji, a także rządu czeskiego. Jednym z asów Dywizjonu 303 był Czech Josef František, którego Anglicy nie chcieli przyjąć do siebie, bo nie był wystarczająco zdyscyplinowany. Polakom to nie przeszkadzało, przeciwnie, byli z niego dumni. František uciekł do Polski po wkroczeniu Niemiec do Czechosłowacji. W okolicach Warszawy często latał wzdłuż Wisły, dosyć nisko, płosząc dziewczyny, które opalały się nago w krzakach. Po ataku Niemców na Polskę, kiedy sytuacja okazała się beznadziejna, znalazł się we Francji, gdzie walczył tak długo, jak to było możliwe. W Anglii często zostawiał kolegów i leciał nad Kanał Angielski (Anglicy nie mówią kanał

Pomnik Zasłużonych w Bitwie o Anglię

W granitowe ściany wbudowano rzeźby z brązu, przedstawiające sceny bitewne

Na brązowych tablicach umieszczonych na ścianach granitowych brył wyryte są również nazwiska polskich lotników i emblematy polskich dywizjonów

La Manche), gdzie czekał na niemieckich niedobitków wracających do okupowanej Francji. František zestrzelił 17 samolotów wroga. Nazywało się to metoda Františka. Dywizjon 303 miał na koncie najwięcej zestrzeleń, ale indywidualnie na pierwszym miejscu uplasował się Anglik Eric S. Lock.

Na frontonie pomnika widnieją słowa Churchilla, skierowane do tych wszystkich, którzy ocalili Anglię od inwazji niemieckiej: „Nigdy w historii konfliktów ludzkich tak wielu nie zawdzięczało tak wiele tak niewielu".

Informacje praktyczne

Gmachy Parlamentu (Houses of Parliament) SW1

Dojazd: metro Westminster, linie Circle, District
i Jubilee.
Premiera i debaty w Izbie Gmin można zobaczyć
w środy o 15. Trzeba przyjść jedną lub dwie godziny
wcześniej i ustawić się w kolejce w pobliżu pomnika
Cromwella.
Galerie dla publiczności w Izbie Gmin pon. 14.30–22.30,
wt.–śr. 11.30–19.30, czw. 11.30–18.30, pt. 9.30–15.00.
Galerie dla publiczności w Izbie Lordów pon.–śr.
14.30–22.00, czw. 11.00–19.30 i niektóre pt. od 14.30;
tel. 020 7219 3000
www.parliament.uk

Muzeum Churchilla i kwatera wojenna rządu
(Churchill Museum and Cabinet War Rooms)

Clive Steps, King Charles Street, SW1
IV–IX: codziennie 9.30–18.00; X–III: codziennie
10.00–18.00
tel. 020 7930 6961
www.iwb.org.uk

Opactwo Westminsterskie (Westminster Abbey)

Broad Sanctuary, SW1
pon., wt., czw., pt. 9.30 15.45, śr. 9.30–18.00, sob.
9.30–13.45; opactwo zamykane jest podczas specjalnych
mszy i uroczystości.
Do opactwa wykupuje się bilet i wchodzi bocznym wejściem od Parliament Square. Jeżeli się chce wejść nie pła-
cąc, należy przyjść na nabożeństwo – wówczas trzeba
wchodzić głównymi drzwiami i powiedzieć wpuszczają-
cym, że idzie się na mszę;
tel. 020 7222 5152
www.westminster–abbey.org

Przed Victoria Station
znaki (kółko i dwie
strzałki) sygnalizują,
że zatrzymuje się tutaj
i metro i kolej

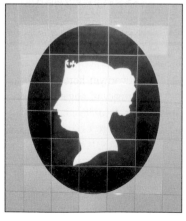

Profil
królowej Wiktorii
na peronie metra
Victoria

Piętrowy autobus
Routemaster linii 38
odjeżdża z Victoria Station

Placyk z zegarem
(w tle teatr Victoria Palace)

Hotel „Rubens"

W wytwornym hotelu „Rubens", udekorowanym obrazami ukazującymi angielską kawalerię, naprzeciwko muru ogrodów pałacu Buckingham, podczas wojny mieścił się sztab naczelnego wodza Wojska Polskiego. Naczelny wódz, generał Władysław Sikorski, dojeżdżał z przepięknej wioseczki Iver (położonej tuż za Londynem w pobliżu Uxbridge) do hotelu, który jest położony blisko stacji Victoria. Stacja znana jest Polakom przyjeżdżającym do Londynu autobusem, ponieważ tu znajduje się przystanek końcowy

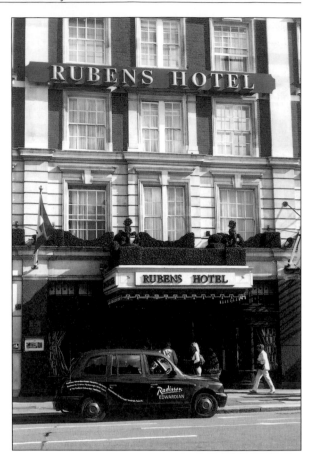

Hotel
„Rubens"

i tutaj czekają krewni i znajomi. Dzielnica powstała w drugiej połowie XIX wieku; kiedyś były tu slumsy Westminsteru. Victoria Street została zaprojektowana wcześniej, stacja kolejowa powstała w 1862 roku, w miejscu, gdzie kiedyś był kanał, który osuszono. Nie tylko stacja (autobusowa, kolejowa i metra), ale cała dzielnica (a także linia metra), noszą imię królowej Wiktorii. Profil królowej ozdabia perony linii metra Victoria. To jedyna władczyni, którą uczczono w ten sposób. Podczas jej panowania Wielka Brytania była największym imperium świata, mówiono, że „słońce w nim nigdy nie zachodzi".

Adiutant generała Sikorskiego, Zygmunt J. Fudakowski, tak opisuje pewne zajście, które miało miejsce w „Rubensie" w 1942 roku (był to rok, w którym „straty morskie były olbrzymie, Anglicy tracili nieco głowę, a Imperium trzeszczało w posadach"):

„Cały dzień [...] odprawa w Rubensie, z przerwą na śniadanie u prezydenta w Claridge'u. Generał był poirytowany... Wieczorem po odprawie na domiar wszystkiego znikła teczka Generała jak kamfora. Gdy zjechaliśmy z Generałem windą na dół, zauważyłem brak teczki. Szepnął do Ponikowskiego: «Teczka!» Poleciał pędem na górę. Przez ten czas wsiedliśmy do samochodu, a «Ponia» nie ma. Mówię więc Generałowi, że czekam na teczkę. Czekamy przed Rubensem. Nic. Wychodzę, zastaję «Ponia» u żandarmów. Mówię mu, że teczkę miał płk Borkowski. «Ponio» leci, wraca, teczki nie ma. Wracam do samochodu, melduję. Generał wyskakuje, pędzi po schodach na górę. Szukamy, nie ma. Generał wściekły, my w strachu. Generał każe mi zostać, aż teczka się znajdzie. Grozi gardłem. Pułkownik każe jechać z Generałem. Schodzę i staję przy samochodzie. Generał już w środku. Powtarza mi, że mam zostać. Zilenkiewicz rusza. W tym momencie dolatuje Ponikowski i wtyka mi teczkę. Wskakuję do samochodu. Koszulę na grzbiecie mam mokrą, ale teczka jest. Okazuje się, że była w szafie, gdzie wsadził ją Główczyński, na czas śniadania. What a day!"

As wywiadu, Roman Czerniawski, pamięta, kiedy wezwano go do „Rubensa":

„Generał Klimecki przywitał mnie z uśmiechem, informując, że generał Sikorski chce mnie widzieć przed odlotem...

Gdy zasiedliśmy... Generał zaczął stawiać pytanie po pytaniu, z dużym wyczuciem starał się wyłowić szczegóły techniki pracy podziemnej... Rzucił wreszcie kilka pytań w sprawie planowanego paraszutowania, wyrażając w końcu nadzieję, że kiedyś jeszcze spotkamy się. Dzisiaj, kiedy o tym mówię, jest mi bardzo smutno. Przed pożegnaniem podszedł do półotwartych drzwi i zapytał adiutanta: – Czy gotowe do podpisu? Myślałem, że generał przypomniał sobie o konieczności podpisania jakiegoś ważnego dokumentu. Nagle wyczułem, że dzieje się coś ważnego. Szef Sztabu spoglądał na mnie znacząco. Generał Sikorski wrócił z adiutantury, niosąc w swej półwyciągniętej prawej ręce Krzyż Virtuti Militari. Wciąż mam w uszach jego glos: – Kapitanie Czerniawski, za okazaną wyjątkową odwagę

Ogrody pałacu
Buckingham leżą
po lewej stronie
hotelu „Rubens"

w działalności na terenie nieprzyjaciela, odznaczam pana orderem piątej klasy Krzyża Virtuti Militari.

Nie pamiętam, czy coś wtedy powiedziałem i co się potem działo, aż do chwili, kiedy znów szliśmy z szefem Sztabu długimi korytarzami i generał Klimecki powiedział: – Jest to pierwszy wypadek nadania Krzyża Virtuti Militari za pracę w wywiadzie".

Roman Czerniawski był organizatorem polskiej siatki szpiegowskiej we Francji podczas drugiej wojny światowej. Zasłynął, podejmując, w uzgodnieniu z wywiadem brytyjskim, grę wywiadowczą z Niemcami i skutecznie dezinformując ich na temat daty i miejsca inwazji aliantów na Francję w 1944 roku. Jego pracę w okresie wojny opisał Jerzy Tuszewski w książce *Armand–Hubert–Brutus*. Tuszewski jest dziennikarzem, reżyserem radiowym i teatralnym, który często odwiedza Londyn, poszukując materiałów do swoich programów.

Stanisław Reychan skreślił następujący opis „Rubensa":
„Na pierwszym piętrze «Rubensa», na prawo od klatki schodowej, znajdował się szereg pokoi gabinetu naczelnego wodza, którego szefem był «siwy ułan», podpułkownik Borkowski. Na lewo, na końcu korytarza, był bardzo duży pokój o dwóch oknach – adiutantura, czyli moje królestwo,

a przedtem nieco mniejszy pokój, też dwuokienny. Podczas gdy pokój szefa miał nie najgorsze umeblowanie biurowe, mój był niemal pusty: prócz szeregu krzeseł były tylko dwa spartańsko-obozowe stoły. Moją pierwszą czynnością było zakupienie dużego kalendarza ściennego z wymienialnymi cyframi. Znacznie później generał Kopański, który lubił podpatrywać ludzi, pokazywał jak Reychan rano zmienia kalendarz. Klimecki, widząc te moje ulepszenia, zaproponował, bym kupił jakieś porządne zestawy biurowe. Czując, że coś takiego przypadnie mu do gustu, kupiłem komplet antyczny. Części jego są teraz u mnie.

Zasadniczym moim obowiązkiem było niedopuszczenie do szefa nikogo bez zameldowania.... Z czasem adiutantura stała się miejscem wizyt, pogawędek, informacji na tematy wojenne i prywatne...

Restaurację «Rubensa» zamieniono na kasyno we własnym zarządzie pod pułkownikiem Leskim, którego córka pilotowała samoloty dostarczane z fabryk do jednostek. „Rubens" nie przetrwał do końca wojny. Przeniesiono nas do szkoły St Paul's w Hammersmith, a potem do starych domków w Kensington".

W „Rubensie" mieścił się także Główny Inspektorat Sił Powietrznych. Polskie Siły Powietrzne były organizacją samodzielną, ale działającą w ramach lotnictwa brytyjskiego, od którego zależały przede wszystkim operacyjnie. Kiedy jedna z bomb niemieckich spadła w pobliżu, uszkadzając pałac Buckingham, zatrzęsło też hotelem. Sąsiedztwo z pałacem nie było najbezpieczniejszym miejscem. Podczas wojny Niemcy bombardowali pałac królewski siedem razy.

Pałac Buckingham i The Mall

Za wysokim murem naprzeciwko hotelu „Rubens" mieszczą się ogrody pałacu Buckingham i oczywiście sam pałac. Jest to dawna rezydencja szlachecka, przekształcona przez architekta Johna Nasha na zlecenie króla Jerzego IV w pałac. Po wstąpieniu na tron królowej Wiktorii w 1837 roku stał się on oficjalną rezydencją brytyjskich władców. W Galerii Obrazów królowej znajduje się bogata kolekcja dzieł sztuki, w tym także płótna Vermeera i Leonarda da Vinci. Jednym z najbardziej znanych kustoszów tej kolekcji, tym, który ją skatalogował i przyczynił się do tego, że Ang-

Pałac Buckingham
widziany przez jedną
z trzech bram

licy mieli okazję ją obejrzeć (w końcu z ich podatków żyje królowa), był znany historyk sztuki Anthony Blunt, który pracował także dla KGB. Kontrwywiad MI6 ponoć nie poinformował o tym królowej Elżbiety, ale dziennikarze wpadli na trop całej sprawy. Wybuchł skandal. Bluntowi odebrano tytuł szlachecki i wkrótce zmarł, otoczony pogardą.

Podczas wojny król Jerzy VI i królowa Elżbieta przebywali głównie w Windsorze (około 50 kilometrów na zachód od Londynu), ale od czasu do czasu przyjeżdżali do Londynu (niemieckie naloty na Anglię zaczęły się dopiero w lipcu 1940 roku). Edward Raczyński, który był przed wojną i w czasie wojny ambasadorem w Anglii, a dużo później prezydentem rządu polskiego na uchodźstwie (1979–1986), tak opisuje śniadanie u króla i królowej (rodziców obecnej królowej Elżbiety II):

„28 czerwca [1940] byliśmy z Cesią na śniadaniu u króla Jerzego VI, wydanym dla pp. Raczkiewiczów. Ceremoniał był, o ile mi się zdaje, jak dla koronowanych, tj. poza prezydentostwem i nami był tylko król i królowa bez świty. Siedzieliśmy w sześć osób w niewielkiej sali jadalnej przybranej w chińszczyznę sprowadzoną za czasów królowej Wiktorii z Pawilonu Regenta z Brighton. W korytarzach i salonach nie było obrazów, usunięto je ze względów na niebezpieczeństwo bombardowania. Okna w jadalni zasmarowane, podobnie jak w ambasadzie i zabezpieczone żelazną siatką mającą chronić od wypadków. Rozmowa spoczywała w znacznej części na mnie, bo chociaż Prezydent i Cesia rozmawiali dość biegle, pani Raczkiewiczowa nie znała angielskiego i dość słabo francuski. Królowa jak zwykle była nad wyraz uprzejma i operująca elementami ogólnoludzkimi i moralnymi jako tematem. Król nie zapuszczał się w głębokie rozważania i był raczej sztywny. Śniadanie to było pewnym ewenementem w gronie rodaków, których liczba znacznie wzrosła przez przyjazd kilku tysięcy z Francji".

Budynek pałacu i główną bramę, wspaniałe dzieło z kutego żelaza, ozdobione herbem rodziny królewskiej – lwem i jednorożcem, poznały miliardy telewidzów obserwujących ślub księcia Karola i Diany. Rodzina królewska pojawia się na balkonie od strony wejścia przy bardzo uroczystych okazjach, czasami z niekrólewskim gościem. W dniu zakończenia wojny stał tutaj nie tylko król Jerzy VI z rodziną, ale także uśmiechnięty premier Winston Churchill. Tłumy wiwatowały na cześć zwycięzcy.

Generał Władysław Anders napisał w swojej książce *Bez ostatniego rozdziału*, że Polskie Siły Zbrojne nie otrzymały zaproszenia do wzięcia udziału w uroczystej paradzie 8 czerwca 1945 roku, „z wyjątkiem 25 lotników, z liczby tych, którzy walczyli w Bitwie o Anglię. Lotnicy odmówili obecności, gdyż uznali, że pominięcie marynarki i sił lądowych nie pozwala im na reprezentowanie w tej uroczystości całości Polskich Sił Zbrojnych". Tak więc nikt z Polaków nie brał udziału w uroczystej paradzie zwycięstwa.

Sześćdziesiąt lat później spróbowano tę gafę naprawić i w czerwcu 2005 roku zaproszono 320 polskich kombatantów, reprezentujących wszystkie rodzaje wojsk, siły powietrzne, marynarkę wojenną i wojska lądowe (wraz z 17 weteranami z kraju) do wzięcia udziału w paradzie rocznicowej na The Mall (ulicy prowadzącej do pałacu Buckingham). W czasie uroczystych obchodów trwających trzy dni królowa oddała im cześć, niektórzy zostali nawet zaproszeni na królewski lunch. „W ogrodach pałacu rozstawiono olbrzymi namiot", opisuje tę uroczystą okazję

Brama pałacu
ozdobiona
królewskim
herbem –
lwem
i jednorożcem

pewna uczestniczka. „Cale wnętrze, stoły i krzesła wystrojone białą draperią, która stanowiła tło dla kolorowych kwiatów na stołach... Chociaż na zewnątrz był żar, wewnątrz, dzięki klimatyzacji, bardzo przyjemnie. Panie w eleganckich kreacjach i większość w kapeluszach, panowie z odznaczeniami na blezerach... Przy zimnym szampanie nawiązały się rozmowy... Wanda (Gaweł-Szuwalska, zasłużona lotniczka) opowiadała o swoich przejściach wojennych... Gdy ogłoszono wejście przybywających prosto z Westminster Abbey królowej Elżbiety II i księcia Filipa, wszyscy powstali... spontanicznie złożyłam królowej głęboki ukłon..."

The Mall biegnie od pałacu Buckingham do Trafalgar Square

Niedaleko od Dworca Wiktorii, na Eaton Place 43 mieścił się „Zamek", czyli siedziba prezydenta Rzeczpospolitej, która została tutaj przeniesiona przed zakończeniem drugiej wojny światowej. Prezydent Władysław Raczkiewicz dotarł do wybrzeży brytyjskich na krążowniku HMS „Arethusa". Na londyńskim dworcu Paddington oczekiwali go król Jerzy VI, ambasador Rzeczpospolitej Polskiej Edward Raczyński i kilku polskich ministrów. Generał Sikorski nie przyjechał powitać prezydenta... Dla wtajemniczonych była to uwertura do długotrwałego kryzysu w rządzie RP.

„Zamek"

Tablica pamiątkowa zaprojektowana przez Zbigniewa Gąsiewicza. Na „Zamku" pracowano do 1990 r.

Od 1945 roku Polacy mieli dwa rządy, komunistyczny w Polsce Ludowej i Rząd Rzeczpospolitej Polskiej na Uchodźstwie w Londynie. Rząd w Londynie, mimo cofnięcia mu uznania po 5 lipca 1945 roku, dla tutejszych Polaków nadal stanowił reprezentację polityczną. (Rząd ten był również uznawany przez Irlandię, Hiszpanię, Watykan, Liban i Kubę, które w owych czasach nie utrzymywały stosunków dyplomatycznych z Polską komunistyczną). Jego działalność była ograniczona, zwłaszcza w oficjalnych kontaktach z Brytyjczykami, i wielu uważało go za beznadziejny anachronizm. Jan Nowak-Jeziorański, były dyrektor rozgłośni polskiej Radia Wolna Europa, tak podsumował sytuację lat czterdziestych:

„Po cofnięciu uznania przez rządy zachodnie i po śmierci prezydenta Raczkiewicza struktura rozleciała się na trzy ośrodki, uwikłane w permanentną wojnę, prowadzoną pod hasłem dążeń do zjednoczenia. Konwentykle, zebrania, przetargi, zmieniające się alianse i konfiguracje traktowane były ze śmiertelną powagą, jakby zbawienie ojczyzny naprawdę od tego zależało. A w gruncie rzeczy wszystkie te niestrudzone zabiegi przypominały stawianie pasjansa. Jak wiadomo, jest to zajęcie, które przykuwa uwagę, pochłania czas, ale nie wywiera najmniejszego wpływu na otaczającą rzeczywistość. Ogromne zasoby energii ludzkiej zostały zmarnowane w pogoni za fikcją, nie pozostawiając trwalszych śladów".

Kiedy coraz częściej zaczęły się pojawiać pęknięcia w komunistycznym imperium, w 1981 roku Henryk Grynberg napisał wiersz, zadedykowany prezydentowi Edwardowi Raczyńskiemu, zatytułowany *Londyn się czasu nie boi*:

Minęły lata lecz Londyn nie boi się wieku
Okrzepł w walce nierównej z czasem
I nie kłania się datom
Bo żołnierze się czasu nie boją...

...teraźniejszość spod nóg się wymyka
i niepodobna się na niej utrzymać
ale to w co się wierzy zostanie
i przyszłość dla tych co umieją czekać
wytężać wzrok, wytężać słuch
już coś widać coś słychać.

Dla tych, którzy umieli czekać, ten moment nadszedł dziewięć lat później. 22 grudnia 1990 roku prezydent Kaczorowski przekazał insygnia prezydenckie (które Ignacy Mościcki zabrał na obczyznę, przekraczając polsko-rumuńską granicę 17 września 1939 roku) Lechowi Wałęsie, legalnie i demokratycznie wybranemu prezydentowi III Rzeczpospolitej.

Śladami Chopina

Idąc od „Zamku" w kierunku rosnących numerów Eaton Place, łatwo znaleźć dom, gdzie Chopin zagrał pierwszy koncert po przyjeździe do Anglii (była to jego druga wizyta; pierwszy raz był tu w celach czysto turystycznych). Pod numerem 99 Eaton Place, na rogu, widoczna jest niebieska tablica, która pojawiła się w 101 rocznicę koncertu. Koncert odbył się 27 czerwca 1848 roku w prywatnym domu, u Fanny Kemble. Fryderyk Chopin (1810–1849) miał nadzieję, że Londyn zastąpi mu Paryż. Stolica Francji po wybuchu rewolucji lipcowej stała się miejscem trudnym do przetrwania dla artysty, którego powodzenie zależało od patronatu arystokracji. W Londynie było mu jednak źle, nie tylko z powodu języka, którego w końcu mógłby się nauczyć, ale przede wszystkim z powodu mgły i smogu, zatykającego płuca, a także ze względów czysto emocjonalnych. Bardzo doskwierał mu brak przyjaciół. Najbliższym kręgiem Chopina w Paryżu była artystyczna bohema, muzycy, pisarze, poeci, ludzie uczuciowi i wrażliwi, twórczy. Tutaj wszystko przeliczano na pieniądze. Chopin miał chyba podobną opinię o Anglikach jak Napoleon, który twierdził, że Anglia jest narodem sklepikarzy. Nasz rodak pisał:

Narożny dom na Eaton Place, gdzie Chopin zagrał swój pierwszy angielski koncert

Niebieska tablica
ufundowana przez
English Heritage

Profil Chopina
i jego podpis

„Ci Anglicy są tak bardzo inni w porównaniu z Francuzami, do których się przywiązałem jak do swoich. Tutaj wszystko przeliczają na funty sterlingi i uwielbiają sztukę, bo jest artykułem luksusowym; mają dobre serce, ale są to wyspiarze...

Gdybym był młodszy, mógłbym spróbować zamienić się w maszynę, dawać wszędzie koncerty i grać najgorszą muzykę (tylko za pieniądze!), ale jest trudno zacząć robić teraz z siebie maszynę..."

Londyńska Filharmonia obraziła się, ponieważ kompozytor odmówił występu u nich. Miał poważne powody: pogarszające się zdrowie, sala była zbyt duża jak na jego muzykę, miał zbył mało czasu, a poza tym mało płacili. Nie miał też dobrej opinii o ich orkiestrze.

„Ich orkiestra jest jak rozbif, jak zupa żółwiowa, mocna, tęga, ale tylko".

W tym czasie panowała moda na Mendelssohna (królowa Wiktoria i książę Albert, oboje niemieckiego pochodzenia, niezwykle cenili niemieckich kompozytorów). Kiedy jednak Chopin zagrał dla królowej Wiktorii, jej męża i angielskiej arystokracji, przyjęto go bardzo życzliwie. Zamienił też parę zdań z królową. „Nie gadają, kiedy gram, i ponoć dobrze wyrażają się na temat mojej muzyki", napisał w jednym z listów. Był bardzo zdziwiony, kiedy leciwa lady Rothschild, która przyznała, że gra on znakomicie, doradziła mu, aby obniżył cenę za lekcje gry na fortepianie. „Powinien pan brać mniej, w tym sezonie moderacja jest koniecznością". Tak zareagowała, kiedy powiedział, że bierze 20 gwinei za lekcję. Chopin wyjaśnił w liście do rodziny, że lady Sutherland nie tylko tyle mu płaci, ale oprócz tego wypożyczyła mu swój cenny fortepian firmy Broadwood.

Kompozytor przyjechał do Anglii na zaproszenie dwu majętnych Szkotek, które chciały go przedstawić swoim utytułowanym przyjaciołom. Czasami był tak bardzo wyczerpany chorobą i znużony, że nawet jazda powozem stawała się torturą. W dodatku obie Szkotki lubiły czytać Chopinowi Biblię, co bardzo go nudziło. Kiedy Anglicy wyjechali do swoich posiadłości (zbliżał się okres polowań), Chopin uległ namowom Jane Stirling i wyjechał na północ.

Dzielnicę Victoria poznał dosyć dobrze pewien kapitan, mieszkający przez parę lat w dwu miejscach, niezbyt daleko od stacji. Teodor Józef Konrad Korzeniowski (1857–1924), choć jego powieści zyskały rozgłos dopiero pod koniec życia pisarza, stał się znany światu jako Joseph Conrad, pisarz, który zrewolucjonizował powieść angielską. Po przypłynięciu z kolejnego rejsu w 1891 roku wynajął dwa pokoje przy Gillingham Street 17. Mieszkał tutaj (kiedy nie pływał, a przestał pływać w 1894 roku) przez pięć lat, do 1896 roku. W tym mieszkaniu ukończył swoją pierwszą powieść *Szaleństwo Almayera*, która ukazała się drukiem w 1894 roku, wkrótce po jego powrocie na statku „Adowa" (był to pierwszy parowy statek, na którym Conrad służył i ostatni rejs pisarza).

Śladami Conrada

Wysoko umieszczona niebieska tablica na Gillingham Street upamiętnia Conrada. (W XIX w. tak umieszczone tablice miały dostarczać rozrywki podróżującym w piętrowym omnibusie)

Przed publikacją książki pisał:

„Sądzę, że moja książka ukaże się w listopadzie. Jestem pełen strasznych obaw. Zobaczymy. Oczekuję licznych i okrutnych krytyk. Zamierzam zażywać środki wzmacniające i dobrze się odżywiać, by przygotować się na ten cios".

Korzeniowski marynarz bywał często bezrobotny. W Londynie intensywnie odczuwał samotność, obcy świat

mroził go swą obojętnością. Odizolowany od ludzi, wynaj-
mujący tanie pokoje w biednych dzielnicach marynarz, bez
żadnych kontaktów literackich, piszący w obcym języku,
bez przyjaciół, z którymi mógłby omawiać dzieła literatury,
po wydrukowaniu *Szaleństwa Almayera* przemienił się
w pisarza. Miał 37 lat i właściwie tylko podczas rejsów
spotykał intelektualistów. Pisarz angielski John Galsworthy
taki zostawił opis Conrada, którego spotkał na statku
„Torrens":

   „...opalony, ze szpiczastą brązową bródką, prawie czarne
włosy i ciemne brązowe oczy, głęboko osadzone wśród
zmarszczek. Był szczupły, niewysoki, o długich ramionach
i szerokich barach. Rozmawiał z cudzoziemskim akcentem.
Nie pasował do angielskiego statku. Najlepiej charakteryzu-
je Conrada jego urok – czar żywej wyrazistości i animuszu,
jego głęboko uczuciowej duszy i szerokiego, subtelnego
umysłu. Był wyjątkowo spostrzegawczy i wrażliwy".

   Conrad poznał Jesse George w 1894 roku. O 15 lat
młodsza od niego, umiała gotować, pisać na maszynie, a poza tym była osobą bardzo zrównoważoną, która mogła za-
pewnić mu macierzyńską opiekę. Z Jesse Conrad mógł się
zakotwiczyć w Anglii, w angielskiej *middle-class*, w karierze
pisarskiej, domowym życiu, dzieciach, wszystkim tym, czego ten wędrowiec samotnik potrzebował. Jesse nazywała go
„prawie orientalnym" arystokratą. Spotykali się przez dwa
lata (niezbyt często). W lutym 1896 roku Jesse przyjechała
na Victoria Station, gdzie czekał na nią Conrad. Od razu
wyczuła, że chce jej coś ważnego powiedzieć i rzeczywiście
pisarz oświadczył się jej tego samego dnia w National Gallery. Wkrótce po ślubie wynajęli dom na końcu Victoria
Street, chociaż Conrad ciągle jeszcze mieszkał na Gillingham Street. Jesse przygotowywała nowe lokum według
szczegółowych instrukcji męża. W trzy dni po dostawie mebli Conrad miał zadzwonić do drzwi, służąca miała go wpu-
ścić i wprowadzić do pokoju, gdzie Jesse powinna czekać
ubrana w wieczorową suknię; na stole miał się pojawić
obiad, a później Conrad miał wejść do swojej pracowni.
Niestety, młoda małżonka na dźwięk dzwonka zerwała się,
szczęśliwa, i pobiegła do drzwi powitać męża. Conrad roz-
łościł się na nią, że zepsuła scenę, którą tak wspaniale
zaplanował w wyobraźni, i skrytykował prawie wszystko, co
zrobiła w nowym domu.

Conrad, który przez wiele lat mieszkał w ciasnych kajutach, nie cierpiał domu na Victoria Street, narzekał na brak miejsca: „tanio zbudowana klatka dla królików, gdzie nawet nie można zakręcić kotem". Po pięciu miesiącach Conrad, zdecydował, że nie może mieszkać ani w mieście, ani na wsi, i że potrzebuje dużo więcej otwartej przestrzeni. Małżonkowie wyprowadzili się z wiktoriańskiego Londynu, by nigdy do niego nie powrócić.

Katedra Westminsterska

Niedaleko od Victoria Street stoi wspaniała katedra Westminsterska, w której w 1982 roku papież Jan Paweł II odprawił mszę, podczas długo oczekiwanej 6-dniowej wizyty w Anglii. Odwiedził także Szkocję i Walię, z tego powodu jego pobyt w Londynie był bardzo krótki. Katedra Westminsterska jest siedzibą katolickiego prymasa Wielkiej Brytanii. Fotel biskupi w katedrze jest dokładną kopią tronu papieskiego, który znajduje się w katedrze św. Jana na Lateranie w Rzymie. Tron symbolizuje nie tylko obo-

Katedra
Westminsterska
ma 87-metrową
wieżę
z czerwonej cegły
z poziomymi
pasami z białego
kamienia

wiązki i odpowiedzialność biskupa, jest także symbolem sprawowania władzy w diecezji. O arcybiskupie Westminsteru mówi się czasem jako o głowie Kościoła katolickiego w Anglii i Walii.

Budynek został zaprojektowany we wczesnochrześcijańskim stylu bizantyjskim przez Johna Francisa Bentleya i wzorowany jest na kościele Haghia Sophia w Stambule (obecnie meczecie-muzeum). Prace rozpoczęto w drugiej połowie XIX wieku, ale dopiero w 1903 roku katedra została oddana wiernym. Wnętrze dekorowano stopniowo, wiele kaplic wykończono później. Niektóre z nich iskrzą się mozaikami, przetykanymi złotem. Moim ulubionym miejscem jest piękna kaplica świętych Grzegorza i Augustyna, Apostołów Anglii. Są tutaj pochowani dwaj mężowie. Jednym z nich jest biskup Richard Chalconer (1691–1781), który żył w czasach, gdy katolicy byli prześladowani. Chalconer pomagał biednym, zakładał szkoły i instytucje charytatywne, robiąc to wszystko w tajemnicy przed władzami. Podczas antykatolickich rozruchów (Gordon Riots w 1780 roku) udało mu się uciec prześladowcom, ale wkrótce potem zmarł.

Nawet w XIX wieku katolicy nie mogli dostać pracy w urzędach i dlatego nie afiszowali się ze swoją wiarą. W 1880 roku Helena Modrzejewska opisała wizytę w szczególnie ubogim polskim kościele (niestety, adresu nie podała):

„Chciało mi się płakać, kiedy patrzyłam na tę parodię świątyni. Mszę odprawiał ojciec Bakanowski (do którego strzelił w kilka tygodni później jakiś sfanatyzowany anarchista, raniąc go) w podziemiach kościoła włoskiego. Ołtarz był przykryty poplamionym obrusem, dwie świece stały na nim i opodal trzynaście krzeseł. To wszystko. Biedny ksiądz przyniósł z sobą wino, mszał i inne utensylia. Jakiś osobnik w potarganym ubraniu zapalił świece i msza się rozpoczęła, poważnie, smutno, och, jak smutno. Pomyślałam o katakumbach, gdzie pierwsi chrześcijanie musieli w ukryciu odprawiać swoje ceremonie. Dźwięk organów i rulady operowej sopranistki dolatujące do naszych uszu z górnego kościoła powiększały jeszcze to przygnębiające wrażenie".

Wewnątrz katedry Westminsterskiej w lewej nawie znajdziemy płytę ku czci polskich marynarzy, żołnierzy i lotników, z których odwagi jesteśmy wszyscy dumni i których brawura zadziwiła Anglików, tym bardziej że nie spodziewano się wiele od ludzi nie mówiących po angielsku.

Ich wyczyny w obronie Polski i Francji, ponieważ nie zostały jeszcze opisane, byli niepunktualni, określali prędkość w kilometrach, a nie w milach, a w ocenie wysokości operowali metrami zamiast stóp. Na dodatek jak jacyś bajkowi rycerze całowali ręce kobiet (Angielkom, notabene, ten zwyczaj bardzo się spodobał). Z czasem swoją zaciętością i talentem zyskali ogromny szacunek wszystkich. Znakomity kanadyjski pilot John Kent (którego Polacy żartobliwie nazywali Kentowskim) napisał, że podczas wstępnych ćwiczeń zaimponowali mu wysokim poziomem pilotażu i szybkością reakcji. Później, gdy ich poznał lepiej w Bitwie o Anglię, napisał: „My, którzy lataliśmy i walczyliśmy z nimi, nigdy tego nie zapomnimy, a Anglia nigdy nie powinna zapomnieć, jak wiele zawdzięcza niepokonanemu duchowi, męstwu i lojalności Polaków".

Stanisław Skalski – jeden z asów odznaczony Virtuti Militari; krzyżykami zaznaczone są zestrzelenia

W wielu miejscach w Londynie i poza stolicą znaleźć można tablice, płyty, pomniki, którymi uczczono Polaków walczących podczas drugiej wojny światowej. Tutaj, w katedrze, są pamiątki po dwóch polskich dywizjonach myśliwskich – 307 i 317. Jedna z moich ulubionych opowieści o polskich lotnikach jest o tym, jak Dywizjon 317 udawał przed Niemcami, że jest zespołem nowicjuszy. Wykonywali karkołomne ewolucje, zachowując się „jak frajerzy". Tymczasem Dywizjon 303 trzymał się kilkaset stóp nad nimi i leciał spokojnie, ignorując całą akcję. Była to oczywiście pułapka. Niemcy połknęli haczyk, zaatakowali „żółtodziobów", którzy nagle stali się mistrzami akrobacji i razem z lotnikami z Dywizjonu 303 rozbili w puch wroga. W tym dniu zestrzelili 15 niemieckich samolotów. Dowódcą Dywizjonu 303 był Jan Zumbach, a Dywizjonu 317 legendarny lotnik Stanisław Skalski. Obaj mieli już Virtuti Militari i podwójny krzyż Distinguished Flying Cross.

Jan Zumbach (z lewej), odznaczony Virtuti Militari, z kolegą

Do wizyty Jana Pawła II (1920–2005) przygotowywano się przez dwa lata, ale decyzja nastąpiła w ostatniej chwili, tak więc było trochę zamieszania. Papież miał przyjechać w 1981 roku, ale 13 maja na Ojca Świętego dokonał zamachu Turek Ali Agca, co spowodowało, że wizytę odłożono o rok. 28 maja 1982 roku w piątek o 8 rano tłumy zaczęły gromadzić się na Victoria Street i przed katedrą. Niektórzy nocowali tutaj, by móc zobaczyć papieża. Jan Paweł II wylądował na lotnisku Gatwick (65 kilometrów na południe od Londynu). Jedna z angielskich gazet, „Daily Mail", tak skomentowała rytuał Karola Wojtyły: „Chyba po raz pierwszy, szpetny, nielubiany przez nikogo Gatwick został całowany. Tylko człowiek urodzony po to, by zostać świętym, mógł to uczynić". O godzinie 9 rano 3000 osób wypełniło wnętrze katedry. Wśród polskich gości był prezydent rządu na uchodźstwie Edward Raczyński. (W tym samym czasie w Warszawie na konferencji Zarządu Głównego ZBoWiD dyskutowano pomysł postawienia pomnika „poległym w walce o utrwalenie władzy ludowej", czyli ubekom). Przed katedrą stały tysiące policjantów, wewnątrz nieumundurowana służba porządkowa. Nawet kilkunastu zwolenników psychicznie niezrównoważonego protestanckiego pastora Paisleya przyjechało z Belfastu po to, by wszcząć zamieszki. Policja aresztowała 17 osób. Dwa dni później oficerowie Scotland Yardu zatrzymali Francuza, który miał przy sobie pistolet i nóż. Jechał on na stadion Wembley, gdzie 25 tysięcy Polaków oczekiwało Ojca Świętego, który miał tam odprawić mszę. Czuło się napięcie w całym mieście. Na domiar złego papież, kardynał Hume i doradca do spraw bezpieczeństwa, utknęli w windzie w pałacu arcybiskupim przy katedrze Westminsterskiej. Zacięły się zewnętrzne drzwi i nie można ich było otworzyć. Uwięzieni zaczęli wołać o pomoc. Uwolnił ich prywatny sekretarz kardynała Hume'a... Ale był to krótki moment, trwał zaledwie dwie minuty.

W niedzielę 30 maja 1982 roku Polonia brytyjska zgromadziła się na stadionie Crystal Palace, by zobaczyć i wysłuchać papieża. To, co mówił do Polaków, było jak zwykle interesujące:

„Historia, zwłaszcza historia naszej Ojczyzny, pełna jest szlachetnych czynów. Widzimy je również i we współczesnych nam czasach. Wiadomo, że wysiłki zmierzające do wolności, poszanowania godności człowieka, poszanowania jego pracy, możliwości życia w zgodzie z własnym sumieniem i przekonaniami, pozornie nie doprowadziły do zamierzonych celów. Zmieniły jednak duszę narodu, jego świadomość. Wysiłki te podnoszą ducha. Wskazują na to, że w życiu istnieją inne wartości, duchowe i moralne, które nie mierzą się wartościami materialnymi, ale są decydującymi wartościami we właściwej hierarchii ludzkiego bytowania. Skąd ta siła wewnętrzna polskiej emigracji? Źródeł jej trzeba szukać nad Wisłą, w wierze Polaków i ich kulturze".

Jego ostrzeżenie przed niszczącą ducha konsumpcją, potępienie wojny (w tym czasie Anglia walczyła na Wyspach Falklandzkich) i przypomnienie o Wielkiej Emigracji poprzez cytat wieszcza: „Ojczyzno moja! Ty jesteś jak zdrowie..." spowodowało, że tysiące osób płakało – widok doprawdy niezwykły w kraju, gdzie ukrywanie uczuć należy do *savoir vivre*.

Informacje praktyczne

Victoria:
Dojazd: metro Victoria, liniami Victoria, Circle, District „Stary" dworzec autobusowy (Victoria Coach Station) mieści się przy Elizabeth Street, autobusy z Polski zatrzymują się obok na Ebury Street.
„Nowy" dworzec autobusowy (Green Line Bus Stops) jest po drugiej stronie Buckingham Palace Road, przy Fountain Square. Tutaj także zatrzymują się autobusy z Polski.

Hotel „Rubens" (oznaczony tablicą)
39 Buckingham Palace Gate, SW1
bookrb@rchmail.com

Pałac Buckingham, SW1
www.royal.gov.uk Tel. 020 7321 2233
Zwiedzanie pałacu Buckingham jest możliwe od 1992 roku. Po pożarze w Windsorze królowa Elżbieta II zdecydowała się otworzyć podwoje dla turystów w czasie dwóch letnich miesięcy, aby sfinansować prace rekonstrukcyjne w uszkodzonym zamku Windsor. Pokoje reprezentacyjne VIII–IX, codz. 9.30–17.30; wstęp płatny do pałacu i galerii obrazów, za to zmianę warty gwardii pałacowej można obejrzeć za darmo. IV–VII codz. 11.30,

VIII–III, co drugi dzien. Gwardia ustępująca przekazuje symbolicznie klucz do pałacu przy dźwiękach bębnów i instrumentów dętych. Ceremonia trwa około 40 minut. Angielski dziennik „The Times" zawsze informuje o publicznych wystąpieniach członków królewskiej rodziny, tak więc warto zajrzeć do niego, jeżeli się jest w Londynie.

Dom, w którym mieszkał Conrad (oznaczony niebieską tablicą)
12 Gillingham Street, SW1

„Zamek" (oznaczony tablicą)
43 Eaton Place, SW1

Dom, w którym Chopin zagrał swój pierwszy koncert (oznaczony niebieską tablicą)
99 Eaton Place, SW1

Katedra Westminsterska (Westmlnster Cathedral)
Ashley Place, SW1
Pon.–pt. 7.00–19.00, sob.–niedz. 8.00–19.00
Opłata za wjazd windą na dzwonnicę (IV–XI: codz. 9.00–17.00; XII–III: wt. niedz. 9.00–17.00)
Msze św. pon.–pt. 17.30, śpiewane w sob. i niedz. 10.30
tel. 020 7798 9055
www.westminstercathedral.org.uk

Leicester Square, Trafalgar Square, Covent Garden i Soho

Na pierwszym planie Charlie Chaplin, w tle pomnik Szekspira na Leicester Square

Leicester Square jest niewielkim kwadratem zieleni otoczonym kinami. To ulubione miejsce turystów, którzy często spotykają się pod niewielką, ciemną statuą Charliego Chaplina, autorstwa Johna Doubledaya, lub też pod białym marmurowym pomnikiem Williama Szekspira, najsłynniejszego dramaturga angielskiego. Pomnik Szekspira jest kopią oryginału, który stoi w Opactwie Westminsterskim, dłuta Giovanniego Fontany. Jednym z polskich tłumaczy Szekspira był znany anglofil Stanisław Egbert Koźmian (1811–1885), który przybył do Anglii po powstaniu listopadowym. Koźmian zastanawiał się nad dwoma rodzajami tłumaczenia, z których jeden polegałby na absolutnej wierności,

drugi na trzymaniu się tylko myśli oryginału. W końcu wybrał pierwszą drogę. Mówi o tym wyraźnie:

„W słowach Szekspira «speak of me as I am» (Otello) zdawało mi się zawsze słyszeć przestrogę: «Tłumacz mnie, jak napisałem». Dlatego choć nieraz właściwszy lub silniejszy wyraz się nastręczał, kładłem taki, jaki najbliżej odpowiada znajdującemu się w oryginale".

Tłumaczenia Koźmiana wchodzą do wszystkich podstawowych edycji dzieł Szekspira, począwszy od edycji Kraszewskiego z 1875 roku. Przełożył siedem dramatów Szekspira i napisał dwutomowe dzieło *Anglia i Polska* (wydane w 1862 roku).

Kiedy patrzę na pomnik Williama Szekspira, zawsze przypominam sobie jego metody pobudzania wynalazczości umysłu, podobne do metod Leonarda da Vinci.

Hamlet: Czy widzisz ten obłok w kształcie wielbłąda?

Poloniusz: Na Boga! Naprawdę w kształcie wielbłąda.

Hamlet: Zdaje mi się, że podobny jest do łasicy.

Poloniusz: Grzbiet ma jak łasica.

Hamlet: Albo jak wieloryb.

Poloniusz: Zupełnie jak wieloryb.

Odciski rąk
Johna Gielguda

Wokół ogrodzenia na chodniku znajdują się wbudowane tablice z odciskami rąk słynnych aktorów. Po stronie południowo-wschodniej znajdujemy odcisk dłoni Johna Gielguda, jednego z najlepszych angielskich aktorów szekspirowskich, którego rodzina ze strony dziadka to Polacy mieszkający na Litwie.

Premiery filmów z udziałem gwiazd, reżyserów i członków rodziny królewskiej odbywają się często w jednym z kin, położonych wokół tego ogrodu, który został udostępniony londyńczykom w 1874 roku. Przedtem było to pastwisko i ulubione miejsce dżentelmenów do pojedynkowania się. Najciekawszym pod względem architektonicznym kinem jest „Odeon" w stylu *art déco*.

Pod koniec XVIII wieku na południowo-wschodnim rogu stał hotel „Sablonière". Tadeusz Kościuszko (1746–1817), który po śmierci Katarzyny II został uwolniony z twierdzy Pietropawłowskiej zatrzymał się w „Sablonière"

KOSCIUSZKO

Tadeusz Kościuszko

(w drodze do Ameryki). Generał kulał, dały o sobie znać rany odniesione w bitwach. W czerwcu 1797 roku Benjamin West i John Trumbull postanowili złożyć mu wizytę. Kiedy obaj Amerykanie weszli do pokoju, Kościuszko siedział w oknie i rysował panoramę Londynu. Zażenowany bandażami i kulami Kościuszko odmówił pozowania do obrazu Westowi. Później, kiedy malarz wrócił do pracowni, postanowił narysować Kościuszkę z pamięci. Na portrecie Westa widzimy generała w bajronicznej pozie, w tle widoczne są katedra św. Pawła i Tamiza, kule stoją oparte o ścianę, szkicownik obok, książki rozrzucone na podłodze. West podarował ten obraz Kościuszce, który po dotarciu do Ameryki dał go Thomasowi Jeffersonowi.

Podczas pobytu w Londynie Kościuszko został zbadany przez grupę angielskich lekarzy, którzy być może nie mogli przeliterować jego nazwiska, ale diagnozę postawili dobrą:

„Generał Koscuoski otrzymał ranę w tylną dolną część głowy tępą szablą, która uszkodziła i najprawdopodobniej przecięła nerw po prawej stronie, który zapewnia czucie w tylnej części głowy. Od tego czasu skóra głowy w górnej i dolnej części pozostała bez czucia. Cięcie szablą najprawdopodobniej spowodowało do pewnego stopnia wstrząs mózgu i na krótki okres po incydencie spowodowało utratę odczuwania bodźców. Od tego czasu cierpi on na poważne bóle głowy.

Skutki zranienia powoli zanikają i skóra głowy najprawdopodobniej po jakimś czasie odzyska czucie, chociaż nie sądzimy, że jest to aż tak ważne – jest dużo ważniejszą sprawą, że kiedy pacjent miewa bóle głowy, powinien prowadzić umiarkowany tryb życia, nie pić wina, które nie jest rozcieńczone wodą, i nie jeść potraw, które rozgrzewają lub są ostro przyprawione.

Powinien dbać o stan swego ciała, zadbać o dzienne wypróżnianie i dla tego celu polecamy z obecnych lekarstw siarkę i dwuwinian potasu, które powinny osiągnąć upragniony rezultat. Paraliż uda i nogi jest rezultatem innej rany, którą otrzymał w tym samym czasie [kiedy go zraniono] w biodro kozacką piką – ten instrument wszedł tak głęboko, że przeciął lub bardzo uszkodził nerw kulszowy, w pobliżu miejsca gdzie wychodzi z wcięcia kulszowego. Paraliż uda i nogi, a także nieregularne funkcjonowanie pęcherza są konsekwencją tej rany...

Nerwy uszkodzone przez urazy zewnętrzne mają znacznie większą zdolność do regeneracji w porównaniu z nerwami uszkodzonymi przez choroby wewnętrzne. Jednakże regeneracja tych nerwów przebiega bardzo powoli. Po zakończeniu regeneracji funkcja nerwów jest tylko częściowo odzyskana, w zależności od rodzaju uszkodzenia.

Powodem jest to, że jeżeli zostały poszarpane lub przecięte zewnętrzną siłą, potrwa to dłuższy okres, zanim się zregenerują.

Następujące środki, które polecamy Generałowi Koscioski, pozwolą nerwom odzyskać swe funkcje:

1) Kończynę powinno się ćwiczyć w każdy możliwy sposób... powinna być nacierana trzy razy dziennie przez dwadzieścia minut lub pół godziny. Nacieranie będzie ułatwione, jeżeli się będzie używać mazidła.

Poza tym mięśnie uda i nogi powinny być delikatnie masowane, i wszystkie stawy... powinny być zginane, ażeby... zachować naturalną giętkość kończyny. Po każdym wcieraniu Generał powinien próbować ruszać palcami, stopą, nogą i kończyną, możliwie jak najwięcej.

2) Odzyskanie czucia i ruchu będzie ułatwione dzięki ciepłym kąpielom... kąpiel powinna być umiarkowana i nie powinna przekroczyć 92 stopni na termometrze Fahrenheita.

Na początku Generał nie powinien przebywać w kąpieli zbyt długo, ale powoli można przedłużyć czas. Może zacząć od 5 minut i stopniowo dojść do pół godziny...

Powinien poruszać się i ćwiczyć (w czasie brania kąpieli w wannie).

Należy spróbować tuszu lub pompowania ciepłej wody na kończynę...

3) Oprócz ćwiczenia kończyny w opisany sposób i używania ciepławej kąpieli, chcielibyśmy polecić użycie elektryczności, która pobudzi pracę mięśni.

Elektryczność powinna przechodzić przez mięśnie nóg i uda delikatnymi iskrami, tak aby umiarkowanie pobudzić ich skurczenie się – to można wykonywać codziennie w jakiejkolwiek porze dnia.

Ciągle jeszcze pacjent odczuwa spory ból w udzie, gdzie okaleczenie nastąpiło, i przeszywający ból, który przebiega przez całą kończynę aż do palców nóg – te objawy sugerują, że nerw jeszcze się nie odnowił i dlatego zalecamy nacieranie w moderacji.

Jesteśmy bardzo zainteresowani tym, że powyższy plan odniesie sukces – czujemy szczerą satysfakcję, myśląc, że być może przyczynimy się do dobrego samopoczucia męża, którego charakter i wysiłek w obronie kraju zasługuje na uznanie całego cywilizowanego świata.

Lond, 3.6.79

G. Baker, G. Hunter, W. Farquhar, M. Baillie, Gil Blane, Dav. Pitcairn, W. Saunders, T. Cline, T. Heate, Chilver".

Kościuszko był podziwiany i uwielbiany w Europie i w Ameryce. Angielska powieściopisarka Jane Porter napisała historyczną powieść *Thaddeus from Warsaw* (Tadeusz z Warszawy), która jest osnuta wokół postaci Tadeusza Sobieskiego, nieślubnego syna angielskiego arystokraty. Tadeusz walczy pod dowództwem Kościuszki z Rosjanami. Po upadku powstania przyjeżdża do Londynu, gdzie nie wiedzie mu się najlepiej i wpada w długi. Na szczęście zjawia się bogaty przyjaciel, który jak się później okaże – jest jego przyrodnim bratem. Książka odniosła duży sukces, kiedy pojawiła się na rynku księgarskim w 1803 roku.

Kościuszce towarzyszył Julian Ursyn Niemcewicz (1758–1841), poeta, pamiętnikarz i pisarz, który uważał, że: „w żadnym kraju miłość wolności, szacunek dla jej obrońców, słowem wszystkie szlachetne uczucia powszechniejszymi i żywszymi nie są jak w Anglii; dziwić się więc nie trzeba, że przybycie generała Kościuszki rozgłoszone po Londynie sprawiło największe wrażenie, ściągnęło do widzenia go najznakomitsze w kraju osoby".

Lord Grey ofiarował Kościuszce w imieniu całej partii wigów kosztowną szpadę na znak serdecznego uwielbienia. A miasto Bristol, z którego odpływali, podarowało mu piękny srebrny serwis.

Trafalgar Square

Stojąc na Leicester Square i patrząc w kierunku południowym, można zobaczyć wąski pasaż, na którego końcu stoi nowy budynek. Ten pasaż doprowadzi nas do Sainsbury Wing (przedłużenia Galerii Narodowej) i do Trafalgar Square. Głównym elementem placu Trafalgar jest kolumna Nelsona. Admirał Horatio Nelson (1758–1805) odniósł zwycięstwo nad flotą napoleońską u przylądka Trafalgar w 1805 roku. Podczas bitwy został śmiertelnie zraniony

przez francuskiego muszkietera i zmarł. Ciało jego, zakonserwowane w beczce z rumem, przewieziono do Anglii, gdzie odbył się wspaniały pogrzeb w katedrze św. Pawła. Wyobraźmy sobie, co by się stało, gdyby Napoleon wygrał... Na pewno wcześniej wprowadzono by w Wielkiej Brytanii system metryczny i prawostronny ruch pojazdów.

Trafalgar Square – na kolumnie pomnik Nelsona

Galeria Narodowa
po lewej i kościół
St Martin-in-the-Fields
w tle. Norweska
choinka pojawia się
w grudniu

Adolf Hitler miał zamiar zabrać kolumnę Nelsona do Berlina. Stanowiła ona dla niego symbol dominacji nad światem. Wielka Brytania była największym imperium na świecie i imperium tym rządzono właściwie stąd. Jeżeli rozejrzymy się uważnie, zobaczymy budynki, na których widnieją nazwy kolonii: Afryka Południowa, Kanada, Nowa Zelandia i inne. Architekturą dobrze oddającą imperialne idee jest surowy neoklasycyzm. Człowiek czuje się bardzo mały, stojąc obok takiego budynku kolosa. Neoklasyczne budowle w pobliżu Trafalgar Square i Whitehall nawet niektórym Anglikom nie przypadły zbytnio do gustu. (Podejrzewam, że brak wyobraźni architektów jest tutaj mniej istotny; ta imperialna ideologia, którą przesiąknięta jest architektura, zawsze mnie trochę przygnębia).

Na ulicy Pall Mall odchodzącej od Trafalgar Square, mieszczą się kluby. W tych klubach zapadały najważniejsze polityczne decyzje.

Po stronie północnej stoi masywny neoklasyczny budynek Galerii Narodowej, gdzie zwiedzający mogą obejrzeć 2200 dzieł sztuki zachodnioeuropejskiej od XIII do XIX wieku.

Po stronie wschodniej placu wyrasta zaprojektowany przez Jamesa Gibbsa kościół St Martin-in-the Fields (ze stylowym wiatrowskazem), który stał się w Ameryce wzorem stylu kolonialnego.

Stanisław Staszic (1775–1826) odwiedził Anglię w drugiej połowie XVIII wieku. Odczuwał potęgę rodzącego się olbrzymiego imperium z dużym niepokojem:

„Dumni z wolności Anglikanie umęczali przez wiele wieków miliony ludzi, którzy musieli nędznie żyć i umierać w okrucieństwie, w pracy dla nasycenia nienasyconej duszy kupczarzów i Indyjskiej Kompanii możnowładców, którzy dla utrzymania ducha wyłącznictwa, a tym samym niewoli handlu burzą świat, rozbili Indie i z wojen do wojny pchając ród ludzki – pchają Europę...

Z początkiem tegoż XVIII wieku na zachodzie jedna wyspa... powzięła niesłychany dotąd w Europie zamysł jednodzierżstwa wszystkich mórz i oceanu...

Niebawem też wyspa rozwinęła jawnie wszystkie do gwałcenia prawa narodów środki, podstępnie zdradą bez wypowiedzeń wojny najazdem napadała, zaburzała i paliła obcych narodów floty, burzyła, zadzierżała cudze porty, zabraniała innym państwom w swoich własnych lądach floty budować, porty naprawiać i zakładać nowe. Gwałty z największą wzgardą i pohańbieniem wykazała Portugalii i Hiszpanii, zażądała nawet od Francji, by zasypała jedne porty i by się innych zakładać nie ważyła".

Być może te właśnie polityczne konotacje neoklasycyzmu w jakiś sposób inspirują tych, którzy tutaj przychodzą demonstrować. W 1848 roku dziesięć tysięcy obywateli protestowało przeciwko podwyżce podatkowej (z 3 na 5 procent). W 1887 roku, w londyńską „krwawą niedzielę", ludzie protestowali przeciwko uwięzieniu irlandzkiego radykała, posła do Parlamentu, O'Briana. George Bernard Shaw, Irlandczyk, znany dramaturg, przyszedł także sprawdzić, czy istnieje jeszcze wolność słowa. Policja zabiła dwóch i zraniła dwustu demonstrantów. W 1967 roku tutaj

„Chodnikowa"
sztuka kwitnie
przed Galerią
Narodową

rozpoczął się protest przeciwko wojnie w Wietnamie i skończył się pod ambasadą amerykańską. W 1990 roku dwieście tysięcy ludzi przyszło przypomnieć rządowi Margaret Thatcher, że wprowadzenie przez nią nowego podatku (*poll tax*) nie jest w porządku. Nastąpiły utarczki z policją. Wielu uważa, że ta demonstracja przyczyniła się do upadku pani Thatcher i odsunięcia jej od władzy.

Polacy też mieli swój wkład w różnego rodzaju manifestacje. Artur Rynkiewicz był jednym z porządkowych podczas wizyty przedstawicieli rządu Związku Radzieckiego:

„Najbardziej pamiętnym wydarzeniem w kontekście zmagań politycznych emigracji jest dla mnie wielka demonstracja w Londynie, w listopadzie 1956 r. podczas wizyty Chruszczowa i Bułganina. Demonstrowały wtedy gremialnie polskie organizacje kombatanckie, a także młodzież. Była wtedy jeszcze duża liczba zdemobilizowanych żołnierzy polskich w mundurach. Wiele naszych ośrodków zorganizowało przejazdy autobusami do Londynu. Maszerowało więc ok. 40 tysięcy Polaków. To wystąpienie przypomniało wielu Brytyjczykom o zniewoleniu Polski i innych narodów wschodniej Europy przez system sowiecki. Było też sygnałem, że Polacy nie zrezygnują z żądań niepodległości swego kraju. Jako student byłem na tej demonstracji jednym z porządkowych. To wszystko silnie zapisało się w pamięci".

Covent Garden

Covent Garden, właściwie „convent garden", oznacza „ogród klasztorny". Ten teren należał do opactwa św. Piotra z Westminsteru. Po rozwiązaniu zakonów w posiadanie tej

Hala głównego targu została zaprojektowana w 1833 r. przez Charlesa Fowlera

działki wszedł hrabia Bedford. Kościół św. Pawła i plac zostały zaprojektowane przez Iniga Jonesa (1573–1652), architekta i projektanta scenografii teatralnej. Jones zainicjował modę na włoski klasycyzujący renesans palladiański. Jest on chłodny i prosty, i być może z tych powodów przyjął się w Anglii. Kościół św. Pawła to świątynia aktorów – wewnątrz jest wiele tablic upamiętniających znanych artystów teatralnych i filmowych, m.in. Charliego Chaplina, Ellen Terry (ciotkę Gielguda), Vivien Leigh i innych. Covent Garden jest dzielnicą teatrów, oper, muzeów, restauracji i kawiarń. Sam plac przed kościołem zasłynął z handlu kwiatami, owocami i warzywami. Obecnie często tu występują artyści, mimowie, aktorzy i cyrkowcy.

Portyk kościoła i jego słynne kolumny posłużyły jako tło do pierwszej sceny *Pigmaliona* George'a Bernarda Shawa. Właśnie tutaj pod kolumnami kościoła św. Pawła profesor Higgins spotyka Elizę Doolittle, sprzedającą fiołki. Słysząc jej *cockney*, mówi do majora Pickeringa, że „z tej kreatury z jej bełkotem ulicznego ścieku, tego stworzenia, którego gwara uwięzi ją na całe życie w rynsztoku", w ciągu sześciu miesięcy pracy nad akcentem zrobi osobę, którą będzie mógł przedstawić na przyjęciu w ambasadzie.

Sztuka Shawa ma nie tylko mnóstwo wdzięku pod względem językowym, ale przekazuje oburzenie artysty na niesprawiedliwy system klasowy, który zachował się do dziś. Po akcencie Anglików poznaje się, do jakich szkół uczęszczali, czy są zamożni i jak zamożni, czy są dobrze urodzeni, itd. Kiedy profesor Higgins zostaje oskarżony o obojętność, oznajmia z oburzeniem, że to nieprawda, że zależy mu na losie Elizy: cóż mogłoby mieć dla mnie większą wartość, aniżeli stworzenie z niej nowego człowieka poprzez nauczenie jej poprawnej mowy? Różne akcenty oddzielają ludzi od siebie, klasę od klasy, duszę od duszy.

Miałam w ręku egzemplarz maszynopisu *Pygmalion a scenario*, z datą 1 marca 1938, na którym Shaw zanotował po angielsku „dla Floriana Sobieniowskiego do tłumaczenia na język polski". Shaw był w dobrych kontaktach nie tylko z Feliksem Topolskim, który dla niego zaprojektował okładkę i ilustracje, ale także z polskim teatrem w Warszawie.

George Bernard Shaw (1856–1950), Irlandczyk z pochodzenia, był autorem wielu głośnych sztuk, pełnych paradoksalnego dowcipu, ciętej ironii i prowokującego szyderstwa. Samuel Goldwyn, hollywoodzki producent filmowy (urodzo-

Tutaj można zobaczyć pomysłowych mimów

63

ny w Warszawie; 1882–1974), chciał kiedyś kupić prawa autorskie do sztuk Shawa. Shaw odmówił: „Problem leży w tym, że pana interesuje jedynie sztuka, a mnie pieniądze".

W Covent Garden jest mnóstwo eleganckich kramów, przy których wielu artystów rzemieślników sprzedaje swoje wyroby. Można tutaj kupić różnego rodzaju biżuterię (kiedyś widziałam ciemnoniebieskiego lśniącego żuczka, zatopionego w przezroczystej żywicy), torebki z tekstylnych kolaży, akwarele widoków londyńskich, ręcznie robione guziki, pachnące mydełka wypełnione zasuszonymi kwiatami, batikowane poszewki na poduszki, szaliki z weluru z wgniecionymi renesansowymi wzorami, kamizelki wyhaftowane w stylu tudorowskim i wiele innych ciekawych i świetnie wykonanych przedmiotów, dodatków, pamiątek. Przy jednym ze stoisk ze srebrną biżuterią wysadzaną bursztynami, koralami i turkusami poznałam Andrzeja Pacaka i jego sprzedawczynie. Pacak zaczynał na rynku Camden Lock. Od czasu do czasu wystawia swoje dzieła w europejskich galeriach, zdobywając prestiżowe nagrody, ale „bread and butter money", czyli „pieniądze na chleb i masło" przynosi mu sprzedaż na Covent Garden. Przedmioty jego wyrobu są bardzo efektowne. Kiedyś przyniosłam mu zepsute *bolo* (mężczyźni noszą je zamiast krawata, szczególnie w Teksasie – jest to sznurowadło ze skóry ze spinką zrobioną często z turkusa). Pacak wymienił popękany kamień na bladożółty mleczny bursztyn i od tej pory wszyscy pytają męża, gdzie kupił to cudo.

W 1982 roku pod słynnymi kolumnami kościoła św. Pawła spędziłam trochę czasu, obsługując jedno małe stoisko. W soboty i niedziele sprzedawałam plakaty, odznaki, koszulki i biuletyny Solidarności (po angielsku, ponieważ były one adresowane do Anglików). Potrzebowano wówczas ochotników, tak więc wielu z nas pomagało członkom zdelegalizowanej Solidarności w Polsce. Były to bardzo emocjonujące miesiące, często odbywały się demonstracje przed ambasadą polską (czasami trwające całą noc), w radiu nadawano wiele programów o Polsce. Aktywiści związkowi, których zaskoczył w Anglii stan wojenny, udzielali wywiadów. W wielu miastach angielskich ludzie demonstrowali, wyrażając swoją sympatię dla związku. W Brighton można było zobaczyć ciężarówkę z portretem Wałęsy za kratami, jeżdżącą wokół budynku, gdzie odbywała się konferencja angielskich związków. Niektórzy posłowie do Parlamentu

Sprzedaż
biuletynów,
koszulek i znaczków
Solidarności

otrzymali w prezencie znaczki „Solidarności" i nosili je w klapie. „Solidarność" i sprawy Polski były widoczne w mediach, a Polacy (szczególnie z organizacji związanych z POSK-iem – Polskim Ośrodkiem Społeczno-Kulturalnym) kilkakrotnie interweniowali u premiera i ministra spraw zagranicznych i protestowali przeciwko łamaniu w Polsce podstawowych praw i swobód obywatelskich.

Po 1989 roku i upadku reżymu komunistycznego, Polacy z euforią witali premiera czasu przełomu Tadeusza Mazowieckiego odwiedzającego Londyn. W krótkim czasie emigracja zebrała pół miliona funtów na fundusz Mazowieckiego. „Niestety, do dziś pokutują niedociągnięcia porozumień «okrągłego stołu», m.in. nieprzeprowadzenie lustracji w Polsce" – powiedział przedstawiciel emigracji niepodległościowej Artur Rynkiewicz na łamach „Dziennika Polskiego".

W Covent Garden jest wiele teatrów, a także Muzeum Teatru, gdzie można obejrzeć plakaty, zdjęcia, rekwizyty, scenografie, a także sztukę makijażu teatralnego lub fryzjerską wykonaną przez czołowego specjalistę z danej dziedziny. Po teatrze Drury Lane oprowadzają aktorzy ubrani w historyczne kostiumy. Naprzeciwko mieści się renomowany teatr Lyceum. Podczas wizyty w Londynie nasza rodaczka Helena Modrzejewska poszła zobaczyć wybitnego angielskiego aktora Henry'ego Irvinga, który grywał w Lyceum od 1861 roku. Jako pierwszy aktor otrzymał on szlachectwo za swe osiągnięcia. Sir Henry Irving jest jedynym aktorem, któremu

Neoklasycystyczna
Royal Opera House
wedlug projektu
E.M. Barry'ego

Sercem Chinatown
jest elegancka
Gerrard Street

Shaftesbury Avenue
to ulica teatrów
i północna granica
maleńkiego
Chinatown

wystawiono pomnik i nazwano jego imieniem ulicę (Irving Street odchodząca od Leicester Square). Modrzejewska opisała swoją wizytę w Lyceum w liście do przyjaciół:

„Wieść o moim sukcesie już się rozeszła i u wejścia do teatru czekał na mnie pewien dżentelman w doskonale skrojonym smokingu z wytwornym bukietem białych kwiatów, które wręczył mi z wyrazami serdecznego powitania.

Byłam głęboko wzruszona tą subtelną atencją...

Kiedy ujrzałam tego artystę po raz pierwszy jako Van der Deckena (w «Latającym Holendrze»), jego szczególne cechy osobiste odpowiadały roli. Był niezwykły, fantastyczny i podobał mi się od początku do końca sztuki. Z Shylockiem jednak było zupełnie coś innego; jego ekstrawagancki sposób akcentowania, sztuczne gesty i chłód, stłumiony głos i ogólnie biorąc brak prostoty – kazały mi się dziwić, co też angielska publiczność widzi w tym ekscentrycznym człowieku. W drugim akcie poczęłam się oswajać z jego powierzchownością, a w scenie z Tubalem dreszcz mnie przeniknął, kiedy po wybuchu nienawiści i gniewu ten surowy Żyd, pozornie bez jednego ludzkiego uczucia w sercu, chowa twarz w dłonie i łka. Gdy podniósł wzrok, w jego wspaniałych, czarnych oczach zapaliło się złowróżebne światło, a rysy twarzy uległy cudownej przemianie. Szminka na jego twarzy, niewyraźna wymowa, sztywny sposób trzymania, nieprzyjemny, pusto brzmiący głos – wszystkie te braki zniknęły, i ja widziałam tylko Żyda Shylocka – nie współczesnego Żyda, ale Shylocka z szesnastego wieku – była to wizja przeszłości, obcej duchowo, ale fascynującej i pełnej siły. Taki jest Irving.

...Jego wyjście w scenie sądu jest znakomite. Żadnej egzageracji, żadnych min. Opuszczając scenę obrzuca swoich wrogów jednym przeciągłym spojrzeniem – i wszystko co chcesz, jest w tym spojrzeniu: rozpacz, nienawiść i pogarda, pogarda moim zdaniem – dominuje. Żyd przypomina w tym momencie bardziej skrzywdzonego lorda niż lichwiarza, ale wrażenie jest wysoce artystyczne".

Jest to interesujący komentarz jednego profesjonalisty oceniającego pracę drugiego, reprezentującego tę samą dziedzinę i stąd wnikliwość i spostrzegawcze uwagi.

Helena
Modrzejewska

Soho

W Soho są najlepsze chińskie restauracje, jadalnie i kantyny. Przychodzę tutaj czasami na lunch, który składa się z pierożków zrobionych z ryżowej mąki i wypełnionych różnościami: krewetkami, wieprzowiną, wodnymi kasztanami, imbirem, czarną fasolką, posiekanymi papryczkami chili (bardzo ostrymi). Wszystko pięknie pachnie świeżym czosnkiem, miodem lub sosem sojowym. Te pierożki i inne tego typu drobne dania nazywamy *tim sum*. Ryż wypełniony kawałkami kiełbasy, nasączonej słodkim winem sherry, skrzydełkami kaczki, zawinięty w liść lotosu lub flaczki z chili i fasolką także zaliczają się do *tim sum*. Są one gotowane na parze w bambusowych naczyniach. *Tim sum* można kupić tylko w porze lunchu (w godzinach od 12 do 15). Kiedy nie mam czasu, wpadam do kantyny, jak np. „Wonk Kei” na Wardour Street 41–43 i zamawiam jedno główne danie. Przy wejściu do restauracji jest wbudowana secesyjna tablica stwierdzająca, że kamień węgielny pod ten dom położyła Sarah Bernhardt. Helena Modrzejewska spotkała tę słynną francuską aktorkę w Londynie.

Na tablicy napis:
„Sarah Bernhardt położyła pod ten dom kamień węgielny”

„Pewnego wieczoru przyszedł na moje przedstawienie wielki krytyk francuski Franciszek Sarcey i napisał o mnie bardzo pochlebną recenzję. To on skłonił Sarę Bernhardt do obejrzenia mnie i ta cudowna istota zjawiła się w loży pod koniec drugiego aktu. Ubrana była w suknię tworzącą kaskadę czarnych dżetów, a jej mała, podobna do kamei główka w masie złotych włosów, zwracała powszechną uwagę. Do garderoby przyniesiono mi bukiet białych kamelii od niej, a w czasie czwartego aktu mój mąż poszedł podziękować jej w moim imieniu. Opowiedział mi później, że skoro Sarah Bernhardt ujrzała mnie w sukni balowej, bardzo wydekoltowanej i bez rękawów, stosownie do mody w 1880 r., wykrzyknęła: «Mais votre femme est aussi maigre que moi!» (ależ żona pana jest tak samo szczupła jak ja).

Sarah w istocie była bardzo szczupła w tym czasie i wiele zabawnych historyjek na temat jej figury krążyło wśród ludzi. Niektóre z nich opowiadała ona sama.

Po przedstawieniu przyszła do mnie do garderoby; – «Płakałam» – powiedziała – «w ostatnim akcie». – Było to bardzo pochlebne. Rozmawiałyśmy o sztuce. Z wrodzonym sobie wdziękiem zwróciła uwagę na to, że ja z trzeciego aktu uczyniłam coś interesującego i dramatycznego; a ona dotąd nie lubiła tego aktu, wydawał jej się mdły. Podobała się jej też moja scena pisania listu. Mówiła z ożywieniem i ciekawie. Było widać, że jest artystką w każdym calu".

Modrzejewska była doprawdy niezwykłą osobą. Wyraża się ładnie o Bernhardt, a jeszcze lepiej o sobie. Wielka Sarah Bernhardt płacząca na występie Modrzejewskiej... Wielka Sarah Bernhardt przesyłająca bukiet kamelii dla Modrzejewskiej... Wielka Sarah Bernhardt nie lubi mdłego aktu, który Modrzejewska uczyniła interesującym i dramatycznym... Nie wiem, jak się to mogło stać, że my, Polacy, jeszcze nie postaraliśmy się o tablicę dla Modrzejewskiej...

Chińska dzielnica w Londynie, czy też jak się tu mówi „miasteczko chińskie" (Chinatown), jest bardzo mała, ale za to wyjątkowo stylowa. Nawet budki telefoniczne mają dachy w stylu pagody. Pod koniec stycznia w chiński Nowy Rok przychodzimy popatrzeć na barwny korowód i zabawić się.

Soho jest kosmopolityczne, wesołe, rozbawione. Dwadzieścia lat temu erotyczne bary i sklepy były bardziej widoczne, ale rząd trochę je uporządkował. Od kilkunastu lat zadomowili się tutaj geje. W Soho można znaleźć kubański klub i zatańczyć salsę, wypić najmocniejsze espresso w „Barze Italia", pójść do najlepszego klubu jazzowego w Europie, „Ronnie Scots", a rano na angielskie śniadanie do Polaka w „Cafe Luna". Ostatnio w „Ronnie Scots" natknęłam się na nazwisko Jarka Śmietany, którego grupa występowała ze znanym skrzypkiem Nigelem Kennedym. Jeżeli chcemy kupić płyty z dobrą muzyką, wystarczy pójść do sklepów muzycznych takich jak Black Market Record lub Agent Provocateur. Z kolei dobre ciastka są w belgijskiej „Pâtisserie Valerie" na Old Compton Street.

Jest tutaj także rynek z warzywami i owocami. Pod koniec dnia straganiarze sprzedają owoce za pół ceny (szcze-

Na Berwick Street można kupić owoce, warzywa, sery, kwiaty, a obok, w sklepach piękne materiały

gólnie te, które się szybciej psują; czasami nie chce się im wieźć towaru z powrotem na East End). Rynek ten rozkłada się przy Berwick Street. Tu też znajdują się słynne sklepy z materiałami. Przychodzą do nich projektanci kostiumów filmowych, operowych i ci, którzy projektują ubiory dla gwiazd rocka, szukając najciekawszych jedwabi, haftów, aksamitów, welurów, kolczug, siatek z drutu, kwadratów z nitki miedzianej przetykanych koralikami, cekinami... pomysłowość twórców wydaje się nieograniczona. Sklepy te przeważnie należą do drugiego lub trzeciego pokolenia polskich Żydów.

Jest jeszcze tutaj kilka włoskich sklepów delikatesowych, w których kupujemy smaczny chleb, kopytka i szynkę *prosciuto*, a także mnóstwo włoskich restauracji. Już Conrad był nimi zaintrygowany, wygląda na to, że powstawały sto lat temu wraz ze swoją zagadkową klientelą:

„Wychodząc, komisarz sformułował w duchu spostrzeżenie, że bywalcy tego lokalu korzystając z jego oszukańczej kuchni zatracili wszystkie swoje cechy narodowe i osobiste. A to dziwne, bo przecież włoska kuchnia jest tak specyficznie brytyjską instytucją. Ale ci ludzie byli równie odnarodowieni jak potrawy, które im podawano ze wszelkimi pozorami szacowności nie opatrzonej żadną etykietką. Ich osobowość też nie nosiła na sobie żadnego piętna, zawodowego, społecznego czy rasowego. Wydawali się stworzeni dla włoskiej restauracji, chyba żeby włoska restauracja przypadkiem stworzona została dla nich. Ta ostatnia hipoteza była jednak nie do pomyślenia, ponieważ niepodobna było umiejscowić ich gdziekolwiek poza tymi właśnie lokalami. Nigdy nie spotykało się tych enigmatycznych osób gdzie indziej. Nie sposób było powziąć dokładne wyobrażenie o tym, jakie zajęcie uprawiają za dnia ani gdzie kładą się spać wieczorem... Ogarnęło go miłe poczucie niezależności, gdy usłyszał, jak szklane drzwi zamykają się za jego plecami z jakimś niedokonanym, przytłumionym hukiem. Wstąpił natychmiast w bezmiar tłustego błota i wilgotnych tynków, usiany latarniami i otoczony, przytłoczony, przeniknięty, zadławiony i zaduszony czarnością mokrej londyńskiej nocy, która składa się z sadzy i kropel wody".

Plac Soho (Soho Square) jest przeuroczym maleńkim parkiem, gdzie podczas przerwy na lunch wiele osób przychodzi, aby zjeść kanapkę, siedząc na ławce lub leżąc na trawie. Ten mały skrawek ziemi wraz ze starymi, pięknymi drzewami jest pozostałością lasu, który kiedyś się tutaj rozciągał, a w którym polowali król i szlachta. Myśliwi nawoływali się okrzykiem „Soo-Hoo", stąd nazwa dzielnicy. Wokół mieszczą się biura ludzi z show-biznesu, m.in. Paula McCartneya. Parę lat temu Paul stanął na rogu ulicy i zaczął grać na gitarze. Wyglądał jak najzwyczajniejszy *busker*. Niektórzy przechodnie nawet się nie zorientowali, że to jeden z Beatlesów. Mimo że McCartney ma ponad 60 lat, ciągle drzemie w nim dziecinna chęć spłatania figla.

Na placyku, po stronie północnej, stoi pomnik króla Karola II (1630–1685).

W północno-wschodnim rogu stał kiedyś dom rozrywki, znany pod nazwa Carlisle House. Był prowadzony przez śpiewaczkę operową i kurtyzanę Therese Cornelys, która

Soho Square

Pseudotudoriański pawilon ogrodowy w centrum placu Soho

Pomnik Józefa
Boruwłaskiego

wynajmowała dom i meble na wieczory, sprzedając bilety na tańce, grę w karty, koncerty i bale maskowe. Jednym z jej kochanków był Casanova, z którym podobno miała dziecko. Przychodzili tutaj artyści, arystokraci, prostytutki i ciekawscy turyści na herbatę, kawę, mleko, a w soboty i niedziele na koncert lub występy giganta, karła, czy świni. Zbankrutowała, kiedy nie mogła zapłacić kary za nielicencjonowane pokazy.

Jednym z jej gości był słynny polski karzeł Józef Boruwłaski (1739–1837), ulubieniec Stanisława Poniatowskiego. Mówiono na niego czule Joujou. Jako młody człowiek wiele podróżował ze swoja panią, księżną Humieńską. Spotkał prawie całą europejską arystokrację, zwiedził harem, został przedstawiony cesarzowej Marii Teresie i jej sześcioletniej córce, która później jako królowa Maria Antonina straciła głowę pod francuską gilotyną. Poniatowski przyznał mu pensję w wysokości 100 dukatów rocznie. „Polski dżentelmen" lub „Małe Cudo" ponoć świetnie tańczył, grał na gitarze, mówił czterema językami i miał poczucie humoru. Był przyjacielem europejskich królów, którzy podziwiali zarówno jego maleńką, ale zgrabną postać, jak i inteligencję. Nie miał zbyt dużej konkurencji, według lady Montagu „karły w Wiedniu były brzydkie jak demony, upstrzone klejnotami". Niebawem po ślubie (z dziewczyną dwa razy wyższą od niego) Boruwłaski wyjechał, wiedząc, że 100 dukatów nie wystarczyłoby dla młodej pary. Stanisław Leszczyński miał karła Bebe, który był „ograniczony, miał ospę i zdeformowany nos". Bebe był bardzo zazdrosny o Joujou i zmarł wkrótce po stoczeniu z nim walki. Kobiety uwielbiały Joujou. Chciały go trzymać na kolanach, pieścić, bawić się z nim. Był on żywą zabawką. Boruwłaski napisał w swoich wspomnieniach, że „bardzo mało osób zauważa mnie jako człowieka, jako uczciwego mężczyznę, który ma uczucia".

Oto jak opisał swój przyjazd do Anglii:

„Wylądowaliśmy w Margate... nie zdążyliśmy dobić, kiedy ku naszemu zaskoczeniu i zaniepokojeniu, grupa dziko wyglądających mężczyzn przybiegła z wybrzeża, niosąc latarnie w rękach. Zabrali nam bagaż. Nasz niepokój się nie zmniejszył, kiedy zobaczyliśmy, że forsują zamki przetrząsając walizy, jak gdyby szukali skarbów. Uspokoiliśmy się dopiero, kiedy dowiedzieliśmy się, że nasi nocni Banditti byli w rzeczywistości uczciwymi celnikami".

Zmarł w Durham, gdzie został pochowany w jednej
z najpiękniejszych angielskich katedr.

W Soho, a szczególnie na Wardour Street, mieścił się
(i ciągle jeszcze mieści) przemysł filmowy – studia, monta-
żownie, animatorzy, firmy robiące reklamy i siedziba związku filmowego ACTT. W latach siedemdziesiątych wśród
członków związku krążył dowcip, że na świecie jest tylko
jeden związek silniejszy niż związek filmowy – Związek
Radziecki. Filmowcy zarabiali dobrze, kierownictwo w telewizji nie miało prawa zatrudnić kogoś, kto nie należał
do ACTT, a jeżeli związek odkrył, że coś takiego się stało,
nierzadko film był „blokowany" (związek zabraniał pokazy-
wania filmu w telewizji, co dla producenta oznaczało stratę
finansową).

Wardour Street

W latach sześćdziesiątych Krzysztof Komeda-Trzciński
(1931–1969) wraz z małżonką Zofią odwiedzili Londyn pa-
rokrotnie, ponieważ Roman Polański chciał, aby Komeda
napisał muzykę do jego filmu. ACTT nie chciał się na to
zgodzić, Polański uparcie pisywał różne elaboraty, w końcu
zwyciężył. Rezultatem jego bojów był przyjazd do Londynu
rudowłosego, niewysokiego, cichego i skromnego byłego
laryngologa, który nie znał ani numeru swego kołnierzyka,
ani butów. Zofia pamięta, że kiedyś po premierze jednego
z filmów z Jamesem Bondem (*Goldfinger*) Komeda wyszedł
z kina oburzony, złorzecząc na faszystowskiego bohatera,
Übermenscha, a także na okrucieństwo i gwałt zawarte w filmie (my zaczęliśmy to zauważać dopiero od niedawna,
okrucieństwo wywołuje strach, który paraliżuje ludzi,
zaciera jasność ich myślenia, łatwiej jest nimi manipulo-
wać, co znaczy, że ci, którzy są u władzy, mają większą
szansę jej utrzymania). Jak średniowieczny cech ACTT próbował zabezpieczać interesy swoich członków. Reżyser nie
mógł sam nawet włączyć światła czy przestawić krzesła,
ponieważ zabrałby pracę elektrykowi i osobie z obsługi
planu. Kompozytor nie mógł być dyrygentem i pianistą.
Gdyby wykonywał te prace zabrałby możliwość zarobku
dwóm osobom. Komeda nie tylko komponował muzykę,
ale też czasami grał i dyrygował, ale za te czynności wyna-
gradzano Anglika. Komeda dostał tylko jedno honorarium,
jako kompozytor.

„ACTT panoszyły się strasznie", wspomina Zofia Komeda-Trzcińska. Pamiętam, jak nagrywali 30-sekundowy odcinek i za pierwszym razem ktoś chrząknął, trzeba więc było powtórzyć. Za drugim razem upadla pałeczka dyrygentowi. Za trzecim razem jeszcze coś innego, w końcu już za szóstym razem nagrywają, wszystko dobrze idzie, jeszcze sześć sekund, prawie już kończą, a tu nagle gwizdek. Facet z ACTT przerywa nagranie, ogłaszając przerwę na filiżankę herbaty". (W Anglii przerwa na „cup of tea" jest traktowana bardzo poważnie. Żartowano, że nawet strażacy przerywają gaszenie pożaru, aby wypić kubek herbaty z mlekiem).

Niedaleko od Wardour Street mieściła się jedna z ulubionych przez artystów restauracji „Trattoria Terrazza" (19 Romilly Street, odchodząca od Dean Street), nazywana w skrócie przez stałych bywalców „Trat". Właścicielami byli Mario i Franco, którzy serwowali różnego rodzaju makarony w sosach pomidorowych, grzybowych, bazyliowych, przynosili wino, witali wszystkich, jakby byli członkami rodziny, i wołali *ciao, grazie*, kiedy goście wychodzili. Jeden z braci flirtował z Zofią Komedową, chcąc od niej podstępem wydostać przepis na chłodnik, obiecywał jej także pieniądze za wymienienie wszystkich składników. Zofia czuła, że byłby to bardzo niepatriotyczny gest. Jej zdaniem tylko restauracja „Daquise" miała prawo do chłodnika, a jej sukces wśród angielskich urzędników był dla niej ważny (chociaż tylko słyszała o tym lokalu).

Poland Street

Poland Street jest prostopadła do Oxford Street i leży w sercu Soho

Dziewiętnastoletni poeta Percy Bysshe Shelley zamieszkał na Poland Street w 1811 roku tylko dlatego, że podobała mu się jej nazwa, a poza tym przypominała mu „Tadeusza z Warszawy" i idee wolnościowe. Shelley powiedział, że może nawet spać w bramach, ale będzie mieszkać na Poland Street. Wiemy, że był człowiekiem wybrednym, jeśli chodzi o lokum i najmniejszy hałas mógł go zniechęcić do najlepszej ulicy.

Sympatie dla Polski przybierały czasem bardzo oryginalną formę. Czynny później w angielskim ruchu radykalnym Ernest Jones już w wieku jedenastu lat dokonał nieudanej próby ucieczki z domu, aby pieszo przejść przez Europę i przyłączyć się do powstania listopadowego.

Po raz pierwszy Fryderyk Chopin przybył do Londynu w 1837 roku. Niedaleko Golden Square w Soho mieszkał jego przyjaciel, Stanisław Koźmian. Koźmian opisał pobyt Chopina w jednym ze swych listów:

„Chopin jest tutaj od dwu tygodni, incognito. Nie zna tu nikogo i nie chce nikogo znać, tylko mnie. Spędziłem z nim cały dzień i nawet całą noc, wczoraj. Jest tutaj z Pleyelem, sławnym ze swych fortepianów i przygód jego żony. Przyjechali, ażeby «zaliczyć» Londyn. Mieszkają w jednym z najlepszych hoteli, mają powóz i mówiąc krótko szukają sposobów na wydanie pieniędzy. Tak więc jednego dnia pojechaliśmy do Windsor, drugiego do Blackwall, a jutro jedziemy do Richmond... Często chodzę do opery..."

Chopin odmówił obejrzenia *Hildegonde*, „ponieważ nie chce słuchać nudnej muzyki", a o grze Moschelesa powiedział, że „okropnie barokowa".

Podczas drugiej wizyty, udając się do Szkocji, zostawił adres korespondencyjny Henry'ego Fowlera Broadwooda,

Golden Square

Pomnik króla
Jerzego II
na Golden Square

syna producenta fortepianów, który miał swoją firmę na Great Pulteney Street (blisko Golden Square). W wynajętym przez kompozytora mieszkaniu w Londynie jeden z trzech fortepianów był od Broadwooda. Oczywiście stanowiło to dla firmy znakomitą reklamę.

Chopin pisał do rodziny:

„Broadwood, który jest londyńskim Pleyelem, jest moim najlepszym i najprawdziwszym przyjacielem. Jest bardzo bogaty i dobrze urodzony; ojciec jego powierzył mu fortunę i fabrykę i wycofał się z interesów, osiadając na wsi. Dam wam pojęcie, jakie są jego angielskie maniery – któregoś dnia przyszedł z wizytą rano, byłem zmęczony i powiedziałem mu, że dobrze nie spałem. Wieczorem, wracając z domu księżnej Somerset, znalazłem nowy elastyczny materac i poduszki na moim łóżku. Po wielu pytaniach, mój dobry Daniel przyznał się, że pan Broadwood to wszystko przysłał i poprosił, żeby mi nic nie powiedzieć".

Mniej więcej podczas pierwszej wizyty Chopina firma Wessel & Co, mieszcząca się na Regent Street, zaczęła publikować jego kompozycje. Właściciel firmy narzekał, że nie może na nich zarobić. Chopin miał na to prostą odpowiedź: jeżeli nie będzie dawać idiotycznych tytułów jego kompozycjom, sytuacja na pewno się polepszy. Chopinowskie *Bolero* zostało „przechrzczone" na *Suwenir z Andaluzji*, op. 9. Nokturn stał się *Pomrukami Sekwany*, a op. 37 – *Westchnieniami*.

Podczas drugiej wizyty Chopin bardzo się zirytował, kiedy poproszono go, by jeszcze raz zagrał swoje „drugie" *Westchnienie*. Był też oburzony, kiedy zauważył, że wydawca bez jego zgody dopisał dedykację.

Informacje praktyczne

Leicester Square
Dojazd: metro Leicester Square, linia Northern, Piccadilly.

Covent Garden
Dojazd: metro Covent Garden, linia Piccadilly.

Eros
Alfreda Gilberta
jest symbolem
Londynu (kiedyś
nazywano go Aniołem
Miłosierdzia)

Nocą migotliwe neony reklam na Piccadilly Circus wyglądają wspaniale. Jak zahipnotyzowani wpatrujemy się
w ich pulsujące światła. Ale po przeciwnej stronie placyku
widać nagie ściany. Domy należą do Korony i królowa nie
pozwala na umieszczanie na nich reklam.

Piccadilly Circus to ulubione miejsce spotkań turystów
i londyńczyków. Każdy, kto przyjeżdża do Londynu, wiele

**Piccadilly
Circus**

Hotel „Le Méridien"
(udekorowany
flagami) na Piccadilly
stoi w miejscu
St James's Hall

słyszał o tym placyku i znajdzie go bez trudu. Jest tutaj słynna fontanna z Erosem, na której schodach można usiąść i poczekać na znajomych. Fontanna nie działa, a srebrny Eros nie jest bogiem miłości, lecz aniołem pracy charytatywnej. Posążek został postawiony dla uczczenia lorda Shaftesbury, którego praca na rzecz sierot i biednych była znana i podziwiana (chociaż nie w Parlamencie). Również ulica odchodząca od Piccadilly Circus na północny wschód nosi nazwę Shaftesbury Avenue. Ponieważ niewiele osób wie o charytatywnej pracy Shaftesbury'ego, w dniu św. Walentego przychodzą tu pięknie ubrane młode dziewczęta, by złożyć hołd Erosowi, z nadzieją na miłość w oczach i kolorowymi balonami w rękach.

Piccadilly i Paderewski

Ulica odchodząca na zachód to Piccadilly Street. Jej nazwa pochodzi od sztywnego kołnierzyka *picadill*, modnego wśród XVII-wiecznych dandysów. Po prawej stronie, tam gdzie widać hotel „Le Méridien", stał niegdyś St James's Hall. Sala miała bardzo dobrą akustykę, ale ponoć zapachy z kuchni rozpraszały muzyków. 8 maja 1890 roku Ignacy Jan Paderewski (1861–1941) zagrał tutaj swój pierwszy angielski koncert. Sprzedano niewielką liczbę biletów. Winę za to ponosił częściowo menedżer, który reklamował młodego pianistę w londyńskich gazetach jako „Lwa Paryża". „Dużo hałasu, mało muzyki", pisał londyński dziennik „The Evening Standard". Recenzent „The Daily Telegraph" uznał, że Polak „nadużywał siły", dodając na zakończenie: „mówiąc krótko, nie lubimy pana Paderewskiego". Jedynym krytykiem, który chwalił Paderewskiego, był Irlandczyk George Bernard Shaw. Ale w pamięci Paderewskiego utkwiła jego negatywna recenzja:

„Krytyki, a raczej – powiedziałbym – ataki Shawa skierowane przeciwko mnie, były prawie tak gwałtowne, jak – według niego – gwałtowne moje ataki na fortepian! W ten sposób wyraził się w recenzji z mego pierwszego koncertu! Napisał w niej prócz innych, wielce mnie obciążających zarzutów, że jestem muzykalnym kowalem, który położył koncert na fortepianie niby na kowadle i z nadmierną radością uderza weń młotem – słów takich trudno zapomnieć!"

Bernard Shaw napisał w liście do Mary Lawton:

„Cieszę się, że nie omyliłem się co do niego. W moich notatkach prasowych odnotowałem go jako największego pianistę owego czasu, a prawdopodobnie wszystkich czasów. On jednak zapomniał o nich, oprócz tej jednej, która była dlań nieprzyjemna... nastąpiła wtedy zmiana w fortepianach: stare, drewniane, które okryły sławą Broadwooda i na których komponowali Beethoven i Chopin, zostały wyparte przez potwora, zwanego żelaznym, a obecnie stalowym fortepianem. Leszetycki, największy pedagog muzyczny w owym czasie, rozumiał, że stalowy fortepian wymaga stalowych palców. Nauczył Paderewskiego uderzenia, o jakim nie śniło się Wieskowi czy Kullakowi... Paderewski nie wiedział, że w Londynie była to nowość".

Ignacy Paderewski z rozwichrzoną, płomienną czupryną

Na drugi koncert przyszło więcej osób, wśród nich arystokraci, a także studenci muzyki i ich nauczyciele. Po trzecim koncercie recenzje wyraźnie się ocepliły, niektóre były wręcz entuzjastyczne. „Monthly Musical Record" napisał: „Pojawił się wybitny artysta, Polak, Paderewski, który łącząc wspaniałą technikę z nieporów-

Piccadilly

nywalną siłą ekspresji – prawdziwą poezją w muzyce – wziął szturmem widownię". Wiele pań rzucało na scenę kwiaty i próbowało dotknąć Paderewskiego lub ucałować jego ręce. Nie tylko muzyka zrobiła piorunujące wrażenie na publiczności, ale także kędzierzawe, gęste, rude włos pianisty, które w świetle płonęły jak złota aureola. Malarze najbardziej brytyjskiego z nurtów artystycznych Bractwa Prerafaelitów (które głosiło powrót do sztuki wczesnego renesansu) znaleźli w Paderewskim idealnego modela. Burne-Jones zauważył go na ulicy i powiedział, że widział archanioła. Niebawem po tym spotkaniu Paderewski przyszedł ze znajomym do jego studia i malarz rysował go przez dwie godziny. Inny malarz, należący do klasycznego nurtu Lawrence'a Alma-Tademy, a także jego żona, rysowali i malowali Paderewskiego. Pianista grał także na prywatnych przyjęciach, ale skąpstwo Anglików po prostu go oburzało. Raz zażądał ponoć „zbyt wysokiej" ceny i pani domu po koncercie nie zaprosiła go do stołu ze swoimi arystokratycznymi gośćmi, ale jak dostawcy zaproponowała obiad w oddzielnym pokoiku. Wrażliwy Paderewski wziął tylko połowę swojej zapłaty, mówiąc sarkastycznie, że skoro nie zjadł obiadu, gospodyni jest mu winna tylko połowę umówionej ceny. (Nawiasem mówiąc, w owych czasach podobnie traktowano innych wielkich artystów).

Ale następna wizyta odbyła się bez większych zgrzytów. W końcu zaczęto go traktować jak gwiazdę. Królowa zaprosiła go do Windsoru (zamku leżącego na zachód od Londynu). Paderewski rozmawiał z nią po francusku. Wiktoria napisała o nim w swoim pamiętniku: „Byłam w zielonym salonie i słuchałam Paderewskiego. Gra tak przecudnie, z taką siłą wyrazu i głębokim uczuciem. Myślę naprawdę, że zupełnie dorównywa Rubinsteinowi". W kilka dni później otrzymał od niej prezent – jak zwykle była to szpilka do krawata.

11 lipca 1891 roku, przed wyjazdem do Paryża, zagrał swój ostatni koncert w St James's Hall. Był to niesłychany i olbrzymi sukces. Grał tylko utwory Chopina.

Nawet w wieku 73 lat Paderewski wywoływał gwałtowne objawy uwielbienia. Kiedy pojawił się w Albert Hall, gdzie zagrał na koncercie charytatywnym dla 9000 osób, dotykano go jak jakieś nieziemskie bóstwo. W prasie pojawiały się peany na jego cześć, nikt nie śmiał już krytykować artysty. Reżyser Lothar Mendes nakręcił film fabularny

Sonata księżycowa, w którym Paderewski zagrał sędziwego pianistę. Kiedyś podczas lunchu w hotelu „Carlton" (wówczas na Haymarket – niedaleko Piccadilly Circus) Paderewski chwalił się, że codziennie jadał obfity obiad, pił dobre wino, palił hawańskie cygara i od czasu do czasu spędzał wieczór z młodą dziewczyną. Podczas filmowania nie niecierpliwił się, miał świetną pamięć, a nawet czasami poprawiał któregoś aktora, jeżeli ten się potknął, instynktownie wiedział, jak się poruszać i gdzie stanąć. Film odniósł olbrzymi sukces.

W teatrze na ulicy Haymarket tuż za rogiem Helena Modrzejewska (1840–1909) odniosła duże sukcesy na scenie Royal Haymarket Theatre. Należy wspomnieć, że była pierwszą polską artystką grającą Szekspira w języku angielskim. Ale zaczynała od *Damy Kameliowej* Dumasa. W listach do przyjaciół zwierzała się ze swego niepokoju:

Royal Haymarket Theatre

„Moja premiera wypadnie w maju. Tymczasem spędzam sześć czy siedem godzin dziennie na studiowaniu języka...

Uśmiałabyś się, gdybyś zobaczyła moje afisze. Nic więcej tylko «MODJESKA» wypisane literami wysokimi na metr. Stajemy niekiedy obok afisza, ażeby się przysłuchać, co mówią przechodnie. Niektórzy odczytawszy nazwisko, zapytują się wzajemnie: «Co to jest? Czy to jest żywa istota?» Inni zapewniają swoich towarzyszy, że to musi być na pewno jakiś nowy proszek do zębów, odżywka zbożowa lub lekarstwo przeciw reumatyzmowi...

Drżę na myśl o niepowodzeniu, ale im większy jest mój strach, tym silniejsze pragnienie, aby cel osiągnąć...

Oto jestem tutaj, uwięziona w pozłacanej klatce na Piccadilly. Obijam skrzydła o pręty klatki jak dziki ptak... ale uczę się i czekam...

Mój londyński debiut nastąpił wcześniej niż oczekiwałam".

Wilson Barrett z Court Theatre był zdania, że jeszcze nie była na tyle znana, aby grać Szekspira. Tytuł *Dama Kameliowa* zmieniono na *Violet*, usunięto nazwisko Dumasa syna, „nowym" autorem stał się Mortimer (tłumacz *Damy*), „zawód" bohaterki uległ kilku kosmetycznym zabiegom i tekst wysłano do cenzora, który sztukę przepuścił. Na początek Barrett zaproponował jej „wystąpienia z sześciu porankami".

Po premierze na pewno była szczęśliwa, ale napisała, że życie „jest dziwne".

„Dzisiaj mogę pisać bez lamentów, gdyż zwyciężyłam... Po ostatnim akcie wiele osób powiewało chusteczkami ku mnie, a książę i księżna Walii też aplaudowali mnie gorąco, a ja? Ja myślałam o was wszystkich i żałowałam, że Warszawa tak daleko i że nie można z ulicy Hożej przyjechać powozem do Londynu.

Mój sukces przeszedł wszystkie oczekiwania; wszyscy uważają go za wręcz niezwykły".

Wkrótce zaczęła grywać wieczorem, jej sława rozniosła się błyskawicznie, życie towarzyskie zaowocowało obiadami, przyjęciami i spotkaniami ze znanymi osobistościami ze świata sztuki. Poznała dramaturga Oscara Wilde'a, francuską aktorkę Sarę Bernhardt, malarzy prerafaelitów, aktora Henry'ego Irvinga, amerykańskiego malarza Jamesa Whistlera i wielu innych.

Jej listy świadczą o tym, że nie tylko miała talent aktorski, ale także poczucie humoru i zapewne zmysł do interesów. Jako pierwsza aktorka dostała trzycyfrowe honorarium (100 funtów na tydzień za występy w *Odetcie*). Była już wtedy partnerem przedsięwzięcia. Zauważała też u innych tę cechę charakteru.

Tak opisuje w jednym z listów chłopca na posyłki:

„Opowiada, że musi się kiedyś ożenić z wielką panią, a ponieważ tytułują mnie tutaj «hrabina», zapytał moją służącą, czy gdy on dorośnie, a ja owdowieję, będzie mógł się ze mną ożenić, i – jak należałoby się do tego zabrać? Przy jego dwunastu latach wydaje się to nienormalne, ale nie odstępuje mnie nigdy, nosi za mną tren mojej sukni i wciąż mnie chce częstować szklanką lemoniady. Przykro to powiedzieć, ale mam takie wrażenie, że wyrośnie on na bardzo przebiegłego i szczęśliwego w interesach businessmana".

Shaftesbury Avenue – Gielgud Theatre

Na rogu Shaftesbury Avenue stoi teatr, który niedawno otrzymał imię znanego aktora teatralnego i filmowego Johna Gielguda (1904–2000). Siostra jego matki, Ellen Terry, była jedną z najsławniejszych aktorek teatralnych w Anglii. Jakież było zdumienie Gielguda, kiedy dowiedział się, że rodzina jego ojca też była znana ze swoich osiągnięć scenicznych:

Teatr Gielguda
na Shaftesbury
Avenue

„Moi dziadkowie po stronie ojca byli Polakami, ale mówili bezbłędnie po angielsku, prababka, Aniela Aszpergerowa, była znaną na Litwie aktorką, słynęła z szekspirowskich ról. Jej mąż Wojciech był także aktorem, grywał główne role. Ich córka wyszła za mąż za Adama Giełguda, mego dziadka, który się urodził na morzu podczas ucieczki po 1830 roku po polskiej rewolucji, kiedy to książęta Giełgudowie stracili swoje włości rodzinne – zamek Giełgudów nad rzeką Memel. Adam przyjechał do Anglii z żoną w latach pięćdziesiątych lub sześćdziesiątych XIX wieku i mieszkał tam aż do przeprowadzki do Szwajcarii, gdzie obydwoje umarli. Był korespondentem wojennym. Miał małą bródkę, pamiętam, był bardzo czarujący. Moja babka, która mnie rozpieszczała, kiedy mieszkała w Anglii, była żarliwą katoliczką. Przy pasku na łańcuszku nosiła czarny woreczek ze srebrną klamrą... Bardzo lubiłem dziadków Giełgudów i oni byli bardzo mili w stosunku do mnie, ale o ile dobrze pamiętam ani razu nie wspomnieli teatru. Nie przypuszczałem, że mają z nim cokolwiek wspólnego...

...Nigdy nie myślałem o tym, że krew mego ojca mogła mieć aż tak poważny wpływ na moje aktorstwo, chociaż Marguerite Steen w swojej książce o rodzinie Terrych sugeruje, że moja słowiańska część odegrała tu ważną rolę i sprawiła, że zostałem może bardziej oryginalnym aktorem. Jest prawdą, że mój ojciec miał większe

Portert Gielguda
w foyer teatru

poczucie humoru niż moja matka. Miał też coś ze słowiańskiego temperamentu, na przykład inklinacje do zmiennego
usposobienia.

Potrafił być czarujący, a jednocześnie posępny... Być może
przekazał mi coś dodatkowo..."

BAFTA   Niedaleko kościoła św. Jakuba, wybudowanego w 1684
roku przez Christophera Wrena, po południowej stronie
Piccadilly znajduje się British Academy of Film and Televi-
sion Arts (BAFTA) – Brytyjska Akademia Sztuk Filmu i Telewizji. Na frontonie budynku możemy odczytać, że kiedyś
mieściło się tu Królewskie Towarzystwo Akwarelistów.
Obok numeru 195 widzimy symbol nagrody BAFTA – maskę
teatralną z brązu. Zaprojektowała ją Mitzi Cunliffe w 1955 roku.
Dla Brytyjczyków jest to odpowiednik Oscara. Budynek
został zaprojektowany w 1831 roku przez Edwarda R. Rob-
sona. BAFTA zajmuje dwa piętra. Na górnym jest sala kino-
wa i restauracja, na dolnym – Pokój Davida Leana, udekorowany plakatami z jego filmów, gdzie odbywają się przyjęcia.
Akademię założono w 1947 roku, kiedy Lean kręcił *Olivera
Twista*. Pierwsza nagroda statuetka została zaprojektowana
przez Henry'ego Moore'a.

David Lean (1908–1991), najsłynniejszy reżyser angielski (autor takich filmów jak *Most na rzece Kwai* czy *Lawrence
z Arabii*), rozmawiając kiedyś ze studentami z Cambridge
Society zapytał, co powinien sfilmować. Odpowiedzieli,
że *Nostromo* Conrada. Lean przeczytał *Nostromo* i wpadł
w depresję, ale po 160 stronach poczuł niespodziewanie
optymizm. „Olśniewający akapit, jedna z tych głębokich
pauz". Na scenarzystę wybrał Christophera Hamptona
(znanego z filmu *Niebezpieczne związki*). Cenił on współpracę z Leanem między innymi dlatego, że jako były montaży-
sta Lean wiedział wiele o filmowym przejściu od sceny do
sceny. Operatorem miał być John Alcot, znany ze współpracy ze Stanleyem Kubrickiem. W jednej ze scen, która musiała być kręcona w ciemnościach, Alcot zasugerował,
że aby oddać niesamowitą fosforescencję mórz Ameryki
Południowej, powinien sfilmować wodę w deszczu, tak
by wszystko wyglądało jak obsypane gwiazdami i srebrem.
Reminiscencje miały być podkolorowane na niebiesko,
reszta nakręcona w mocnym oświetleniu. Pomysły te

bardzo podobały się Leanowi. Marlon Brando miał zagrać Nostromo.

Pierwszy szkic scenariusza wysłali do Stevena Spielberga, który miał być producentem filmu.

„Kim jest bohater?", zapytał Spielberg Hamptona.

„Bohaterem jest Nostromo", odparł Hampton.

Budynek Królewskiego Towarzystwa Akwarelistów, w którym na pierwszym i drugim piętrze mieści się BAFTA

Korytarz
z powiększoną
słynną maską

Oryginalna
nagroda BAFTA

„A czarnym charakterem?".

„Czarnym charakterem jest pieniądz", powiedział w zamyśleniu Hampton.

Spielberg wycofał się z projektu, podobnie jak Hampton, zmęczony wymaganiami reżysera. Hampton uważał, że Lean i Conrad bardzo do siebie pasują, ponieważ Lean był też optymistyczny w stosunku do pojedynczych ludzi, ale pesymistyczny w odniesieniu do całej rasy ludzkiej. Wszystkie utwory Conrada mówią o tym, jak wartościową jednostkę niszczy szkodliwa inercja i chciwość ogółu.

Pogarszające się zdrowie Leana spowodowało, że zaczął coraz częściej myśleć o śmierci. Umierał na raty, tak jak Conrad. Najpierw sterydy podreperowały mu oddychanie, po ich odstawieniu okazało się, że bardzo mu zaszkodziły. Spuchł, przestał chodzić i dostał zapalenia mięśni. Leżąc w łóżku, myślał o tym, jak użyć efektu dźwiękowego lecących gęsi, trących głośno i zamaszyście skrzydłami.

Fragment scenariusza:
NOSTROMO próbuje coś powiedzieć. Mrs Gould nachyla się nad nim.
NOSTROMO
(bardzo cicho)
Chcę ci powiedzieć, gdzie schowałem...

Ona kładzie mu rękę na ustach.
MRS GOULD
Nie. Nie Capataz. Niech będzie zagubiony na zawsze.
Uśmiech pojawia się na jego twarzy. MRS GOULD obraca się, przywołuje GISELLE. NOSTROMO próbuje dotknąć ręki GISELLE i patrzy w górę: KLUCZ GĘSI przelatuje nad jego głową. Patrzy za nimi. Żałobny dźwięk skrzydeł powoli cichnie. Głowa NOSTROMO przechyla się w bok. Jest martwy.
David Lean umarł w 1991 roku w trakcie przygotowań do filmu *Nostromo*. Inni wielcy reżyserzy także zmagali się z dziełami Conrada. Orson Welles zrobił słuchowisko radiowe oparte na *Nostromo*. Francis Ford Coppola nakręcił *Czas Apokalipsy* na podstawie *Jądra ciemności*, umieszczając akcję podczas wojny w Wietnamie.

Andrzej Wajda, reżyser filmowy i teatralny, scenarzysta i scenograf, najwybitniejszy twórca powojennego polskiego kina, otrzymał pierwszą nominację od BAFTA w 1959 roku za *Popiół i diament*, w którym grał utalentowany Zbyszek Cybulski. Dziesięć lat później Wajda stał się członkiem Brytyjskiej Akademii. W 1984 roku BAFTA nagrodziła go za *Dantona* (w kategorii najlepszego filmu obcojęzycznego). Jest laureatem wielu nagród i wyróżnień, dostał także Oscara w 2000 roku za całokształt twórczości. Studiował malarstwo, świetnie rysuje, być może z tego powodu jego filmy są niezwykle malarskie. To jedyny polski reżyser z tak silnie rozwiniętym zmysłem estetycznym, olbrzymią wrażliwością na piękno. U Wajdy gra nie tylko aktor, ale i krajobraz, i drzewa, i światło, i promienie przedzierające się przez srebrny lasek brzóz, i miodowe bursztyny na bluzce Zosi w *Panu Tadeuszu*, jednym słowem kolor, rysunek, kształt, struktura...

Wajda plasuje się w światowej czołówce, obok Kurosawy, Felliniego, Coppoli i paru innych. Trochę mnie dziwi, że nie był on tutaj bardziej doceniany, ale to może z powodu purytańskiej, anglosaskiej kultury, opartej na słowach. W Anglii nie ma reżyserów malarzy, są reżyserzy dziennikarze. Film malarski to przede wszystkim emocje, a z tym Anglicy radzą sobie z trudem.

Spacer wzdłuż Piccadilly dostarcza także innych wrażeń. Na niektórych sklepach widnieją królewskie i książęce her-

Królewska Akademia
Sztuki (założona
w 1768) mieści się
w Burlington House

by – oznaczają one, że właściciel herbu tutaj nabywa produkty. Jednym z najbardziej prestiżowych sklepów jest dom towarowy Fortnum i Mason, gdzie na parterze sprzedawana jest doskonała herbata w pięknych zielonych puszkach. Fascynujące są również butiki w arkadach, a jeżeli ktoś zapragnie podziwiać sztuki piękne, mijając Royal Academy of Art (Królewską Akademię Sztuki) może zajrzeć i sprawdzić, czy przypadkiem nie wystawiają czegoś ciekawego.

Royal Institution

Royal Institution (Towarzystwo Królewskie) zostało założone w 1799 roku do „rozpowszechniania wiedzy na temat wynalazków i eksperymentów naukowych oraz zastosowania nauki w życiu". Pod numerem 20 Albemarle Street mieściło się laboratorium badawcze Faradaya i Davy'ego. Dzisiaj pod numerem 21 znajduje się niewielkie Muzeum Faradaya.

Maria Curie- -Skłodowska

Maria Curie-Skłodowska (1867–1934) i jej mąż Pierre Curie (1859–1906) przyjechali do Londynu w czerwcu 1903 roku. Pierre został zaproszony przez Royal Institution, by wygłosił wykład o radzie. Przywieźli mały prezent dla lorda

88

Kelvina (jednego z najwybitniejszych naukowców tego czasu, jego prawdziwe nazwisko brzmiało William Thomson) –
odrobinę radu w szklanej rurce. Maria była pierwszą kobietą, której Towarzystwo pozwoliło wejść w swe prestiżowe
podwoje. Na wykład przyszli znani naukowcy. Pierre mówił
po francusku, opisując właściwości radu. Potem poprosił
o wyłączenie światła i wykonał kilka zaskakujących eksperymentów w ciemnościach. Następnego dnia błyskawicznie
rozeszło się po stolicy, że przyjechali „rodzice radu".
Państwo Curie otrzymali wiele zaproszeń na uroczyste obiady i bankiety. Angielska *upper class* stawiła się wytwornie
ubrana, panie w najlepszych diamentach. Prosta, czarna sukienka Marii miała tylko niewielkie wycięcie pod szyją.
Uczona nie nosiła żadnej biżuterii, jej ręce były zniszczone
kwasami. Pierre w wyświeconym ze starości fraku sprawiał
wrażenie nieobecnego. Maria była zdumiona, widząc biżuterię kobiet. Zazwyczaj roztargniony Pierre skoncentrował
się na szacowaniu i dodawaniu wartości diamentowych
kolii. Była to gra, która go wciągnęła. „Czy wiesz, ile labo-
ratoriów można by wyposażyć za te skarby? Astronomiczną
liczbę". Maria nie czuła się dobrze, będąc traktowana jak
„egzotyczne zwierzę", „wybryk natury", kobieta fizyk...   Maria
Było to na pięć miesięcy przed przyznaniem obojgu Nagro-   Curie-Skłodowska
dy Nobla. Z nagrodą przyszły też duże pieniądze. Niedługo   w laboratorium

89

po ich wyjeździe Towarzystwo Królewskie odznaczyło ich medalem, na którym nazwiska obydwojga wyryto w czystym złocie. Pierre sam przyjechał do Londynu odebrać medal. Po powrocie dał go swojej sześcioletniej córeczce do zabawy. W roku 1904 Chemical Society uczciło Marię honorowym członkostwem. Była pierwszą kobietą, członkiem tego stowarzyszenia. Dopiero w 1920 roku zaczęto w nim przyjmować kobiety na pełnoprawnych członków.

Bronisław Malinowski

Innym wybitnym polskim uczonym, cieszącym się wielkim szacunkiem, był Bronisław Malinowski (1884–1942), antropolog społeczny, etnolog, a także twórca metody funkcjonalnej w badaniach nad kulturą. W lipcu 1942 roku, w dwa miesiące po jego śmierci, odbyło się uroczyste zebranie Towarzystwa Królewskiego. Zorganizowano je staraniem Zrzeszenia Profesorów Polaków w Wielkiej Brytanii. Przemówienia profesorów z Oksfordu i London School of Economics wyrażały uznanie i hołd pamięci tego najwybitniejszego antropologa XX wieku, urodzonego w Krakowie, wykształconego na Uniwersytecie Jagiellońskim. Przewodniczący zebrania powiedział:

„Uważam za wielki zaszczyt, że w obecności przedstawicieli Polski i przyjaciół Polski przypadła mi w udziale okazja do wyrażenia podziwu dla charakteru i dzieła Bronisława Malinowskiego.

Podstawy jego wykształcenia są w pierwszym rzędzie zasługą uniwersytetu krakowskiego – dopiero później – zasługą uniwersytetu londyńskiego. Był on uczniem w tym uniwersytecie tych wszystkich znakomitych uczonych, którzy są tak dobrze wprowadzeni w tajniki antropologii społecznej.

Z wielu cennych prac Bronisława Malinowskiego z dziedziny nauki o kulturze wspomnę tylko o wynikach jego badań w dziedzinie psychologii społecznej, religii, prawa, wojny..."

Chopin na Dover Street

Fryderyk Chopin wynajmował w maju 1848 roku pokoje przy Dover Street 48. Było to jego drugie mieszkanie od czasu przyjazdu do Londynu. Pod tym numerem znajduje się obecnie nowoczesny budynek mieszkalny. Pobliski Green

Na rogu Piccadilly
i Dover Street 48
stoi nowoczesny
budynek

Park (za którym kryje się pałac Buckingham) na pewno
zwrócił uwagę artysty swym pięknem, choć Chopin nie czuł
się na tyle dobrze, by pójść na spacer, wiemy przecież,
że wszędzie jeździł powozem:

„... moje zdrowie zmienia się z godziny na godzinę,
a często rano czuję, że muszę wykaszleć swe życie... Mam
3 fortepiany: Broadwood, Erard i Pleyel, ale do niedawna
mogłem grać tylko dla samego siebie. Nareszcie mam przy-
zwoite mieszkanie, chociaż nie zdążyłem się jeszcze zado-
mowić, a właściciel domu już podwyższa najem, chcąc
podwójnie, lub oferuje inny pokój w zamian (jak na razie
płacę 23 gwinee miesięcznie). Prawdą jest, że mam dużą
i piękną bawialnię i mogę dawać lekcje (mam 5 uczniów),
ale ciągle nie wiem, co mam robić: być może, że zostanę
tutaj, dlatego że ten mniejszy pokój nie jest aż tak wygodny,

a nie chcę zmieniać adresu, ponieważ już go dałem wielu osobom. Pretekstem do zmiany jest to, że nie zawarliśmy pisemnej umowy, tak więc nic go nie powstrzymuje od podniesienia najmu".

Pieniądze były dla Chopina ważną sprawą. Jego służący Włoch za dużo i za szybko wydawał, ale był mu potrzebny. Kompozytor wiedział, że bez niego nie mógłby funkcjonować z powodu pogarszającego się zdrowia, nie mógłby nawiązywać kontaktów, jeździć na koncert czy też uczyć. Po jakimś czasie udało mu się pozbyć Włocha, który zapewne go okradał, i znalazł sympatycznego Irlandczyka. Służący często musiał go wnosić do sypialni. Pod koniec lipca Chopin zdecydował, że pojedzie na północ do Szkocji z Miss Stirling i Mrs Erskine, które koniecznie chciały go obwieźć po szkockich zamkach swych majętnych krewnych.

...i na
St James's
Place

Ostatnim adresem Chopina był St James's Place 4. Po powrocie ze Szkocji zaziębił się i przez dwa tygodnie leżał w łóżku. Zaczął mieć bóle głowy i problemy z oddychaniem.

„Lekarz [dr Mallan] mnie odwiedza codziennie. Trochę mnie usztywnił, na tyle, że mogłem zagrać na polskim koncercie na balu; pomimo tego, że zaraz wyjechałem, nie mogłem spać całą noc. Muszę mieć otwarte okna rano, aby móc trochę oddychać. Jestem na 4 St James's Place... Nie mogę tutaj mieszkać, chociaż jest to dobre mieszkanie dla normalnego, zdrowego kawalera lub członka parlamentu i pomimo tego, że jest w ładnej okolicy i niedrogie: 4 1/2 gwinei za tydzień z ogrzewaniem i pościelą... być może, że przeniosę się do innego z większymi pokojami, w których mógłbym lepiej oddychać".

Chopin nie wiedział, że to ostatnie miesiące jego życia. W Londynie obwiniał za to smog – palono wtedy węglem, powietrze na pewno zatykało płuca, nawet tym najzdrowszym. Określeniem, które weszło do języka, było słowo *peasoupper* – powietrze gęste jak grochówka. Dzień przed odjazdem napisał do Solange Clesinger (córki George Sand):

„Jestem spuchnięty z newralgią, nie mogę spać, nie mogę oddychać; nie ruszyłem się z tego pokoju od 1 listopada [z wyjątkiem 16 listopada, kiedy miał koncert w Guildhall dla polskich uchodźców – K.K.]. Po tym odnowiło mi się;

nie mogę tutaj oddychać; jest to klimat niepojęty dla takich ludzi jak ja, ale tylko podczas tych miesięcy zimowych..."

Ciągle mówił o zmianie mieszkania na większe i lepsze, w którym mógłby wreszcie zacząć dobrze oddychać. Chciał się gdzieś przenieść, tam gdzie jego płuca zaczerpnęłyby czystego powietrza i odzyskały pierwotną możność działania. Jak każdy artysta wierzył w cuda.

Pod numerem 2 na tej samej ulicy stał dom, gdzie wcześniej Chopin miał koncert. Budynek uległ zniszczeniu podczas drugiej wojny światowej.

W czasach trochę późniejszych pojawił się na scenie londyńskiej znakomity polski skrzypek Henryk Wieniawski (1835–1880). W 1864 roku brał udział w symfonicznych koncertach Philharmonic Society i w poniedziałkowych porankach kameralnych. Podobnie jak Chopin występował

Henryk Wieniawski

Piccadilly z widokiem na hotel „Ritz". Za hotelem znajduje się St James Street

też w prywatnych domach na St James's. O ile Anglicy nie rozmawiali podczas koncertów Chopina, to nie krępowali się, gdy grał Wieniawski. Nie czuł się w Anglii dobrze, ponieważ nie mówił po angielsku. Helena Modrzejewska w swoich *Wspomnieniach i wrażeniach* opisała, jak kiedyś został zaproszony do domu pewnej osobistości i całe audytorium zachowywało się bardzo cicho aż do momentu, kiedy rozległy się pierwsze tony *Cavatiny* Raffa – wówczas wszyscy zebrani w salonie zaczęli rozmawiać. Wieniawski postanowił dać im nauczkę. Wiedząc, że Anglicy mają obowiązek wstać i zachować milczenie, kiedy gra się hymn *God Save the Queen*, dał znak akompaniatorowi, zręcznie przeszedł od Raffa do hymnu państwowego i zagrał go *fortissimo*. Ku jego wielkiej satysfakcji ludzie przestali rozmawiać i wszyscy podnieśli się z miejsc. Gdy jednak tylko powrócił do *Cavatiny*, natychmiast podjęto przerwane rozmowy. Skrzypek znowu zaintonował hymn i zdobył kilka minut milczenia, ale powstał jeszcze większy hałas przy zmianie melodii. Powtórzył trik pięć czy sześć razy, nikt jednak nie zrozumiał aluzji; wszyscy zdumiewali się tylko, cóż to za dziwaczny utwór, w którym hymn państwowy powtarza się kilkakrotnie.

Ponoć Paderewski dawał podobne lekcje dobrego wychowania. Przerywał grę przy najmniejszym szmerze, patrząc uparcie w stronę, skąd pochodzi hałas. Dopiero po chwili znów zaczynał grać – od początku.

Informacje praktyczne

Piccadilly Circus
Dojazd: metro Piccadilly, linie Piccadilly i Bakerloo.

Teatr Gielguda (Gielgud Theatre)
Shaftesbury Avenue, W1
tel. 0870 890 1105

BAFTA
195 Piccadilly, W1
Do środka może wprowadzić tylko członek BAFTA.
Jesienią wiele gwiazd przyjeżdża do Londynu na pokazy
swoich filmów (w lutym jest przyznanie nagród). Jeżeli
przechodząc obok budynku między 20.00 a 23.00 zoba-
czycie czekającą limuzynę, oznacza to, że wewnątrz jest
jakaś znana aktorka lub aktor.

Muzeum Faradaya (Faraday Museum)
Towarzystwo Królewskie (The Royal Institution)
21 Albemarle St, W1
pon.–pt. 10.00–17.30
tel. 020 7409 2992
www.rigb.org.uk
www.aip.org/history.curie

South Bank, Lambeth, Borough, Bermondsey, Dulwich, Wimbledon

Po drugiej stronie Tamizy, na South Bank (południowym brzegu), zlokalizowane jest wielofunkcyjne centrum kultury, nastawione na masowego odbiorcę. Londyńczycy lubią spacerować na odcinku od mostu Westminsterskiego aż do mostu Tower. Po drodze mija się wiele atrakcji, takich jak London Eye (Londyńskie Oko), sale koncertowe, kina, teatry, włącznie z szekspirowskim Globe, muzeum sztuki współczesnej Tate Modern, replikę galeonu „Złota Łania", katedrę Southwark, brytyjski pancernik HMS „Belfast". Mostem Tower można dotrzeć do samej Tower of London. Wielu zwolenników sportu biega po tym nadrzecznym trakcie rekreacyjnym, mimo że płyty chodnika nie są najlepszą nawierzchnią do joggingu. Wielokrotnie filmowano malowniczą panoramę Londynu (północny brzeg), z południowego brzegu, tak by pojawiła się na srebrnym ekranie w całej architektonicznej krasie.

Lew – symbol South Bank

South Bank już w przeszłości był terenem, gdzie odgrywano widowiska teatralne, toczyły się zapasy, szczuto psami niedźwiedzie, odbywały się walki kogutów i tym podobne rozrywki. Pewien polski turysta, Stefan Gawarecki, który podróżował z braćmi Sobieskimi (Markiem i Janem – późniejszym królem Polski), w 1646 roku zapisał w notatniku:

„Chodziliśmy też widzieć, kędy zawsze dwakroć w tydzień wyprawują Brytanów na Niedźwiedzi i do Bawołu – jest rzecz piękna i ucieszna widzieć brytanów z niedźwiedziem, ale z bawo-

Bieganie
po południowym
nabrzeżu zapewnia
piękne widoki

Teatr Old Vic
(w pobliżu Waterloo) –
Gielgud i inni znani
aktorzy występowali
tutaj, zanim
przenieśli się
do Teatru Narodowego
na South Bank

Szczucie
niedźwiedzi
należało
do ulubionych
rozrywek

łem jeszcze ucieszniejsza, bo rogami haniebnie brytanów
wzwyż na kopią i dalej rzucą do góry, jakoż i siłą kaleczą
psów".

97

Znaki w betonowej
dżungli South Banku
kierują we właściwą
stronę

Na samym South Bank najbardziej interesujące dla Polaków są trzy miejsca: stała wystawa Feliksa Topolskiego pod
arkadami mostu Hungerford, National Film Theater (NFT),
położony przy moście Waterloo (szczególnie w listopadzie,
kiedy odbywa się tutaj festiwal filmowy) i Queen Elizabeth
Hall, gdzie odbywają się koncerty. Na przykład w 1992 roku
w setną rocznicę urodzin Karola Szymanowskiego wystawiono tu jego utwór *Stabat Mater*.

NFT leży na brzegu, który był zbombardowany podczas
drugiej wojny światowej. Miejsce to zostało wybrane jako
główny teren planowanych uroczystości, nazwanych Festi-
walem Brytanii. W 1951 roku w setną rocznicę Wielkiej
Wystawy (tej, której inicjatorem był książę Albert, mąż
królowej Wiktorii) festiwal miał przypomnieć Brytyjczykom, że mimo wojennych zniszczeń, mimo wyrzeczeń
i oszczędności, morale kraju nie ucierpiało i Wielka Brytania nadal dysponuje ogromnym potencjałem ludzkim
i materialnym, a także ma imponujące osiągnięcia w rozwoju nauki, przemysłu, sztuki i rzemiosł. Po zakończeniu
festiwalu zachowano Królewską Salę Festiwalową (Royal
Festival Hall), która stała się zalążkiem całego centrum
artystycznego (South Bank Centre). NFT powstał w 1957
roku. „Jego poprzednikiem było Telekino (Telecinema),
organizujące w czasie Festiwalu Brytanii pokazy prac filmowców brytyjskich i osiągnięć technologii kinematogra-
ficznej. To właśnie sukces Telekina zachęcił Brytyjski
Instytut Filmowy (BFI – British Film Institute) do wybu-
dowania pod arkadami mostu centrum filmowego", pisze
Halina Taborska w *Nowym Londynie*. Dziś NFT ma trzy
sale projekcyjne, kinotekę i archiwa. Jest organizatorem
międzynarodowego Londyńskiego Festiwalu Filmowego,

na którym do niedawna nie przyznawano nagród, ale traktowano go raczej jako forum wypowiedzi artystycznej. Obecnie przyznaje się nagrodę za najbardziej oryginalny debiut – bfi Sutherland Trophy. Podczas festiwalu prezentowane są dzieła różnego rodzaju: od pieczołowicie odrestaurowanego filmu niemego z nowo skomponowaną muzyką, poprzez filmy dla Anglików egzotyczne (np. *Popiół i diament* Andrzeja Wajdy czy *Rejs* Marka Piwowskiego), do filmów bardzo nowoczesnych, w tym również epickich produkcji hollywoodzkich. Można tutaj spotkać wybitnych reżyserów – kiedyś rozmawiałam z Jiřim Menzlem, którego *Pociągi pod specjalnym nadzorem* zdobyły wcześniej Oscara; dwadzieścia lat później piłam piwo z Bohumilem Hrabalem, który współpracował z Menzlem przy tworzeniu scenariusza na podstawie jego powieści. Jadłam też kiedyś kolację z Fryderykiem Wisemannem, jednym z najwybitniejszych twórców filmu dokumentalnego, który namawiał mnie na pracę w Stanach. W mężczyźnie w czarnych okularach rozpoznałam Akirę Kurosawę, który przyjechał z ochroniarzem; było to po pokazie jego epickiego dzieła *Ran*. Perfekcjonista Kurosawa narzekał, że kolor kostiumów w filmie był niedoskonały, ponieważ niegdyś używano ziół, kory i kwiatów jako barwników, on zaś był zmuszony do użycia farb syntetycznych. Kompletna lista artystów, którzy odwiedzili NFT, byłaby bardzo długa, pojawił się tu każdy wysoko ceniony przez krytyków twórca. W 2005 roku w ciągu dwóch tygodni pokazano tu 300 filmów z 60 krajów.

Jeżeli wizyta wasza wypadnie jesienią, warto sprawdzić, co się dzieje w NFT. Panuje w nim przyjazna atmosfera polskich dyskusyjnych klubów filmowych, popularnych w latach siedemdziesiątych. Do niedawna w budynku NFT mieściło się MOMI (Museum of Moving Image). Było to najlepsze muzeum filmu i telewizji na świecie, logicznie zaprojektowane i wizualnie niezmiernie pomysłowe, zdobyło najwyższą nagrodę BAFTA. Niestety, zostało zamknięte. Brytyjski Instytut Filmowy obiecał, że zostanie ponownie otwarte w pobliżu London Eye. Trzeba dodać, że Paul Getty, magnat prasowy, który był mecenasem pierwszego MOMI, zmarł.

Patrząc na architekturę South Bank, przypominam sobie emocjonalny wybuch polskiego dziennikarza, Stanisława Mackiewicza, który kiedyś mieszkał w Londynie:

Współczesną
siedzibę burmistrza
Londynu
zaprojektował
Norman Foster

„Londyn jest najbrzydszym miastem na świecie. Okropny bękart wszystkich stylów i wszelakich najkrzykliwszych, najbardziej pozbawionych smaku architektonicznych pretensji. Prostactwo wyobraźni, chamstwo estetyczne... cocktail stylów, skundlenie pomysłów... W długich godzinach rozmyślań w londyńskiej kolei podziemnej doszedłem do przekonania, że te dwie rzeczy, doskonałość angielskiego zmysłu politycznego i niedorozwój angielskiego zmysłu estetycznego, mają źródło wspólne.

Wynikają z braku temperamentu, tej przyrodzonej cechy angielskiej.

Wynikają z nieromantyczności tego społeczeństwa.

Temperament jest konieczny dla artystycznej pracy twórczej. Artysta musi mieć swój świat urojony, świat wielkich iluzji, mitów, wielkich idei, religii.

Romantyzm, a więc oderwanie się od ziemskiego padołu i pogrążenie się w urojeniach i ułudach, stwarza wielkie dzieła w sztuce, w polityce jest elementem zgubnym.

Polityka angielska dlatego jest tak doskonała, że jest wyzuta z wszelkiej uczuciowości".

National Theatre

Stojąc tyłem do rzeki i patrząc na NFT, po lewej stronie widzimy Royal National Theatre. O teatrze tym pisze Marek Żuławski (1908–1985), który w Londynie przebywał od 1937 roku. (Znany angielski reżyser teatralny Peter Hall zdecydował, że użyje obrazu Żuławskiego do uświetnienia *Orestei* Ajschylosa):

„Nagi Orestes z zakrwawioną prawicą biegnie przed siebie i monologuje do głazów, które bierze za Furie. Tryptyk rozmiarów prawie cztery metry na przeszło półtora powieszono naprzeciwko schodów wiodących do foyer teatru Olivier. Były przeszkody i trudności, bo brutalistyczna architektura Denisa Lasduna, który zbudował ten gmach, w ogóle nie nadaje się do wieszania obrazów. Teatr Narodowy, zrobiony z naturalnego, szarego betonu, wygląda jak bunkier, a nie przybytek sztuki. Nie ma mowy o wbiciu gwoździa ani zawieszeniu haka. Zgaga po Bauhausie – o 50 lat spóźniony puryzm, wykluczający malarstwo i rzeźbę. Małe brązowe popiersie Laurence'a Oliviera w głównym foyer, ustawione wstydliwie na boczku, wygląda jakby je ktoś zapomniał zabrać. Cóż to za straszna budowla: same schodki (bo nawet nie schody) i balkony w studni bez dna. Gdzieś pod niebem kasetony za duże i za głębokie. Ścian właściwie nie ma – tylko betonowe przepierzenia i kanciaste podpory. Okropność".

Feliks Topolski zadzwonił do Żuławskiego i chciał się dowiedzieć, dlaczego interesuje go Orestes. „Chodzi w nim o kompleks winy. Furie są uosobieniem wyrzutów sumienia, które ścigają Orestesa... Ja także mam kompleks winy i kiedy patrzę wstecz, widzę, że choć nic na to nie mogę poradzić, dzielę winę za wszystkie zbrodnie popełnione od setek tysięcy lat...

Winy za co – pytasz. Winy za grzebanie ludzi żywcem, za palenie na stosie, za wyłupywanie oczu, za wbijanie na pal, za inkwizycję, za rzezie bezbronnych, za więzienie niewinnych, za łamanie kołem, za ćwiartowanie, za wyrywanie paznokci, za oublietki, w których umiera się pomału we własnym kale... za obozy koncentracyjne, za komory gazowe, za kopanie po twarzy ciężkim butem, za bicie i głodzenie ludzi... za batożenie koni – o Boże, ta lista jest nieskończenie długa...".

Żuławski w 1951 roku otrzymał zamówienie na mural do pawilonu Homes and Gardens prezentowanego w ramach Festiwalu Brytyjskiego. Po zakończeniu Festiwalu „przyszły buldożery i cała wystawa na południowym brzegu Tamizy zamieniła się w rumowisko". Żuławski postanowił napisać list do redaktora czasopisma „The Architects Journal":

„«Sir [...] będąc autorem jednego ze ściennych malowideł festiwalowych, wspominam narodziny tej wspaniałej wystawy jako najszczęśliwszy okres w moim życiu nie tylko dlatego, że nareszcie mogłem namalować coś, co było konkretnie potrzebne w związku z architekturą [...] ale także ze względu na atmosferę optymizmu i nadziei otaczającej całe to przedsięwzięcie. Wydawało się nam, że oto świta w tym kraju nowa i płodna era malarstwa ściennego. Niestety, nasze nadzieje zawiodły i – być może przedwcześnie – ogarnęło nas uczucie frustracji.

...słyszymy teraz, że te obrazy ścienne, które po zamknięciu wystawy nie znalazły trwałego pomieszczenia, mają być sprzedane na licytacji jako używane płyty budowlane...

Dzieła te mogłyby być z łatwością uratowane, gdyby oddano je bezpłatnie do dyspozycji instytucji i przedsiębiorstw, szkół i fabryk, sal konferencyjnych, związków zawodowych, kantyn itp.

Ale tu pojawia się szara eminencja, której ciasny umysł decyduje w Anglii o wszystkim: płatnik podatkowy. Okazuje się, że organizatorzy festiwalu mają w tej chwili wyłącznie tylko jeden cel na oku, a mianowicie zredukowanie do minimum deficytu pieniędzy skarbowych, jaki naturalnie pozostawiła po sobie wystawa. A zatem każdy szyling się liczy».

List odniósł pewien skutek[...] w każdym razie mój wielki fresk został zakupiony[...] przez znaną firmę architektoniczną i włączony do konstrukcji sali rekreacyjnej w centrali London Transport, tj. komunikacji miejskiej".

Wystawa Topolskiego

Na tyłach NFT, w kierunku torów (przechodzących przez most Hungerford) znajduje się wystawa Feliksa Topolskiego (1907–1989). Schowany pod łukiem kolejowym „Zapis Wieku" (Memoir of the Century) Topolskiego jest jedyną stałą wystawą w tym mieście, poświęconą jednemu dziełu. Jest to wizualna kronika osobowości i politycznych i społecznych wydarzeń, których był świadkiem artysta, podróżując po świecie. Topolski urodził się w Łodzi, studiował w Warszawie, we Włoszech i w Paryżu, przyjechał do Anglii w 1935 roku. „Egzotyczna inność" Londynu i Anglii, przedziwne tradycje, jak na przykład najdroższa szkoła Eton, regaty w Henley, otwarcie Parlamentu, anarchiczna moda londyńskiej ulicy, hippisi, punki i dżentelmeni w melonikach, pracujący w City – to wszystko zafascynowało Topolskiego i rozpaliło jego wyobraźnię. W czasie wojny był oficjalnym (wyznaczonym przez rząd) artystą „zapisującym"

Wejście na wystawę

wojnę. Otrzymał angielskie obywatelstwo w 1947 roku. Studio pod łukami mostu Hungerford dostał w 1952 roku. W latach 1953–1982, dwadzieścia cztery razy na rok produkował „Kronikę Topolskiego", drukowaną na ręcznej prasie gazetę, i wystawiał ją pod mniejszym łukiem. George Bernard Shaw określił go następującymi słowami: „zaskakujący rzemieślnik, być może największy impresjonista w czerni i bieli". Reszta „Zapisu" to obrazy, filmy i pokazy slajdów. „Ten ekspresjonistyczny kolaż, rozedrgany i pełen przemocy, jest świadectwem człowieka zafascynowanego historią XX wieku", napisał pewien angielski dziennikarz.

Prace Topolskiego można też znaleźć w Imperial War Museum, Victoria & Albert Museum, Tate Britain, British Museum i National Portrait Gallery.

Tate Modern

Budynek elektrowni zaprojektowany przez Gilesa Gilberta Scotta (który także stworzył klasyczną czerwoną budkę telefoniczną) stał się schroniskiem dla zbiorów z Tate Gallery, gdzie zaczynało już brakować miejsca. Nowe międzynarodowe muzeum sztuki współczesnej nazwano Tate Modern. Moim ulubionym malarzem jest Jean Dubuffet (1901–1985), o którym wspomniał Marek Żuławski, kiedy Arts Council zorganizował wystawę w Hayward Gallery (położonej nad NFT). Warto go zacytować, gdyż Żuławski był nie tylko dobrym malarzem, ale także znakomitym

Galeria Tate Modern w budynku byłej elektrowni

krytykiem sztuki. Wystawa nazywała się *Outsiders* i obejmowała twórczość upośledzonych umysłowo i fizycznie artystów, którzy traktują sztukę jako jedyny sposób komunikacji z ludźmi. Ich sztuka zapobiega eksplozji, daje upust kompleksom i lękom, fantazji i rozpaczy.

„Niesłychanie skomplikowane maszynerie [...] maniackie scenki erotyczne, wizyjne pejzaże nie z tego świata, wstrząsające kukły ludzkie [...] potwory, które łypią oczami [...] i wiele innych tworów imaginacji, które mają tylko to ze sobą wspólnego, że są całkowicie oryginalne i zupełnie pozbawione jakichkolwiek wpływów.

Ale nie znaczy to, że niczego nie przypominają. Owszem. Niektóre przypominają, nawet bardzo, wczesny okres Art Brut Jeana Dubuffeta z końca lat czterdziestych [...] Dubuffet potrafił wznieść się na wyżyny czystego instynktu i tym samym upodobnił swoje malarstwo do dziecinnych, strasznych, zachwycających i jakże często nieprzyzwoitych bohomazów, rysowanych kawałkiem cegły na odrapanych murach miejskich.

Bo w gruncie rzeczy sztuka prymitywnego artysty ma najwięcej wspólnego ze sztuką dziecięcą. Pomimo pozorów jest niewinna, pomimo ezoteryczności jest rewelatorska, bo ujawnia tajemnice ludzkiej psyche, a nie artystyczne wykształcenie, kulturę, dobry smak i inne nabyte cechy, jakimi mierzy się estetyczną dojrzałość artysty oraz jego znajomość anatomii, perspektywy i – historii sztuki.

Tylko autsajderzy tworzą w duchu całkowitej obojętności wobec oficjalnego świata sztuki, a często zwykłej nieznajomości tego świata. Problematyka sztuki nowoczesnej jest im obca. Żyją poza jurysdykcją systemu kupna-sprzedaży, czyli tak zwanego rynku, w warunkach tajności i izolacji. Trzeba ich znaleźć, wyszukać..."

Kiedy idę po South Bank, zamyślona nad stanem sztuki oficjalnej i sztuki „opętańców", wpadam na reżysera Michaela Radforda, który mówi mi, że na festiwalu w Karlovych Varach nagrodzono polski film o Nikiforze. Ten słynny prymitywista, którego kolory mnie wzruszają, malował na kawałkach tektury, paczkach papierosów, to taki nasz opętaniec... *Mój Nikifor* został wyreżyserowany przez Krzysztofa Krauzego, a bohatera zagrała Krystyna Feldman. Spacer po South Bank zawsze zawiera element niespodzianki i przygody.

Neoklasyczna
architektura
budynku Imperial
War Museum.
Przed budynkiem
dwa piętnastocalowe
morskie działa,
zdjęte z okrętów
wojennych

Imperial War Museum

Imperial War Museum (Imperialne Muzeum Wojenne) mieści się w budynku byłego „Bedlam". Bethlehem Hospital for the Insane był szpitalem dla obłąkanych, oddanym do użytku w 1811 roku. W XIX wieku ludzie przychodzili tu, aby rozerwać się obserwowaniem pacjentów. W 1930 roku lekarze i pacjenci wyprowadzili się, a opustoszały budynek został częściowo rozebrany. W części środkowej zorganizowano muzeum, którego stałe wystawy przeniesiono z South Kensington.

W muzeum i na zewnątrz znajdziemy czołgi, działa, samoloty z pierwszej i drugiej wojny światowej, bomby, kupony żywnościowe, mundury, ordery, ulotki, plakaty, filmy archiwalne, fotografie, rzeźby, odtworzony schron londyński, włącznie z dobrze dobranymi efektami dźwiękowymi, czterostronicowy rozkaz wojny przeciwko Polsce napisany

W głównym holu muzeum – m.in. niemiecka V-2, myśliwiec Spitfire i żaglowka „Tamzine", która brała udział w desancie na Dunkierkę

odręcznie przez Hitlera, tekst umowy podpisanej w Monachium w 1938 roku przez Chamberlaina i wiele innych ciekawych obiektów i dokumentów.

Nie tak łatwo znaleźć małą gablotę poświęconą bitwie o Monte Cassino, ale wreszcie ją widzę. Wpatruję się w krajobraz, który kiedyś widziałam, a który wydał mi się przejmująco piękny, pogrążony w słonecznej ciszy, z odbudowanym klasztorem i pobliskim cmentarzem. Próbuję przypomnieć sobie opis generała Władysława Andersa:

„18 maja 1944 r. ponowne natarcie na odcinku 3-ciej dywizji strzelców karpackich miało szybko wynik pomyślny, gdyż, jak przewidywałem, nieprzyjaciel pozostawiwszy osłonę, wycofał w ciągu nocy większość sił.

O 10.20 patrol 12-go pułku ułanów zatknął sztandar biało-czerwony na gruzach Monte Cassino. Twierdza niemiecka, zagradzająca drogę do Rzymu, padła. Zwycięstwo osiągnięto dzięki męstwu żołnierza polskiego i wspólnemu wysiłkowi wojsk sprzymierzonych. W godzinę później

Pod krajobrazem Monte Cassino naszywki z oznakami brygad i brytyjski hełm z polskim orłem

przybył do sztabu 2-go Korpusu gen. Leese i pierwszy wyraził żołnierskie uznanie dla waleczności Polaków [...]. Jakżeż straszliwy widok przedstawiało pobojowisko. Naprzód zwały niewystrzelonej amunicji wszelkiego kalibru i każdej broni. Wzdłuż ścieżki górskiej – bunkry, schrony, wysunięte punkty opatrunkowe. Białe taśmy wytyczają rozminowaną drogę. Gdzieniegdzie stosy min. Trupy żołnierzy polskich i niemieckich [...]. Powietrze przesycone wyziewami rozkładających się zwłok. Dalej czołgi, niektóre wywrócone, z zerwanymi gąsienicami, inne tak jakby miały ruszyć dalej do natarcia, polskie i amerykańskie z poprzednich walk, wszystkie zwrócone lufami ku klasztorowi. Zbocza wzgórz, zwłaszcza od strony mniejszego natężenia ognia, tonęły w powodzi czerwonych maków. Z dębowego gaju, tzw. Doliny Śmierci, zostały tylko okaleczone kikuty drzew bez jednego choćby liścia, przeważnie bez gałęzi, gęsto nabite żelazem. Na wzgórzach lej obok leja, krater obok krateru, po bombach i granatach. Wśród nich walające się strzępy mundurów, porozrzucane hełmy sojusznicze i niemieckie, karabiny ręczne i maszynowe, granaty ręczne, skrzynki amunicyjne, zwoje drutów kolczastych i pułapki minowe na każdym kroku. Wszystko świadczy o zażartości boju..."

Generał Władysław Anders (1892–1970), który wyprowadził polską armię ze Związku Radzieckiego na Bliski Wschód i od 1943 roku był dowódcą II Korpusu Polskiego, został pochowany na cmentarzu żołnierzy polskich pod Monte Cassino.

Na wystawie poświęconej Bitwie o Anglię znajdują się na przykład polskie i angielskie medale Walerego Żaka, którego awansowano na dowódcę skrzydła (w 1940 roku podczas Bitwy o Anglię służył w Dywizjonie 303), a także różne drobiazgi, takie jak naszywka „Poland", dzięki której rozpoznawano polskich pilotów.

„Z pstrokacizny mundurowej – pisał jeden z nich – w której dotarliśmy po długich wędrówkach[...] przedzierzgnęliśmy się w wytwornisiów w pięknie skrojonych mundurach [...] Do tego naszywki «Poland» na górnej części rękawa i wcale pokaźna suma funtów na książeczce czekowej na pewno w dużym stopniu decydowała o dobrym samopoczuciu [...] Gorzej było po wspaniałościach kuchni francuskiej przyzwyczaić się do tego, co jadali koledzy Anglicy [...] okrutne zupy, mdłą baraninę w sosie miętowym bądź też bardzo smaczne, ale nie przez wszystkich Polaków lubiane, ryby. Zawsze o każdej porze dnia były dobre ser, masło,

Naszywki identyfikowały kraj rodzinny pilota. Obok naszywki „Poland" tzw. gapa, znaczek z orłem z zielonym wieńcem w dziobie – przysługiwał pilotom bombowym i myśliwskim, którzy wykonali więcej niż dziesięć lotów bojowych

zimne mięso, herbata, kawa i świetne keksy. Trudniej było z bekonem i jajami, ale i te do nas docierały na śniadanie codziennie w ilości jednej sztuki. Owoców i kompotów świeżych wprawdzie skąpiono, ale zawsze mogliśmy otrzymać dobre z puszek".

Lotników obsługiwali *batemani*, którzy przynosili im wczesnym rankiem do łóżka filiżankę gorącej, mocnej herbaty. Polacy protestowali, ponieważ chcieli się wyspać po przyjęciu, brydżu lub kinie, ale na nic się to zdało.

„Niebywale delikatnie wchodzący do pokoju oficerskiego z filiżanką herbaty ordynans jednocześnie zabierał do pedantycznego czyszczenia mundury oraz buty. Na czynność tę musiał on mieć co najmniej kilkanaście minut, a nie mógł tego robić już po wstaniu właściciela munduru, Zwykle wtedy również pytał, czy ma przygotować poranną kąpiel. Dla wielu z nas te rozkosze bez reszty przesądzały o sympatii dla naszych rafowskich ordynansów. Jednocześnie taka wizyta była źródłem wszelkich nowinek zarówno z wojny, jak i lokalnych".

Spitfire – najszybszy samolot drugiej wojny światowej, który rozwijał prędkość 657 kilometrów na godzinę

W głównym hallu muzeum jest zawieszony spitfire. Polacy początkowo latali na myśliwcach Hurricane, które były wolniejsze. Spitfire, który wisi w głównym hallu, jest oznaczony „mark 1". To jedna z pierwszych maszyn wyprodukowana w końcu roku 1938 i nieprzemalowana, ma autentyczne barwy z czasów Bitwy o Anglię.

Na pierwszym i drugim piętrze kilka lat temu otwarto wystawę Holocaustu. Byłam na otwarciu i jak zwykle poczułam paraliżujący i przejmujący smutek. Moja przyjaciółka (urodzona w Warszawie, połowę swego życia spędziła w Londynie, obecnie mieszka w Izraelu) jako małe dziecko cudem przetrwała Bergen-Belsen. Jej rodzice zginęli. Kiedy odwiedziłam obóz w Oświęcimiu, zobaczyłam wyskrobany na ścianie napis: „Jeżeli Bóg istnieje, będzie musiał mnie prosić o przebaczenie". Byłam wstrząśnięta. Moje pokolenie, wychowane w Polsce w latach sześćdziesiątych, widziało wiele filmów na temat drugiej wojny światowej. Nigdy jednak nie powiedziano jasno, że Żydzi ginęli w obozach tylko dlatego, że byli Żydami. Mój wujek znalazł się w Sttuthofie, ponieważ młodzi Polacy stanowili zagrożenie dla wycofującej się armii niemieckiej. Aby zabezpieczyć tyły, Niemcy aresztowali wielu młodych mężczyzn latem 1944 roku. Podczas Marszu Śmierci, kiedy gnano więźniów na zachód, on i dwaj Anglicy spróbowali uciec. Anglików

Wejście
na wystawę
Holocaustu

Niemcy zastrzelili, mój wujek przeżył. Dwie ciotki wysłane na roboty jako niewolnicza siła także przetrwały wojnę. Moja przyjaciółka Lily Cohen, która uczy *tai chi*, nie ma nikogo. Tylko jedną fotografię rodziców.

Wystawa składa się przeważnie z fotografii i wypowiedzi więźniów, ale jest także tutaj model obozu Auschwitz.

Profesor Józef Garliński, więzień Oświęcimia i innych obozów niemieckich, autor książki *Oświęcim walczący*, napisał, że kto miał szansę na przeżycie „dzięki młodości, szczęściu i dobrej pracy, ten mógł to osiągnąć tylko dzięki wewnętrznej dyscyplinie i bardzo silnej motywacji. Mogła być religijna, światopoglądowa, narodowa, prawie zawsze

Początek wystawy –
plansza „Terror
uderza w Polskę"

była bardzo osobista, wiążąca więźnia uczuciem z kimś mu najbliższym. Wymagała naturalnej zdolności ograniczenia swych odczuć do chwili obecnej, dokładnie do dnia, który trwał. Przeżyć ten dzień to był cel, który należało osiągnąć".

Borough
Galeria Sienko

Galeria Studio Sienko mieści się w pobliżu stacji metra Borough, po wyjściu należy pójść w prawo i skręcić w pierwszą ulicę w prawo. Właścicielką jest artystka, Olga Sienko, która maluje, fotografuje, rysuje i pisze artykuły do czasopisma „Arteon", jest także członkiem APA (Związek Polskich Artystów w Wielkiej Brytanii). W swojej galerii wystawia prace artystów z różnych krajów, nie specjalizuje się tylko w polskich. Przygotowuje wystawy dosyć długo i przyznaje szczerze, że gdyby nie firma jej męża, Waterloowine, która jest sponsorem galerii, byłoby jej trudno przetrwać. „Chyba, że sztuka jest agresywnie reklamowana i sprzedawana", dodaje artystka. „Wtedy tak, można jakoś przeżyć". Twierdzi, że w darwinowskim świecie, gdzie zwycięża najsilniejszy, gatunek artysty jest skazany na wymarcie. „Artysta, który jest stworzeniem niezwykle wrażliwym, łatwo daje się zniszczyć hochsztaplerom i kupcom, którzy handlując tym, co jest bezwartościowe, ale za to szokujące, spychają sztukę wysokiej jakości na dalszy plan".

Odwiedzam galerię Olgi Sienko w dniu wernisażu wystawy Beaty Obst. Beata jest Polką urodzoną w Nysie, wykształconą w Opolu i Poznaniu, a mieszkającą w Kolonii w Niemczech (przez jakiś czas mieszkała też w Stanach

Paul Tutton
z żoną Olgą Sienko
na wernisażu

Beata Obst
pracuje w studio
(fot. B. Obst)

Zjednoczonych). Jesteśmy w małej świątyni sztuki, dobrej sztuki. Same ściany są piękne, stare, wykruszone cegły mają po kilkaset lat, niektóre kilkadziesiąt. Na tych surowych cegłach widzę ciepłe, skulone, splecione ciała ludzkie, jak gdyby próbujące się bronić przed ciosem.

Zaglądam do czasopisma „Arteon", w którym Sienko drukuje artykuły o sztuce, i czytam o angielskiej rzeźbiarce Barbarze Hepworth:

„Im bardziej zagłębiam się w archiwa, im więcej czytam o Barbarze Hepworth, tym większy czuję dla niej podziw...

Barbara Hepworth przypisywała zmiany w swojej pracy wydarzeniom z życia osobistego. Za każdym razem, kiedy pojawiała się w jej życiu miłość, przestawała rzeźbić na prawie rok [...] Powstawały rzeźby o ogromnej, monumentalnej sile, ale zawsze biła z nich nieuświadomiona kobiecość, wrażliwość, dobroć – często nawet abstrakcyjny gest otaczania, ochraniania, przygarnięcia..."

Sienko zauważa to, że kobieta artystka zapomina o swojej sztuce, kiedy się zakocha. Miłość staje się najważniejsza, nawet jeżeli chodzi o artystkę tak wielką jak Hepworth. Zawsze jestem pełna zdumienia, kiedy patrzę na sztukę kobiet. Zdumienia, że w ogóle istnieje...

Za Beatą jak dobry anioł stoi Olga, za Olgą jej mąż Tutton, który otacza ją i jej artystów niewidzialnym kokonem poczucia bezpieczeństwa. Może chwilowym, ale w tym momencie pewnym. Zastanawiam się nad tym, jak wielkie szczęście miał Antoni Gaudi (genialny kataloński architekt), który tyle zawdzięczał swojemu bogatemu patronowi Guëllowi.

Jeżeli wrócimy do stacji metra Borough i skręcimy w lewo, w Marshalsea Road, po kilku minutach dojdziemy do małego parku przy króciutkiej Quilp Street. Na ścianie jest wmurowana plakieta Danuty Sołowiej, znanej polskiej medalierki, której prace można znaleźć w Muzeum Brytyjskim i w Muzeum Wiktorii i Alberta. Plakietę umieszczono w pobliżu miejsca, gdzie kiedyś stał Szpital dla Chorych Dzieci w Southwark. Szpital ten został ufundowany przez barona Ferdynanda de Rothschilda dla uczczenia pamięci jego żony Eweliny i ich dziecka.

Bermondsey Mural A. Kossowskiego

Adam Kossowski (1905–1986) z Nowego Sącza, rzeźbiarz i artysta wykształcony w krakowskiej i warszawskiej Akademii Sztuk Pięknych, stworzył wspaniałe obrazy z ceramiki na ścianach North Peckham Civic Centre. Przedstawiają one historię Old Kent Road na ścianie o 24 metrach długości, składającej się 2000 paneli. Są tutaj Rzymianie, którzy podbili tubylcze plemiona Brytów i rządzili Londynem przez 400 lat. Na obrazie można także dostrzec pielgrzymów, którzy wyruszali pieszo lub konno, jadąc tędy do Canterbury, gdzie w katedrze modlili się przy grobie arcybiskupa Tomasza Becketa, zamordowanego w 1170 roku. Przed odjazdem kupowali relikwie i wracali do domu.

Jest tutaj Jack Cade, który dowodził powstaniem chłopskim w Kencie w 1450 roku. Powstańcy ruszyli na Londyn, protestując przeciwko wysokim podatkom i karom, nadużyciom urzędników królewskich i wojnie we Francji. Armia królewska poniosła klęskę. Pod naciskiem biedoty miejskiej Londyn otworzył rebeliantom bramy. Powstańcy schwytali kilku znienawidzonych doradców królewskich, których postawiono przed sądem. Powstanie wkrótce upadło pod naciskiem przeważających sił, a wobec pokonanych zastosowano okrutne represje.

Artysta przedstawił także powrót Karola II Stuarta, który w 1660 roku przybył z wygnania z Francji. Wcześniej rojaliści uzyskali przewagę w Parlamencie i odrestaurowali monarchię (po czym nastąpił okres terroru, ale tego na muralu nie ma).

Są tutaj znaki drogowe, domy londyńskie, mosty, dyliżans rozwożący „Timesa" i arystokracja wschodniego Londynu – rodzina Perłowych Królów, w ubraniach wyszytych

setkami perłowych guzików. Byli oni popularni na robotniczym East Endzie, ponieważ reprezentowali interesy straganiarzy. W październiku obchodzą swoje święto. Kiedyś Perłowy Król i Perłowa Królowa cieszyli się tak wielkim szacunkiem, że konduktorzy nie brali od nich pieniędzy za bilet, tak więc często jeździli za darmo. Obok stoi na straży porządku Bobby, policjant, który do niedawna jako jedyną broń nosił pałkę.

Mural Kossowskiego na ścianie Civic Centre

Drugie dzieło Kossowskiego w Londynie to kaplica św. Benedykta w College'u Królowej Marii (Uniwersytet Londyński). Artysta połączył w projekcie tradycje bizantyjskie i romańskie. Ale nie wszyscy mają do niej dostęp. Ci, którzy chcieliby obejrzeć jego dzieło – ceramiczny mural z historią Old Kent Road, powinni się wybrać do tego dosyć daleko położonego obiektu. Jedno jest pewne, po obejrzeniu go z bliska będziemy wiedzieli, że było warto. Głównym sponsorem Kossowskiego był Kościół. W 1944 roku Kossowski został zaproszony do wstąpienia do Cechu Katolickich Artystów. Wielu twierdzi, że jego największym dziełem są stacje drogi krzyżowej, ołtarz w kaplicy otwartej, malowidła przedstawiające historię zakonu i relikwiarz św. Szymona Stocka w klasztorze Karmelitów w Aylesford w Kencie.

**Galeria
Dulwich**

Galeria w Dulwich wiąże się z osobą ostatniego polskiego króla, Stanisława Augusta Poniatowskiego (1732–1798). Noël Desanfans, używający tytułu polskiego konsula generalnego w Londynie, skupował dla króla dzieła sztuki, z których ten bardzo się cieszył, ale nigdy nie było mu dane ich zobaczyć. Konsul otrzymał tylko część należnej mu sumy i znalazł się w finansowych tarapatach; jednocześnie po upadku Polski i abdykacji króla „odziedziczył" wspaniałe dzieła sztuki. Próbował sprzedać część kolekcji, ale nie było chętnych. Zapisał ją przyjacielowi malarzowi, Franciszkowi Bourgeois, który z kolei zostawił ją wdowie po Desanfans'ie, a po jej śmierci szkole w Dulwich. Kolekcja składała się z 371 obrazów.

Mieczysław Paszkiewicz (1925–2004), wybitny polski historyk sztuki, poeta i eseista, który przetrwał dwa obozy koncentracyjne, a po wojnie zamieszkał w Anglii, przez wiele lat badał wszelkie możliwe polonika, tropił je jak detektyw, fotografował i zbierał informacje dotyczące ich historii. Nakładem wydawnictwa Veritas wydał serię publikacji „Polskie Muzeum". W jednym z zeszytów cytuje fragment ze starego katalogu: „Niezwykłym zbiegiem okoliczności, z wyjątkiem pani Desanfans, która była siostrą szlachcica z hrabstwa Glamorgan, Galeria w Dulwich zawdzięcza

Dulwich –
szkoła i galeria
na przełomie
XIX i XX w.

swe istnienie trzem cudzoziemcom: królowi Stanisławowi – Polakowi, dla którego zbiór był przeznaczony, Francuzowi Desanfans, który go zebrał dla tego nieszczęśliwego władcy, i Szwajcarowi – wielmożnemu Franciszkowi Bourgeois, synowi szwajcarskiego zegarmistrza, który ofiarował ją do Dulwich, a pośrednio publiczności".

Są tutaj dwa portrety Stanisława Augusta (prawdopodobnie namalowane przez Aleksandra Kucharskiego), trzy portrety Noëla Desanfans'a, sześć – Franciszka Bourgeois. Paszkiewcz zwrócił uwagę na stojącego tyłem, polskiego jeźdźca na obrazie Lingelbacha *Widok portu z postaciami w strojach wschodnich*. Oko Paszkiewicza, historyka sztuki, jest wyczulone na szczegóły:

„Polak ubrany jest w kołpak futrzany, o wierzchu z zielonego sukna, ozdobiony kitą z trzech piór strusich, żupan czerwony i szafranowożółte buty. Przez plecy zwisa mu kołczan ze strzałami po prawej, a łuk po lewej stronie. U lewego boku szabla, której tylko koniec pochwy jest widoczny. Siwego konia okrywa biały czaprak ze złotą frędzlą..."

Nie przeoczył także pewnych słabostek w naturze Bourgeois, o którym pisze:

„Malarz, który zapewne w Polsce nigdy nie był, nawiązał stosunki ze Stanisławem Augustem za pośrednictwem brata króla, Prymasa, księcia Michała Poniatowskiego, przebywającego wtedy czas dłuższy w Anglii. Zapewne dzięki niemu otrzymał od króla medal «Merentibus». Bardzo musiał być [...] z niego dumny. Malarz nazwał go «Orderem Zasługi», a jego posiadanie podawał za równoznaczne z nobilitacją [...] Na tej podstawie George III przyznał mu angielski tytuł baroneta na podstawie polskiego szlachectwa.

Bourgeois, poza obrazami, zapisał też szkole w Dulwich 10 000 funtów na wzniesienie specjalnej galerii oraz połączonego z nią mauzoleum, w którym spoczęły później zwłoki obojga Desenfans oraz jego samego".

Po śmierci Bourgeois dzieła dokończyła Margeryta Desanfans, zatrudniając w latach 1811–1814 jednego z najbardziej znanych architektów owych czasów, Johna Soane'a (1753–1837), który stworzył harmonijną, choć skromną całość.

W Galerii Dulwich eksponowane są także kolekcje dwóch innych dobroczyńców, założyciela Dulwich College, Edwarda Allayna, i Wilhelma Cartwrighta. Żaden z nich nie miał

tak rozwiniętego zmysłu estetycznego jak konsul polskiego króla. (Allayn zrobił pieniądze na pokazach psów zagryzających niedźwiedzia – rozrywce bardzo popularnej w owych czasach). Galeria zyskała na prestiżu i stała się sławna wśród miłośników sztuki dzięki zbiorom Desenfans'a, który wyposażył ją w arcydzieła malarzy takich jak Rembrandt, Rubens, G.B.Tiepolo, Poussin, Watteau, i wielu innych.

Do 1858 roku galeria była otwarta tylko raz w tygodniu dla tych, którzy mieli bilet wstępu. Została zbombardowana w 1944 roku, odrestaurowana i powiększona w latach 1947–1953. Była to pierwsza galeria, w której zainstalowano nie górne światła na suficie, ale boczne na ścianach. Pozwala to na lepsze obejrzenie obrazów.

Wnętrze galerii. W prawym rogu portret Jana Kazimierza

Patrząc na portret króla Stanisława Augusta, przywołuję piękny opis Paszkiewicza, to z jaką subtelnością i dokładnością dobierał przymiotniki, by określić kolor i materiał:

„Na szaroperłowym tle delikatnie rysuje się popiersie króla w surducie tabaczkowej barwy, przepasanym błękitną wstęgą i ozdobionym gwiazdą orderu. Twarz o bystrym wyrazie oczu otaczają: biała peruka i biały, koronkowy żabot, pod którym na krótkiej czerwonej wstążce, zwisa medal z literą S..."

Malarz Marek Żuławski spotykał Paszkiewicza nieraz i tak go sportretował:

„Siwiejący młodzieniec o życzliwym uśmiechu. Esteta. Mieszka z kolegą, z którym zaprzyjaźnił się podczas wojny w niemieckim obozie koncentracyjnym, kiedy obaj prawie byli dziećmi. Dedykował mi swój nowy wiersz, pełen wnikliwej obserwacji włoskiego pejzażu".

Wimbledon

Tenis zawsze interesował londyńskich Polaków, nawet wtedy, kiedy nie mieliśmy Polaków w turnieju. W 2005 roku wiele pisano o szesnastoletniej Agnieszce Radwańskiej, która wygrała rywalizację juniorek w wielkoszlemowym turnieju na kortach trawiastych w Wimbledonie. W 1995 roku triumfowała w singlu i deblu Aleksandra Olsza, w kolejnym sezonie Magdalena Grzybowska wygrała turniej

Australian Open. Najsłynniejszym naszym tenisistą był jednak Wojtek Fibak, którego zaproszono na turniej juniorów w 1970 roku (po jego zwycięstwie w Polsce). Przewodniczący POSK-u, prof. Wajda, zwrócił się do Józefa Garlińskiego, który sam był tenisistą i prowadził klub „Polonia", z prośbą o pomoc dla młodego sportowca.

„W czerwcu, na tydzień przed turniejem – pisze Garliński – zgłosił się do mnie wysoki, dobrze zbudowany chłopiec, o ufnym spojrzeniu... W Holland Park mamy doskonałą trawę, trenowali na niej czołowi gracze świata, Jimmy Connors [...] Następnego dnia zmobilizowałem ówczesnych czołowych graczy klubu i Wojtek uzyskał możliwe przygotowanie do turniejowych walk. Nie został wprawdzie najlepszym juniorem świata, ale doszedł do ćwierćfinału i wykazał walory gracza, przed którym widać przyszłość".

Puchar
wimbledoński

Pięć lat później w Barcelonie Fibak dzięki swoim zwycięstwom przełamał zaczarowaną barierę – „znalazł się w grupie graczy, którzy bez eliminacji są dopuszczani do wszystkich turniejów.

Jednak wysunął się na czoło gwiazd w grze podwójnej, a wiele zwycięstw w singlu otworzyło mu drogę do turnieju Masters, w którym co roku startuje tylko ośmiu najlepszych graczy".

Garliński opisuje sytuację, kiedy Fibak był bliski zwycięstwa w Houston w Teksasie. „Prowadził w dwu setach na jeden i w czwartym serwował przy stanie 4:1. Ten gem, 5:1 i droga otwarta do wielkiego zwycięstwa". W tym niesłychanie ważnym momencie Fibak przypomniał sobie, że polska telewizja miała nadawać drugą połowę meczu. W dodatku, gdy gracze zmieniali strony kortu, amerykańska telewizja zapytała aktora Kirka Douglasa, co sądzi o meczu. Kiedy Fibak posłyszał pochwałę przeciwnika, zdekoncentrował się i przegrał.

Zdaniem Garlińskiego Fibak był świetnym graczem, ale czasami nerwy mogą odegrać ważną rolę w decydujących momentach.

„Niezapomniane było zwycięstwo w Wimbledonie w roku 1980, gdy po przegraniu dwóch pierwszych setów, zwyciężył jednak amerykańskiego Litwina, Vitasa Gerulaitisa..."

Fibak, już międzynarodowa sława, odwdzięczył się Garlińskiemu za pomoc, sfinansował jego historyczną pracę *Polska w drugiej wojnie światowej* i przybył z żoną do POSK-u na jej promocję. Był to interesujący wieczór, a odniesiony sukces scementował przyjaźń miedzy młodym sportowcem i byłym więźniem obozów koncentracyjnych, działaczem polonijnym i historykiem.

Informacje praktyczne

Wystawa Feliksa Topolskiego
Dojazd: Waterloo, linia Northern, Bakerloo i Jubilee
Hungerford Bridge Arches,
158 Concert Hall Approach, SE1
W pierwszy czwartek miesiąca przychodzą przyjaciele Topolskiego, ażeby uczcić jego pamięć;
Do galerii wstęp bezpłatny; otwarta pon.–sob. 17.00–20.00.
strona internetowa: www.felikstopolski.com

NFT (National Film Theatre)
South Bank Centre, SE1
www.bfi.org.uk
W październiku i listopadzie warto zerknąć na program Londyńskiego Festiwalu na stronie www.lff.org.uk
tel. 020 7928 3232

Imperialne Muzeum Wojny (Imperial War Museum)
Dojazd: metro Lambeth North, linia Bakerloo lub metro Elephant & Castle, linia Northern
Otwarte codz. 10.00–18.00
Lambeth Road, SE1
tel. 020 7416 5000, 020 7820 1683 (informacja)
www.iwm.org.uk

Studio Sienko Gallery
Dojazd: metro Borough, linia Northern;
Otwarta od pon.–pt. 11.00–18.00.
57A Lant Street, SE1
studiosienko@waterloowine.co.uk

Plakieta Danuty Sołowiej
Dojazd metro Borough, linia Northern
Quilp Street SE1

Ceramika ścienna Adama Kossowskiego
Dojazd: metro Elephant & Castle, potem autobusem
nr 53 na wschód 3 kilometry
The Civic Centre
600-608 Old Kent Road, SE15

Dulwich College Picture Gallery
Dojazd: koleją do West Dulwich lub North Dulwich
College Road, SE1
Otwarta wt.–pt. 10.00–17.00 (w piątki wstęp bezpłatny), sob.–niedz. 11.00–17.00.
tel. 020 8693 5254
www.dulwichpicturegallery.org.uk

Wimbledon Lawn Tennis Museum
Dojazd: metro Southfields, linia District,
następnie 20-minutowy spacer na południe
All England Lawn Tennis and Croquet Club
Church Road, SW19
Wstęp płatny
Otwarte wt.–sob. 10.30–17.00; niedz. 14.00–17.00
(podczas mistrzostw muzeum jest nieczynne)
tel. 0181 946 6131
wimbledonwindmill.museum.org.uk

Albert Hall

Kapiący złotem
neogotycki pomnik
księcia Alberta

W południowej części Kensington Gardens (Ogrodów Kensingtońskich) znajduje się neogotycki pomnik księcia Alberta, męża królowej Wiktorii. Zwieńczony krzyżem i pokryty złotem przypomina nam o królewskiej *love story*. Wiktoria i Albert byli bliskimi krewnymi (jego ojciec i jej matka byli rodzeństwem). Mieli dziewięcioro dzieci, z których jedno umarło wcześnie. Albert, Niemiec, nie mówił zbyt dobrze po angielsku. Od chwili, gdy został mężem Wiktorii, nie pozwolono mu ingerować w politykę. Będąc człowiekiem energicznym i pełnym pomysłów (a w dodatku na pewno znudzonym), Albert rzucił myśl o zorganizowaniu

w Anglii Wielkiej Wystawy (Great Exhibition), której celem miało być propagowanie metod produkcyjnych i rozbudzenie zainteresowania techniką. Wystawę w 1851 roku obejrzało tysiące ludzi, a dochody (zgodnie z sugestią Alberta) przeznaczono na rozwój sztuki i nauki, które miały pomóc Anglii uplasować się w czołówce państw uprzemysłowionych. Owocem idei Alberta było wybudowanie tzw. Albertpolis – dzielnicy, w której powstały muzea (nauki, przyrodnicze, Muzeum Wiktorii i Alberta), szkoły – Imperial College, Royal College of Music. Naprzeciwko pomnika stoi Royal Albert Hall, gdzie odbywają się koncerty, bale, pokazy cyrkowe, mecze sportowe (np. tenisowe) i różnego rodzaju widowiska.

Pomnik księcia miał stanąć na kopule Albert Hall, ale później zmieniono zdanie. Książę Albert jest znany z tego, że wprowadził w Anglii niemiecką modę na choinki. Kiedy po raz pierwszy pojawiła się w „London Illustrated News" ilustracja ukazująca rodzinę królewską Saxe-Coburg-Gotha (było to nazwisko Alberta, którego się pozbył Jerzy V, ze względu na antyniemieckie nastroje), siedzącą wokół choinki w Windsorze, cały naród przyjął ten zwyczaj. Po śmierci męża królowa wpadła w depresję i przeniosła się do Windsoru, odmawiając brania udziału w polityce. Nazywano ją

Grupa reprezentująca Afrykę stoi na jednym z czterech rogów pomnika

Albert Hall zaprojektował Francis Fowke, zainspirowany rzymskimi amfiteatrami

wówczas „wdową z Windsoru". Pomnik Alberta jest dowo-
dem jej pamięci i miłości. Podczas pierwszej wojny światowej, kiedy najstarszy wnuk Wiktorii i Alberta, cesarz Wilhelm, rozpoczął wojnę i rząd angielski musiał sfinansować
zbrojenia, pomnik został odarty ze złota.

Jan Nowak-Jeziorański wspomina pewien koncert nada-
wany z Albert Hall. Właśnie jego wybrali Anglicy na konfe-
ransjera (co go zdziwiło, ale wiedział, że w jakiś sposób
decyzja była związana z tym, iż w Polsce zaczęto kojarzyć
jego glos z komentarzami krytykującymi reżym):

„W pewnym momencie stosunki między PRL a Londynem zaczęły się psuć i Anglicy postanowili spłatać
«towarzyszom» w Warszawie psikusa. Polskie Radio trans-
mitowało koncert z Albert Hallu w Londynie. Ewelyn Zasio
wydelegowała mnie jako spikera, który miał zapowiedzieć
koncert, wygłosić kilka słów w przerwie i na końcu po polsku. Ponieważ pominięto takich wspaniałych spikerów jak
Opieński i Halski, z miejsca zorientowałem się, o co chodzi.
Po raz pierwszy mój antykomunistyczny głos popłynął na
Polskę z anten Raszyna. Po dziesięciu minutach Warszawa
brutalnie przerwała transmisję V Symfonii Beethovena
w połowie frazy muzycznej! Udających zdziwienie Anglików nie zaszczycono żadnym wyjaśnieniem".

**Była
rezydencja
Josepha
Kennedy'ego,
ambasadora
amerykań-
skiego**

Idąc od zachodu do Muzeum im. Generała Sikorskiego,
mijamy pod numerem 14 Prince's Gate budynek z płasko-
rzeźbami głowy Indianina. Dom ten był przed wojną rezydencją amerykańskiego ambasadora. Joe Kennedy mieszkał
tutaj podczas swojej dosyć krótkiej kadencji ambasadora.
Dzieci przyjeżdżały na wakacje odwiedzić rodziców. John F.
Kennedy (1917–1963), jego syn i przyszły prezydent Stanów Zjednoczonych, jako dwudziestodwuletni mężczyzna
został wysłany przez ojca do Europy z misją zebrania informacji. W 1939 roku John F. Kennedy odwiedził Polskę. Napisał do ojca z Gdańska:

„...Polska jest zdecydowana nie oddać Gdańska [...]
po drugie, nie pozwoli Niemcom na budowanie autostrady
biegnącej przez korytarz [...] Polska ma armię liczącą
400 000 żołnierzy, którzy są diabelsko dobrzy – ale jest ubo-
go wyposażona".

Po powrocie do Londynu ze swojej drugiej wyprawy (do Pragi i Niemiec) Kennedy wiedział już, że Niemcy zaplanowali wojnę na jesień. Po napaści Niemiec na Polskę poszedł do Parlamentu, gdzie usłyszał prowojenne przemówienie Churchilla, który powiedział: „Nie chodzi o to, aby walczyć o Gdańsk czy o Polskę. Walczymy o to, by uratować cały świat od zarazy nazistowskiej tyranii i w obronie wszystkiego, co jest najdroższe dla człowieka".

Przedwojenna siedziba
amerykańskiego ambasadora
Josepha Kennedy'ego

Instytut Polski i Muzeum im. Generała Sikorskiego

Instytut Polski i Muzeum im. Generała Sikorskiego mieści się na Prince's Gate 20. Kiedykolwiek tu zajdę, zawsze wita mnie ciepła, koleżeńska atmosfera. Niemłodzi już panowie (byli żołnierze) są niebywale pomocni. Po raz pierwszy odwiedziłam ich w 1978 roku, kiedy Jan Kaplan poszukiwał materiałów archiwalnych do filmu o Stanleyu Szamborskim, który podczas wojny montował kamery na myśliwcach. Szamborski powiedział, że po wylądowaniu myśliwca negatyw zabierał angielski wywiad i on sam nigdy nie wiedział, co się z tymi filmami stało. Wykonałam kilka telefonów i dotarłam do nich. Okazało się, że filmy zostały zwrócone Polakom i Instytut miał kopie na taśmie 16-milimetrowej. Dzięki tym filmom wywiad mógł sprawdzić, ile niemieckich samolotów zostało zestrzelonych i gdzie. Na bombowcach montowano aparaty fotograficzne, a na myśliwcach kamery filmowe, sprzężone z karabinem maszynowym. W Instytucie jest mnóstwo tego rodzaju skarbów, o których wie niewiele osób.

Instytut został założony 3 maja 1945 roku. Pierwsze pomieszczenie, do którego wprowadza przewodnik (kombatant rencista), to miejsce poświęcone samemu Sikorskiemu. Stoi tam jego biurko, leżą dokumenty, listy, wisi kilka portretów. Dowiaduję się, że rogatywkę generała wypożyczono artystce, która zaprojektowała pomnik Sikorskiego (stoi on na Portland Place tuż obok ambasady polskiej). Instytut ma największy zbiór militariów poza krajem, ponad 10 000 eks-

Portret generała
Sikorskiego wiszący
w muzeum
nad jego biurkiem

ponatów. Każdy, kto zbiera materiały o działalności władz państwowych na obczyźnie oraz Polskich Sił Zbrojnych na Zachodzie, tutaj je znajdzie. W szklanej gablocie stoi nawet Enigma.

W salach na dole i na górze eksponuje się mundury, broń, szable, obrazy bitew, portrety generałów (wspaniały szkic Andersa), lotników, marynarzy i żołnierzy, a także zbiory rodziny Krasińskich. Na drugim piętrze wisi portret przystojnego lotnika Horbaczewskiego, który zestrzelił 18 i pół samolotu (pół dlatego, że strzelało do messerschmitta dwóch lotników, uznano więc, że obydwaj trafili, czyli każdy miał zaliczoną połowę). Między piętrami wisi portret odważnej i pięknej agentki wywiadu Krystyny Skarbek (Christine Granville) w czerwonej chuście.

Wojtek został
maskotką żołnierzy –
22. kompania
zaopatrywania
artylerii II korpusu
używała jego
podobizny jako
odznaki na beretach,
kołnierzach
i pojazdach
wojskowych

Wśród podobizn polskich bohaterów znajduję pod schodami dosyć dużą rzeźbę niedźwiedzia. Okazuje się, że i on był sławnym wojownikiem. Polscy żołnierze przygarnęli go i wychowali na Syberii, a później zabrali ze sobą na tułaczkę. Na imię miał Wojtek. Przewędrował Persję i Palestynę, wziął nawet udział w wyzwalaniu Włoch. W bitwie pod Monte Cassino Wojtek pomagał Polakom, nosząc ciężkie ładunki do dział i pudła z amunicją. Po przyjeździe do Anglii żołnierze musieli się z nim rozstać, został odesłany do zoo na północy kraju. Tymczasem jego sława rozeszła się po całym świecie i przez 22 lata (aż do śmierci) Wojtka odwiedzały najczęściej dzieci. W ramach uznania jego

zasług Imperial War Museum i ogród zoologiczny w Edynburgu zainstalowały na cześć niedźwiedzia-żołnierza tablice pamiątkowe. Nie był on bohaterem bez skazy – podczas wędrówek po Bliskim Wschodzie ponoć pił wino i piwo, które czasami kradł ze stołówki. Kiedyś słysząc plusk wody, pośpieszył do łaźni (lubił się kąpać) i przestraszył złodzieja, który miał zamiar ukraść amunicję. Jego ulubionymi zajęciami były boks i podróżowanie ciężarówką. Stał oparty łapami o kabinę kierowcy i z ciekawością oglądał mijane zabytki.

Żołnierz bawi się z Wojtkiem

Ulica Exhibition Road, przy której mieści się znany klub Ognisko Polskie, była jedną z trzech ulic zaprojektowanych tak, aby mogła pomieścić muzea, szkoły, towarzystwa naukowe, wszystkie instytucje, które miały przyczynić się do rozkwitu nauki i techniki. Biegnie ona w dół na południe od parku do restauracji „Daquise" i stacji metra South Kensington. Pod numerem 55 na frontowej fasadzie znajduje się tablica, której odsłonięciem Polacy w Anglii uczcili ofiary powstania na Węgrzech w 1956 roku.

Ognisko Polskie

Klub Ogniska przy Exhibition Road 55

Ognisko Polskie zostało otwarte w 1940 roku przez księcia Kentu w obecności prezydenta RP Władysława Raczkiewicza i generała Sikorskiego. Wnętrze ciągle jeszcze zachowało do pewnego stopnia atmosferę arystokratyczno-wojskową – nad barem wiszą kopie portretów słynnych generałów. W rogu restauracji stał tzw. stolik generalski, gdzie Władysław Anders i jego przyjaciele z żonami często zasiadali, by zjeść obiad i porozmawiać. Czytając książkę Andersa *Bez ostatniego rozdziału* (tytuł właściwy; książka

zawiera bardzo dramatyczną mapę Polski – z lewej atakują ją czarne swastyki, z prawej – czerwone gwiazdy), zwróciłam uwagę na rozmowę, którą odbył z Churchillem w lutym 1945 roku. Warto ją przytoczyć, aby zrozumieć, co Polacy odczuwali zaraz po konferencji w Jałcie:

„Churchill: Pan nie jest zadowolony z konferencji jałtańskiej.

Anders: Mało powiedzieć, że nie jestem zadowolony. Uważam, że stało się wielkie nieszczęście. Na takie załatwienie sprawy naród polski nie zasłużył, i my walczący tutaj nie mogliśmy tego oczekiwać [...] Polska pierwsza krwawiła się w tej wojnie i poniosła ogromne straty. Była sojuszniczką Wielkiej Brytanii [...] W Kraju zorganizowaliśmy największy podziemny ruch oporu przeciw Niemcom. Żołnierz walczył o Polskę [...] Co dzisiaj my, dowódcy, mamy powiedzieć żołnierzowi? Rosja sowiecka, która do r. 1941 była w ścisłym sojuszu z Niemcami, zabiera nam obecnie połowę naszego terytorium, a w pozostałej części Polski chce ustanowić swoje rządy. Wiemy z doświadczenia, do czego to zmierza.

Churchill (bardzo gwałtownie): Wy sami jesteście temu winni. Już od dawna namawiałem was do załatwienia sprawy granic z Rosją sowiecką i oddania jej ziem na wschód od linii Curzona. Gdybyście mnie posłuchali, dzisiaj cała sprawa wyglądałaby inaczej. Myśmy wschodnich granic Polski nigdy nie gwarantowali. Mamy dzisiaj dosyć wojska i waszej pomocy nie potrzebujemy. Może pan swoje dywizje zabrać. Obejdziemy się bez nich.

Anders: Nie mówił pan tego przez ostatnich kilka lat. My nadal chcemy się bić, ale o Polskę wolną i niepodległą. Rosja nie ma żadnego prawa do naszego terytorium, którego nigdy nie kwestionowała. Złamała wszystkie umowy i ziemie te w swoim czasie zagrabiła na mocy układu i przymierza z Hitlerem. Na tych ziemiach nie ma Rosjan. Prócz Polaków są tylko Ukraińcy i Białorusini. Nikt się ich nie pyta, do kogo chcą należeć. Rozumie pan, że wybory przeprowadzone w r. 1939 pod naciskiem bagnetów sowieckich, były czystą farsą...

Churchill uzasadnia potrzebę takiego właśnie załatwienia sprawy polskiej...

Gen. Anders występuje przeciwko tworzeniu nowego rządu w Polsce w oparciu na komitecie lubelskim, składającym się wyłącznie z obywateli sowieckich i z kilku zdrajców, idących na pasku Moskwy, z dołączeniem dla pozoru paru działaczy polskich przebywających za granicą.

Cadogan (wtrąca): Więc pan by wolał, by rząd dla Polski tworzyła sama Rosja z członków komitetu lubelskiego? Anders: Oczywiście. Gdyż i tak to nic nie zmieni. A przynajmniej cały świat by wiedział, że nie jest to rząd polski. Opinia publiczna zarówno w Polsce, jak i na całym świecie nie będzie wówczas wprowadzona w błąd..."

Wydaje mi się, że słyszę echo tych rozmów, echo podniesionych głosów i głęboką rozpacz dobrze ukrytą pod twardym, a jednak bezsilnym tonem. Tak, te ściany słyszały tę rozpacz... „każde słowo, wielokrotnie, latami powtarzane, trzeźwe, czasami pijane..."

Po przeciwnej stronie baru olbrzymie, w złotej barokowej ramie lustro, w oknach kotary z brokatu, w restauracji portrety wybitnych osobistości. Na jednym z nich rozpoznaję rudowłosą Rulę Leńską, aktorkę teatralną i telewizyjną, znaną z bardzo popularnego serialu z lat siedemdziesiątych Rock Folies. Rula jako dziewczynka interesowała się sceną, często przychodziła do Ogniska, gdzie widywała słynne gwiazdy Teatru Dramatycznego II Korpusu: Bogdańską, Delmar, Majewską i inne. Ojcem Ruli był Ludwik Lubiejski, podczas wojny adiutant Sikorskiego, a później Andersa.

„W tych czasach przyjemnie było być aktorem", mówi Irena Delmar. „Zapotrzebowanie na polskość i na polskie słowo było ogromne. Aktorzy byli gwiazdami. Uszczęśliwialiśmy widownię, tak inną od dzisiejszej, tak zgłodniałą rozrywki, z dużą przyjemnością. Mój mąż, pułkownik Kamil Czarnecki [oficer wywiadu, po wojnie dyplomowany inżynier – K.K.] czasami, kiedy brakowało nam pieniędzy, wkraczał jako sponsor i ratował nasze przedstawienie. Największy sukces odniosła komedia salonowa Piękna Lucynda Mariana Hemara. Do Ogniska przychodziła inteligencja, pisarze, muzycy, malarze, lekarze, oficerowie, członkowie rządu. Nasz stolik stał obok Andersów. Tu skupiało się mnóstwo utalentowanych ludzi, pełnych entuzjazmu, Hemar, Ref-Ren, Renata Anders, Lola Kitajewicz, Tola Korian, Wiktor Budzyński, Mieczysław Malicz, który także występował w angielskich filmach, Feliks Fabian, malarz, scenograf i aktor... i wielu innych".

Teatr Dramatyczny II Korpusu przemianowany został na Związek Artystów Scen Polskich za Granicą. W 1982 roku przeniósł się do POSK-u.

Na pierwszym piętrze odkrywam nowe tablice, którymi uczczono Feliksa Konarskiego (Ref-Rena), autora słynnej piosenki *Czerwone maki na Monte Cassino* (stała się hymnem emigracji), Leopolda Pobóg-Kielanowskiego, przez wiele lat dyrektora teatru, i Mariana Hemara, który napisał te urocze słowa:

Moją ojczyzną jest polska mowa,
Słowa wierszem wiązane,
Gdy umrę, wszystko mi jedno gdzie
Gdy umrę w niej pochowają mnie
I w niej zostanę.

Marian Hemar (1901–1972), poeta i satyryk, przebywał w Anglii od 1939 roku. Swoją twórczość satyryczną kontynuował w Teatrze Hemara, który dawał spektakle na pierwszym piętrze w Ognisku. Hemar pracował także dla Radia Wolna Europa. Jego wierszowane komentarze dotyczące sytuacji w PRL zostały zebrane w tomach *Ściana śmiechu*, *Rzeź Pragi* i kilku innych.

Ponieważ do Ogniska przychodzili Polacy, którzy ostro krytykowali rząd komunistyczny, często również na falach radiowych, klub był bastionem antykomunistycznym i nie witał ciepło przybyszów z PRL. Zofia Komeda-Trzcińska, żona Krzysztofa Komedy, zapamiętała incydent, który bardzo ją uraził. Po zakończeniu nagrywania muzyki do filmu Polańskiego *Nieustraszeni pogromcy wampirów*, Komedowa przekonała męża, że powinni zaprosić na kolację solistów do Ogniska Polskiego, a nie do włoskiej restauracji w Soho, jak chciał Polański. Poszła do Ogniska, przedyskutowała menu i zarezerwowała lokal na godzinę 18. Wieczór przebiegł w euforycznej wręcz atmosferze. Angielscy goście byli zachwyceni arystokratyczną atmosferą klubu i jedzeniem. Była żubrówka, śledzie, barszcz z kołdunami, zrazy z kaszą gryczaną i borowikami, czysta wódka i na deser już nie pamięta co, ale za to pamięta pochwały pod adresem pysznych polskich dań. Anglicy zupełnie się tego nie spodziewali. Ktoś pokazał generalski stolik Andersów, ktoś inny wspomniał Monte Cassino, angielscy muzycy byli pełni podziwu... Ktoś powiedział, że w barze jest Marian Hemar. Pobiegła, żeby się z nim spotkać. Chociaż komunistyczne władze nie pozwalały na grywanie piosenek Hemara, w kręgach muzycznych w Polsce znano je dość dobrze. Zofia była podekscytowana, że za chwilę spotka słynnego twórcę szlagierów i poetę, dla którego miała wiele szacunku. Zauważyła, że był już wówczas dosyć otyły. Na jej widok korpulentny Hemar warknął:

„A, to ty jesteś Komedowa, ty czerwona dziwko, spieprzaj stąd, co się nam tutaj panoszysz".

Oniemiała, w końcu wykrztusiła: „Żal mi ciebie, ty podlecu, musisz strasznie tęsknić za ojczyzną..."

Zofia tłumaczy, że było w nim tyle gorzkiej zawiści, iż wybuch był nieunikniony. Gombrowicz nazwałby to po prostu „rozjuszonym chamstwem". Notabene większość ludzi w Anglii nie miała pojęcia, że na 30 milionów Polaków tylko 3 miliony należały do partii komunistycznej. Komedową incydent zabolał tym bardziej, że sama pochodzi z patriotycznej rodziny szlacheckiej, a będąc kobietą, nie była przygotowana na taką eksplozję dzikiej nienawiści. Jej mąż, Krzysztof Komeda, napomykał czasami, że powinni osiedlić się w Londynie, który bardzo polubił, ale mu wytłumaczyła, że jako osoba z Kresów, które bardzo kocha i których zawsze jej brakuje, nie mogłaby mieszkać tak daleko od dawnych Grodów Czerwieńskich.

Przy ulicach Exhibition i Cromwell stoją trzy olbrzymie muzea, które powstały dzięki ideom edukacyjnym księcia Alberta. Najbliżej Ogniska znajduje się Muzeum Historii Naturalnej (Natural History Museum), otwarte w 1888 roku, słynne ze swych dinozaurów (jest tam także „nasz" żubr z Puszczy Białowieskiej). Sąsiaduje z nim Muzeum Nauki (Science Museum) z 1901 roku, w którym są plansze,

Trzy muzea: Historii Naturalnej, Nauki i V&A

Muzeum Historii Naturalnej – wejście od Cromwell Road

poświęcone Marii Curie-Skłodowskiej, i pierwsza w dziejach ręczna kamera filmowa, skonstruowana przez Kazimierza Prószyńskiego. Warto wspomnieć, że polski wynalazca był pierwszym realizatorem filmów dźwiękowych w Anglii w latach 1913–1918. Jego kronika z walk na froncie zachodnim podczas pierwszej wojny światowej, nakręcona w 1917 roku ręczną kamerą, była wyświetlana w londyńskim Collosseum.

Z książki Jerzego Tuszewskiego *Armand – Hubert – Brutus, Trzy oblicza agenta* dowiaduję się, że podczas wojny w Muzeum Nauki „sztab naukowców zajmował się problemami odpowiedniego wyposażenia agentów. W każdym, zajętym przez Niemców zakątku ziemi, żądano od mieszkańców wszelkiego rodzaju dokumentów, m.in. dowodów osobistych, kart rozpoznawczych, zaświadczeń zezwalających na pobyt, kart pracy, przepustek. W piwnicach Muzeum Nauki SOE (Kierownictwo Operacji Specjalnych) umieściło drukarnię, która wyposażała agentów w konieczne, potrzebne im na terenie ich działania, dokumenty; znaczenie miał tu nie tylko właściwy druk, ale również właściwy rodzaj papieru – obok tysięcy różnorodnych podpisów norweskich, duńskich, niemieckich, holenderskich, francuskich, polskich i greckich urzędników. Również niezbędne do egzystencji agenta kartki żywnościowe, jakie obowiązywały we wszystkich krajach Europy i to w różnych wariantach, były tu produkowane".

Lepsze stemple zaczęto robić w 1941 roku. Niektóre papiery wykonane dla agentów SOE były tak złe, że przy legitymowaniu stawały się niemal wyrokiem śmierci. Od 1943 roku dokumenty zaczęły wyglądać bardzo autentycznie.

Na wschodnim rogu Exhibition Road stoi muzeum sztuk pięknych i rzemiosła artystycznego, Victoria & Albert Museum. Ma ono 145 galerii i obejrzeć w nim możemy kar-

Victoria & Albert Museum widziane od Cromwell Road

tony Rafaela, kolekcję indyjską, kolekcje mody, rzeźby, mebli, miniatur, porcelany, dywanów, mozaik, a także bramy z kutego żelaza, hafty, tapiserie, gobeliny, pantofle, biżuterię, itd. Trudno w nim znaleźć polonica, ale nie jest to niemożliwe. W informacji podaje się nazwisko artysty i pracownik muzeum znajduje w komputerze interesujące nas informacje, a potem daje plan, na którym zaznacza galerie, gdzie znajduje się poszukiwany obiekt. Muzeum Wiktorii i Alberta ma 7 rysunków Warszawy Artura Grottgera, miniaturowy portret Ludwiki Marii Gonzagi de Nevers (1611–1657), żony Władysława IV, kobierzec polski z XVII wieku z manufaktury Radziwiłłów w Buczaczu, pasy kontuszowe i słuckie oraz talerz sułtański wykonany na polecenie króla Stanisława Augusta dla sułtana tureckiego w fabryce fajansów „Belweder" w Warszawie.

Hotel „Shelbourne"

Kilkanaście metrów od Cromwell Road, na rogu Lexham Gardens, znajduje się hotel „Shelbourne". Przez wiele lat piękna, tajemnicza kobieta wynajmowała tutaj pokój. 15 czerwca 1952 roku została zaatakowana na schodach hotelu przez mężczyznę, który zadźgał ją nożem. Była to Polka, podczas wojny agentka wywiadu brytyjskiego, odznaczona wieloma orderami za swą niezwykłą odwagę.

Krystyna Skarbek (Christine Granville; 1915–1952), córka księcia Jerzego Skarbka i Stefanii Goldfeder (bogatej córki bankiera), była wychowana w patriotycznej atmosferze, ideach wolności i honoru. Od dziecka jeździła konno, płatała figle zakonnicom w szkole, i jak każdy szanujący się młody buntownik nie ukrywała pogardy dla dyscypliny. Jeździła na nartach w Zakopanem, otrzymała tytuł królowej balu, a po wyjściu za mąż za Jerzego Giżyckiego, zaczęła przebywać wśród bohemy. Gombrowicz zamieścił taką scenkę we *Wspomnieniach polskich*:

„Rozwalony [Tadeusz Breza – K.K.] na tapczanie pośród tych panien, które mi pozostały w pamięci – Krysia Skarbek, Lizia Krasicka, panny Tabęckie, kanoniczka, która też była młodziutka, Chodkiewiczówny – z aureolą bywalca w kołach literackich, ocierającego się o Skamandrytów, przyjaciel Iwaszkiewicza, koncentrował na sobie rozmowę, która wprędce stawała się obłędnym tańcem nonsensów. – Właściwie ty do niczego się nie nadajesz – tłumaczył Tadeusz jednej z nich – nie wiadomo, do czego cię użyć, można by cię użyć ostatecznie do dźwigania ciężarów, ale lepiej już byłoby użyć cię wprost jako ciężar, to jest jako balast, tak, można by cię uwiązać u końca liny, kiedy się winduje meble z ulicy na górne piętra, chociaż bo ja wiem, jesteś wiejska, właściwie nadawałabyś się lepiej do sadzenia... na przykład rzodkiewki... ale właściwie może lepiej by było użyć cię jako grunt do sadzenia, zasadzić ci rzodkiewki w uszach..."

Portret
Krystyny Skarbek

Panna Skarbek będąc niezmiernie atrakcyjną dziewczyną, rozkochiwała w sobie młodych mężczyzn z przedziwnym hipnotycznym talentem, jak gdyby ich zniewolenie było grą, sportem. Zdawała sobie doskonale sprawę, że sex appeal może być skuteczną bronią do celów takich jak zbieranie informacji. Chodziły słuchy, że zaczęła pracować dla angielskiego wywiadu już przed wybuchem wojny.

Po napaści Niemiec na Polskę Krystyna znalazła się w Budapeszcie, gdzie zakochała się w Andrzeju Kowerskim, żołnierzu podziemia. Dwa razy dotarła do Warszawy (jechała pociągiem, a później przez granicę na nartach), próbując ocalić matkę. Niestety, matka odmówiła opuszczenia Warszawy. Jako kurier przewoziła pieniądze dla angielskich jeńców wojennych. Pod koniec wojny została zrzucona w pobliżu Vercors, gdzie wśród partyzantów była znana pod pseudonimem „Pauliny". Za swą odwagę, którą wykazała, ratując życie dwu angielskim oficerom, otrzymała George Medal.

Spotkałam dwóch Anglików, którzy poznali Krystynę Skarbek w SOE (Special Operation Executive – Kierownictwo Operacji Specjalnych). Jeden z nich pomógł jej w uzyskaniu paszportu – dała mu za to olejny obraz z Jankiem Muzykantem, drugi z kolei krytycznie wspomniał o jej „prowadzeniu się", co uznałam za hipokryzję.

Z miłości do Anglii zapewne wyleczyła się po wojnie. Ta, na którą mówiono „ulubiony szpieg Churchilla", nie uzyskała właściwie żadnej pomocy w zaadaptowaniu się do jakże innych warunków. Po wojnie Anglicy wysłali swoje kobiety z powrotem do kuchni, bariery klasowe zaczęły ponownie dzielić społeczeństwo i poczucie równości zniknęło. Polski rząd nie miał w stosunku do niej zbyt ciepłych uczuć, ponieważ od początku pracowała dla Anglików. Z kolei „good-time Charlies" (jak nazwała grupę zawistnych intrygantów z SOE pewna Angielka), którzy utrudnili

Krystynie życie w 1943 roku w Kairze, gdzie przebywała z Kowerskim, uświadomili sobie z satysfakcją, że wraz z zakończeniem wojny pozbywają się konkurentki. Próbowała różnego rodzaju zawodów, które wówczas dostępne były dla kobiet, sprzedawczyni, kelnerki, szwaczki i stewardesy. W 1951 roku zaciągnęła się na statek i wypłynęła w rejs do Australii. Nie tylko obecność niezmiernie atrakcyjnej kobiety osłabiła do pewnego stopnia dyscyplinę na statku, ale także oficerowie i kapitan, kiedy zobaczyli jej wysokie odznaczenia (George Medal, O.B.E. i Croix de Guerre ze Srebrną Gwiazdą od de Gaulle'a), zaczęli odczuwać do tajemniczej cudzoziemki głęboką niechęć.

„Polka nie jest zanadto kobieca – napisał Gombrowicz. Przeciwnie, niemało ma cech męskich – jej odwaga, energia, samodzielność, zaradność, jej ambicje, żądza przewodzenia, bogate życie psychiczne, zainteresowania umysłowe wcale nie upodabniają jej do typu «kobietki» [...] I nie ulega kwestii, że ten polski gatunek kobiecy dusił się w ciasnej roli, jaką mu wyznaczał dawniejszy styl obcowania z mężczyzną".

Straszna wojna, jakże niesprawiedliwa, śmierć matki, której nie uratowała, utrata ojczyzny, niechęć tych, którzy jej zazdrościli, walka o przetrwanie w nudnej, szarej rzeczywistości, gdzie używało się jeszcze kartek żywnościowych – wszystko to odarło ją z romantycznej wizji świata, było serią ciosów. Kobieta, która wykazywała szaleńczą, wspaniałą odwagę w czasach zagrożenia, wtedy kiedy czuła, że jest adorowana, że robi wszystko to, co mężczyźni, i czasami dużo lepiej, straciła instynkt samozachowawczy, kiedy przestano ją podziwiać i kochać. Przypomina mi się opinia Mackiewicza, który obwiniał Anglików o wrodzony sadyzm, hipokryzję, a nawet „specyficzny klimat stosunków seksualnych". Być może zaczęła widzieć rzeczywistość podobnie jak on. To z kolei wywołało depresję, niechęć do życia. Czasami człowiek popełnia samobójstwo, pozwalając się zabić. Tragedia na miarę bohaterów Conrada.

Są plany uczczenia jej tablicą na fasadzie hotelu. Jest pochowana w kaplicy św. Marii na katolickim cmentarzu Kensal Green. Wraz z nią spoczywa Andrzej Kowerski (Andrew Kennedy), mężczyzna, który chciał ją zabezpieczyć małżeństwem przed okrutną rzeczywistością.

Restauracja „Daquise"

Restauracja „Daquise" jest położona niedaleko stacji metra South Kensington. Ponieważ Kensington był kiedyś uważany za „polską" dzielnicę, przychodziło tutaj zawsze wielu Polaków. Po wejściu odnosimy wrażenie, że czas się zatrzymał – jak dawniej wiszą te same obrazy kawalerii Feliksa Fabiana, który był także scenografem i aktorem – niektórzy pamiętają jeszcze jego parodie Chaplina; ta sama wycinanka zrobiona w 1976 roku z okazji srebrnego jubileuszu królowej, przedstawiająca karetę, ten sam ciemny wystrój i niezbyt wygodne ławki i stoliki. Zapach placków ziemniaczanych po węgiersku, zrazów z kaszą gryczaną, gołąbków – wszystko to sygnalizuje, że jesteśmy na małej polskiej wysepce, gdzie dostaniemy dobry chleb, herbatę z cytryną (a nie z mlekiem) i kieliszek żubrówki. Pierwszym właścicielem był Dakowski (jego żona była Francuzką z Kanady, stąd nazwa restauracji we „francuskiej" formie).

Restauracja „Daquise" została otwarta po wojnie (była to właściwie przedwojenna warszawska restauracja „Dakowski")

Potem kupiła ją rodzina Ganzulewiczów, którzy nazwali siebie Ganju (wymawiane przez ż; pod tym pseudonimem występowali jako akrobaci cyrkowi, między innymi w Palladium. Ganzulewicz był skarbnikiem związku aktorów Equity). Po nich z kolei lokal przejęła pułkownik Jadwiga Morozowicz, która słynęła z prawego charakteru (była komendantką i długoletnim prezesem Koła Kobiet Żołnierzy PSZ na Zachodzie). Restauracja musiała już być znana w latach sześćdziesiątych, skoro kucharz ze słynnej włoskiej restauracji w Soho chciał przekupić Zofię Komedową, aby mu wyjawiła tajemnicę robienia chłodnika. Nie mógł poznać składników ze smaku. Przychodziło i przychodzi tutaj wielu słynnych Polaków, którzy z kolei przyprowadzają swoich angielskich przyjaciół. Menedżerka wprowadziła tzw. polski talerz, czyli danie składające się z wyboru różnych pierogów, gołąbka, bigosu i placka ziemniaczanego.

Niewiele osób wie, że w 1962 roku bywała tutaj z jednym ze swoim kochanków, Rosjaninem Jewgienijem Iwanowem, piękna Christine Keeler. Należała do grupy dziewcząt, które zapewniały „seksualną obsługę" politykom. Kierował nimi stręczyciel Stephen Ward. W tym samym czasie Keeler sypiała także z brytyjskim ministrem obrony Johnem Profumo. Strzelanina przed domem, gdzie mieszkała (za którą był odpowiedzialny jej trzeci kochanek), przyciągnęła uwagę dziennikarzy i wybuchł skandal. Kiedy dowiedziano się, że Rosjanin był attaché morskim (możliwe że także oficerem wywiadu wojskowego), torysi zrozumieli powagę sytuacji. Minister Profumo podał się do dymisji, a i rezygnacja premiera Harolda Macmillana częściowo związana była z tym wydarzeniem. Zaszokowana Anglia żyjąca do „tego momentu w moralnej hipokryzji, usłyszała o seksualnych orgiach, biczowaniu i voyeryzmie". Zapewne miał w tym udział rosyjski wywiad, chociaż niewiele się o tym pisze. Wiadomo, że podobna grupa młodych „jaskółek" (jak na nie mówiono), które specjalizowały się w tzw. *honey trap* (miodowych pułapkach) – uwodzeniu wysoko postawionych polityków, którzy mogli być potem szantażowani, działała przy ONZ w Nowym Jorku i była kontrolowana przez KGB.

South Kensington i Roman Polański

Roman Polański przyjechał do Anglii wkrótce po sukcesie jego fabularnego debiutu *Nóż w wodzie*. Niebawem w Londynie, w okolicach South Kensington, zaczął kręcić *Wstręt* z Catherine Deneuve w roli głównej. Sceny w barze *fish and chips* (ryba i frytki) kręcono w pobliżu stacji metra South Kensington, scenę w tawernie odtworzono w pubie „Hoop and Toy", a belgijska manikiurzystka (Catherine Deneuve) pracowała w salonie kosmetycznym na Thurloe Place 31. Na obiad, czy też na coś mocniejszego, reżyser chodził do „Daquise".

Były to lata sześćdziesiąte, czasy Beatlesów, Biby, Mary Quant i eksperymentów z LSD. W swojej autobiografii Roman Polański opisuje pierwsze doświadczenia z tym narkotykiem.

„Zapakowaliśmy się do minicoopera i w drogę. Wszystko szło jak z płatka do chwili, kiedy mijaliśmy Harrodsa; wtedy właśnie drewniana kierownica zmieniła kształt...". Polański zrozumiał, że się zgubił, chociaż rozpoznał słynny dom towarowy Harrodsa i kościół (był to zapewne Brompton Oratory – KK). „Nadludzkim wysiłkiem udało mi się znaleźć drogę do domu". (Mieszkał na West Eaton Place Mews 95 – KK). Powoli zaczął wpadać w paranoję i obwiniać tych, którzy mu dali pięć kropli LSD. W którymś momencie wpadł mu do głowy „genialny" pomysł, że powinien zwymiotować. Poszedł do łazienki i zapalił światło.

„Zapalenie światła przypominało eksplozję. Przyjrzałem się sobie w lustrze. Moje różowo-zielone włosy były jak nafosforyzowane. Twarz zmieniała nieustannie kształt. «Cokolwiek się zdarzy – powtarzałem sobie po raz dziesiąty – nie będzie trwało». Podniosłem deskę muszli klozetowej i starałem się zwymiotować, ale na próżno. Splunąłem, ślina ułożyła się koncentrycznie, w tęczowe koła, niewiarygodnie piękne, uciekające ku zewnętrznym krawędziom muszli.

Postanowiłem nalać do szklanki wody z kranu. No proszę, obejmuję palcami szklankę. Po to, by ją podnieść, ale dlaczego? Żeby nalać do niej wody. Aha, chcę się napić. Było to, tak jakby wszystkie moje czynności musiały zostać rozbite w mózgu na czynniki pierwsze, niby w sekwencji składającej się z samych skoków montażowych.

Zaniosłem szklankę z wodą do sypialni. Dziewczyna leżała na plecach na pół rozebrana, z oczyma wbitymi w sufit [...] Włączyłem tranzystorowe radio i zobaczyłem – dosłownie jak wychodzi z niego muzyka. Jakiś murzyński, kobiecy głos śpiewał bluesa. «Widzisz ten głos» – zapytałem. Nic nie odpowiedziała.

Noc była jednym pasmem grozy przerywanej okresami załamania, ale miałem chwile niezwykłej jasności. Mój mózg przypominał najdoskonalszy komputer zdolny do wszystkich intelektualnych wyczynów. Widziałem niemal jak funkcjonuje. Ale chwilami miałem uczucie, że następuje jakieś straszliwe krótkie spięcie, jakby ktoś wpakował śrubokręt w przewody. «Jak mogę bawić się w podobny sposób własną głową [...] Trzeba walczyć, starać się oprzytomnieć».

Zdarzały się także krótkie momenty ekstazy. Nie kochaliśmy się, ale dotykałem pończoch dziewczyny, syciłem się ich niesłychaną miękkością, miałem wrażenie, że są utkane z pajęczej nici lub babiego lata. Jesteś tak piękna – powiedziałem. Była to czysta prawda. – Cudowna księżniczka z bajki.

– Co takiego? – warknęła [...]

Ku memu najwyższemu przerażeniu jej oczy i usta zmieniły się w trzy wirujące swastyki. Wszystko to dokładnie zapamiętałem. Mój umysł był jasny jak kryształ i dostatecznie przenikliwy, by wiedzieć, że owe urojenia są wynikiem halucynacji".

W ciągu tej nocy wydawało mu się, że zgromadził tyle doświadczeń, ile można mieć po przeżyciu całego życia – każdy stan emocjonalny od miłości, poprzez seks, wojnę aż do samego momentu śmierci. Doszedł do wniosku, że to idealny moment na psychoanalizę.

„Wskazującym palcem dotknąłem kciuka drugiej ręki i powiedziałem głośno: «Najpierw miłość». Nad kciukiem pojawił się jarzący kwadrat pełen przedziwnych znaków tarota czy zodiaku. Zawisł w przestrzeni i tak pozostał. Podniosłem wskazujący palec. «Następnie jest seks». Ukazał się prostokąt.

Trzeci palec symbolizował pracę. Znowu prostokąt [...].

Jeszcze później, leżąc ciągle na łóżku, miałem wrażenie, jakbym oglądał wszystko przez obiektyw «rybie oko».

Po raz dwudziesty poszedłem do łazienki. Znowu spojrzałem w lustro i o mało nie zawyłem: moje oczy zamiast tęczówek miały tylko dwa czarne, puste otwory". (Przekład K. i P. Szymanowscy).

139

Dom towarowy Harrods

Harrods, położony tuz przy stacji metra Knighstbridge, jest najbardziej ekskluzywnym i największym domem towarowym w Europie. Założony zostal ponad 150 lat temu. Można tu kupić wszystko, poczynając od igły, a kończąc na słoniu, w dodatku z dostawą do domu. (Pewna angielska aktorka zamówiła aligatora i posłała go swojemu wrogowi). Kiedyś królowa robiła tutaj zakupy i na zewnątrz wisiały herby członków jej rodziny. Potem stosunki właściciela z królewską rodziną się popsuły i herby zdjęto. Po śmierci Diany i Dodiego Al Fayeda, jego ojciec i właściciel firmy, Mohammed Al Fayed, oskarżył angielski wywiad o zaaranżowanie wypadku samochodowego w Paryżu pod mostem Alma. Diana, mająca męża muzułmanina (w dniu, w którym zginęli, Emad Al Fayed, czyli Dodi, miał się jej oświadczyć), ze swoją odwagą i nawykiem mówienia prawdy

Diana i Dodi zostali uczczeni tym oto dziełem, zatytułowanym *Niewinni*

(Churchill kiedyś powiedział, że prawda najbardziej podnieca ludzi), byłaby niezmiernie kłopotliwa dla establishmentu. Fayed zamówił socrealistyczne dzieło, zatytułowane *Niewinni*. Znajduje się ono na tyłach Harrodsa. Z kolei zaręczynowy pierścionek wraz z portretami Diany i Dodiego można zobaczyć przy „egipskich" schodach ruchomych. U Harrodsa szukała pracy jako sprzedawczyni Krystyna Skarbek. Po kilku dniach córka księcia Skarbka i jedna z najodważniejszych agentek SOE zrozumiała, że nie jest to zajęcie dla niej. Sklep nie ma żadnej dokumentacji z jej nazwiskiem, ale wiemy, że była to jedna z prac, której próbowała, zanim zaciągnęła się na statek. U Harrodsa najciekawsze są hale z żywnością, nie tylko ze względu na olbrzymi wybór delikatesowych przysmaków, ale także wystrój wnętrza – stylowa secesyjna ceramika na ścianach dodaje całości wiele uroku.

High Street Kensington i Biba

W latach sześćdziesiątych i siedemdziesiątych ubiegłego stulecia okolice High Street Kensington były niezmiernie popularne wśród młodych Angielek, które przyjeżdżały tutaj, aby zwiedzić słynny sklep Biba. Rzadziej kupowały ubiory *sexy* i *chi-chi* (wymawia się: szi-szi), na które nie było ich stać. Założycielką Biby była Polka, Barbara Hulanicki. W tym okresie moda była dość konserwatywna, większość kobiet wyglądała jak szwajcarskie dójki w dziewiątym miesiącu ciąży, ubrane w bezkształtne, długie sukienki z materiałów w drobne kwiatki, w zgaszonych kolorach. Jeszcze czuło się purytańskiego ducha, jakby dusza angielska była na uwięzi.

Sklep mieścił się w pobliżu stacji metra High Street Kensington (dzisiaj jest tutaj Marks i Spencer). Po Wieży Londyńskiej było to drugie najczęściej odwiedzane i podziwiane miejsce w Londynie. Ciemne i tajemnicze wnętrza, złote, celtycko-secesyjne logo na czarnym tle, umieszczone na koszulkach, kosmetykach i torbach, stało się symbolem wyrafinowania. Zaprojektował je John McConnell. Hollywoodzki przepych kojarzył się wszystkim z wielkooką Twiggy i piękną Julie Christie, której garderobę do filmu *Darling* zakupiono w Bibie (kiedyś Julie Christie przyszła tu na zakupy i ku zdumieniu wszystkich zamiast schować się za przepierzeniem, rozebrała się, zostawiając na sobie tylko majteczki,

Okładka książki ze słynnym logo Biby

141

W pantoflach Biby
wyszywanych
diamencikami
każda dziewczyna
wyglądała jak
gwiazda filmowa

i zaczęła mierzyć sukienki, spodnie i bluzki w obecności zaszokowanych sprzedawczyń i klientów). Znane aktorki, takie jak Sharon Tate (żona Polańskiego), Mia Farrow (która zagrała główną rolę w jego filmie *Dziecko Rosemary*, Cher, Brigitte Bardot, Yoko Ono i wiele innych patronowały Bibie. Osobą, która spowodowała tę rewolucję w modzie, podniecenie, jakie wywoływały słynne gwiazdy, których limuzyny zatrzymywały się przed sklepem, była utalentowana projektantka Barbara Hulanicki. „Trudno sobie wyobrazić, jak byliśmy spragnieni mody. Ubrania były przygnębiające i w strasznych kolorach: niebieski, czerwony i beżowy", powiedziała w wywiadzie. Hulanicki i jej mąż Stephen Fitz--Simon założyli firmę wysyłkową, która szybko przekształciła się w sklep Biba, najpierw na Abingdon Road, potem na Church Street i w końcu na High Street Kensington.

Ciemne lustra, dwadzieścia palm w donicach, muzyka rockowa płynąca z hi-fi, a na tym tle kapelusze „Kubuś Puchatek", kolorowe szale boa z piór, płaszcze z podwójnym rzędem guzików, garnitury z aksamitu, spodnie dzwony, spódniczki mini, rajstopy, torby, kosmetyki w czarnych puzdrach, wykończonych złotym symbolem, ciemne pomadki, sztuczne rzęsy, później ubiory dla dzieci, włącznie z fioletowymi pieluszkami, porcelana, itd. W dziale dla kobiet w ciąży meble były bardzo duże, tak żeby ciężarne kobiety czuły się szczupłe.

Barbara i jej siostra Biruta (zwana Bibą) spędziły dzieciństwo w Palestynie. Przed wojną ojciec Barbary pracował najpierw w Anglii, potem na Bliskim Wschodzie jako konsul. W Palestynie miał wiele kontaktów z organizacjami takimi jak Irgun czy grupa Stern Gang, i z Anglikami, z którymi wcześniej w Londynie wysłannicy ministra Becka zawarli umowę, że przyjmą nieograniczoną liczbę polskich Żydów – tylu, ilu zechce wyjechać. Roztrząsano też sprawy majątkowe – emigrantom nie wolno było wywozić pieniędzy, ale mogli zabrać ze sobą mienie. Ojciec Barbary, który był zwolennikiem Piłsudskiego, otrzymał dymisję w 1939 roku, kiedy Sikorski został premierem (Sikorski pozbywał się starej elity rządowej, „wielu z tych ludzi nie wpuszczono do Francji, a kiedy dotarli do Anglii, ok. 1500 oficerów uwięziono w obozie na Bute, tzw. wyspie wężów w Rothesay, w Szkocji", jak mi kiedyś powiedział pewien piłsudczyk). Hulanicki poprosił o pracę Anglików, którzy dali mu posadę głównego cenzora na Bliskim Wschodzie. Dobre

142

kontakty z Anglikami nie wróżyły nic dobrego. Hulaniccy nie chcieli wracać do komunistycznej Polski, planowali wyjazd do Brazylii. W nocy ojciec słuchał polskich audycji radia BBC. Czasami wieczorami ciotka Zofia grywała sonaty Chopina i nieraz dorośli płakali nad swym losem, a dzieci płakały, naśladując rodziców. Któregoś dnia w 1948 roku po ojca przyszli członkowie jednej z grup syjonistycznych. Barbara nie wie, dlaczego go zamordowano – była dzieckiem, kiedy partia politycznych szachów rozgrywała się w tej części Bliskiego Wschodu.

W domu Hulanickich były zawsze piękne antyki, w Palestynie ojciec Barbary zbierał drogocenne okazy sztuki islamskiej, meble wykładane macicą perłową, na ścianach wisiały szable z inkrustowanymi rękojeściami, siedziało się na poduszkach na perskich dywanach, a ojciec palił nargile. Ciotka Zofia była wyrocznią w sprawach stylu, bardzo lubiła secesję. Na pewno miało to wpływ na styl Barbary, który był inspirowany i secesją, i art déco – i kiczem. Szczególnie jest to widoczne w materiałach przez nią zaprojektowanych. Niestety tą niezmiernie atrakcyjna firma, która egzystowała na zasadzie „załóż-wyrzuć-kup następną" (z tym że ceny ubiorów były niedostępne dla biednych studentek), moda naznaczona talentem Hulanickiej, w połowie lat siedemdziesiątych popadła w tarapaty finansowe. Barbara i jej mąż sprzedali większość akcji ludziom niemającym zmysłu piękna czy fantazji – firmom Dorothy Perkins i British Land, które zniszczyły całe przedsięwzięcie. Barbara, wyrocznia stylu i osoba wyjątkowo utalentowana, zawsze otaczająca się ludźmi z wielkim talentem, została usunięta z Biby.

Ubrania Biby, a także piękne czarne pudełka i flakoniki ze złotym celtycko-secesyjnym logo można kupić na aukcjach internetowych za wysoką cenę. W roku 2005 talent Hulanickiej został doceniony i w wieku lat 69 otrzymała ona „nagrodę za życiowe osiągnięcia" od przemysłu kosmetycznego (Cosmetic Executive Women, UK, Achiever award).

Hyde Park i Kensington Gardens

Z lotu ptaka i Kensigton Gardens i Hyde Park wyglądają jak jeden prostokątny park, rozdzielony Długą Wodą (Long Water) i sztucznym jeziorem Serpentine. Są to „zielone płuca" Londynu, które pozwalają oddychać. Wiosną widać tu wiele kolorowych i egzotycznych kwiatów, szczególnie po południowej stronie Kensington Gardens. Ogrody są pasją Anglików. To jedyna działalność, w której Anglik może pozwolić sobie na twórcze podejście i nie musi być konformistą. W wielu londyńskich parkach można zauważyć ciekawą architekturę ogrodową, każdy z nich próbuje zachować swój indywidualny charakter.

Jerzy Pietrkiewicz, poeta i tłumacz mieszkający w Londynie od 1940 roku, nakreślił taką sielankę:

...OD SZÓSTEJ RANO w Kensingtońskich Ogrodach
Jan pasie owce.

Chmury się pasą na drzewach,
a wiatr na trawie:
drzewom i trawie przygląda się woda
i każdym odbiciem ziewa,
więc nuda nadenna na stawie –
(tak samo saksofon ziewa: jazz od ziewania się dławi).

Ale Jan w wełnie owiec i w strzyżonej wełnie muzyki
dotąd świat czuje na poprzez
dotykiem.

O czwartej po południu z parku
wymarsz cieni, chłodu i owiec.
Jan, pasterz miejskiego folwarku,
przechodzi ulice po przekątnej turkotu
wzdłuż świateł, co jak oczy krowie,
zapatrzone w zielone odbicia,
w kałuże świetlnego potu...

Wyobraźnia Józefa Mackiewicza została z kolei zainspirowana dramatem majowej burzy w Kensington Gardens (odkryłam ten opis w książce *Fakty, przyroda i ludzie*, wydanej przez małe wydawnictwo Kontra należące do Niny Karsov i nieżyjącego już Szymona Szechtera):

„Burza przyszła niespodziewanie. Pierwsza majowa burza, która zawsze zajmowała poczesne miejsce w przeżyciach i odczuciach ludzi, którzy są zmuszeni do bezpośredniego komunikowania się z przyrodą. Tu mało kto na datę zwraca uwagę. Powietrze jest tak gęste, że zdawałoby się można je krajać w kostki i układać z nich bruk. Grzmot przypomina oddaloną kanonadę zbliżającego się frontu. Jakoż front się

zbliża i rzuca mrok. W oknach domów londyńskich, brzydszych od najbrzydszych tzw. kamienic czynszowych kontynentu, zapalają się światła. Wielki refleks idzie z nieba.

Przejażdżka konna
w Hyde Parku

Burza przypomina gniew...

Oko jeziora w Kensington stanowi nieporuszoną taflę. Z północnego zachodu, nad pałacem Wiktorii, stoi łuna o barwie brudnej cegły. Wszystkie drzewa robią się czarne. Na wodę pada odblask skrzepłej krwi, a na jej powierzchni pływają białe łabędzie. Jest to widok tak klasyczny, zarówno w grozie, jak doborze i zagęszczeniu barw: burza, łuna, pałąc, stare drzewa, woda prawie czerwona i białe pióra łabędzi, że godzien pędzla...

Chmury napełzają, żegnając się znakiem błyskawic. Ta na zachodzie jest wciąż krwawa, z północy i południa czarno-granatowe. Zaraz będzie straszliwa ulewa i chcę już uciekać pod dach. W tej chwili spostrzegam, że na dwóch zestawionych leżakach, tuż nad wodą, siedzi para Anglików i wcale nie zamierza wstawać... on... czyta gazetę... ona robi szydełkiem.

Właśnie pierwsze krople uderzyły o liście. Uciekam i dopadam schronienia. Deszcz zamienia się w ulewę, woda spada płatami.

Co jest z Anglikami?...

No oczywiście już ich widzę: z wrodzonej rzekomo flegmy nie zostało śladu. On pędzi w podskokach błyskawic, ona dziesięć kroków z tyłu... Zmokli rzeczywiście jak kury.

W przerwach ulewy doskakuję do domu. Pioruny wciąż biją..."

145

Wiosną Hyde Park jest pełen żonkili i krokusów. Rosną tu dęby, buki, kasztanowce, platany londyńskie i inne wspaniałości. Za czasów Henryka VIII był to park królewski, w którym odbywały się polowania. Dopiero Jakub I udostępnił go szerokim rzeszom. Park był miejscem pojedynków, wyścigów konnych, rozbojów, koncertów, parad wojskowych i demonstracji. Tutaj zazwyczaj kończą się te największe.

W 1981 roku po ogłoszeniu stanu wojennego w Polsce przyszło tysiące osób.

„Dziś, 20 grudnia, w Hyde Parku rozległa się polska mowa – napisał Marek Żuławski w *Studium do autoportretu*. – Potężne amplifikatory niosły w szarą przestrzeń słowa pieśni *Żeby Polska była Polską*. Ogromne tłumy zebrały się ze wszystkich stron, aby protestować przeciwko wypadkom w Polsce. Przenikliwy wiatr zacinał deszczem i śniegiem. Na niskim niebie chwiały się białe i czerwone transparenty. Z wysokiej zaimprowizowanej trybuny przemawiali przedstawiciele brytyjskich robotników, stronnictw parlamentarnych i organizacji społecznych, potępiając zgniecenie polskiego związku zawodowego «Solidarność» i zawieszenie praw obywatelskich. Zabierali także głos Polacy i Anglicy, którzy byli w Warszawie w pierwszych dniach po ogłoszeniu stanu wojennego".

W północno-wschodnim rogu parku, tzw. Speaker's Corner, można wygłaszać przemówienia krytykujące każdego oprócz królowej. Karę śmierci zniesiono na początku lat pięćdziesiątych z jednym wyjątkiem. Gdyby ktoś targnął się na życie królowej, zostanie powieszony. Marble Arch i krzyż na płycie chodnika na Edgware Road przypominają, że i tutaj odbywały się publiczne egzekucje.

Róg południowo-wschodni nazywany jest Hyde Park Corner. Tutaj panuje trochę inna atmosfera. Stoi tu wiele rzeźb i pomników, widać jeźdźców na koniach, młodzież na wrotkach, matki i niańki z dziećmi, a także studentów śpieszących do szkół.

Conrad zostawił nam następujący opis z początku XX wieku:

„Przez żelazne balaski ogrodzenia parku spojrzenia te napotykały mężczyzn i kobiety, jadących konno po Row; pary kłusujące harmonijnie lub posuwające się statecznie stępa, luźne grupki trzech czy czterech samotnych jeźdźców wyglą-

dających tak, jakby nie lubili towarzystwa, i samotne panie, zą którymi w znacznej odległości jechał grom z kokardą u kapelusza i ze skórzanym pasem na opiętym fraczku. Toczyły się gładko pojazdy, przeważnie dwukonne, kryte powozy, tu i ówdzie wiktorie obite od wewnątrz skórą jakiejś dzikiej bestii, z kobiecą głową w kapeluszu widoczną spond opuszczonej budy. A wszystko to opromienione nieruchomym spojrzeniem specyficznie londyńskiego słońca, któremu nic nie można było zarzucić prócz tego, że wyglądało jakby nabiegłe krwią. Zawieszone na umiarkowanej wysokości ponad Hyde Park Corner, oświetlało wszystko dookoła z dokładną i dobrotliwą czujnością. Nawet chodnik pod stopami pana Verloca nabierał barwy starego złota w tym rozproszonym świetle, w którym ani mury, ani drzewa, ani zwierzęta, ani ludzie nie rzucali cienia [...] Miedzianą czerwienią pobłyskiwały dachy domów, narożniki murów, ścianki pojazdów, nawet skóry końskie, a także szerokie plecy płaszcza pana Verloca, na których błyski te dawały matowy efekt rdzy [...] Okiem pełnym aprobaty obserwował przez parkowe ogrodzenie dowody bogactwa i zbytku. Wymagali ochrony: ich konie, pojazdy, domy i służba wymagały ochrony; źródło ich bogactw wymagało ochrony w sercu miasta i w sercu kraju. Całego ładu społecznego, sprzyjającego ich higienicznemu nieróbstwu, należało bronić przed płytką zawiścią niehigienicznego świata pracy..."

Łuk Triumfalny Marble Arch, zaprojektowany przez Johna Nasha. Około stu metrów za nim zaczyna się Speaker's Corner

W pobliżu jeziora Serpentine znajduje się „fontanna" Diany, księżnej Walii, po północnej stronie – pomnik Piotrusia Pana, a przy samej ulicy Bayswater cmentarz dla zwierząt. Kiedy go mijam, przypomina mi się *Modlitwa psa*, którą recytowała mi kiedyś moja polska przyjaciółka, kochająca psy i poezję:

Cmentarz dla zwierząt w Hyde Parku w pobliżu Victoria Gate

Panie,
Waruję na straży!
Beze mnie,
Kto będzie strzegł ich domu?
Pilnował ich owiec?
Kto będzie wierny?
Nikt – prócz ciebie i mnie –
nie wie czym jest wierność.
Mówią mi: „Dobry piesek! Grzeczny piesek!"
To tylko słowa....
Klepią mnie,
Rzucają mi stare kości
I bardzo się niby cieszą...
Przyjmuję wszystko,
Bo oni myślą, że jest mi dobrze.
Czasami ktoś mnie kopnie, gdy mi wejdzie w drogę.
Przyjmuję i to, bo cóż mi szkodzi!
Waruję na straży!
Panie,
Nie daj mi umrzeć,
Dopóki cokolwiek im grozi
Amen.

Informacje praktyczne

Instytut Polski i Muzeum im. Generała Sikorskiego
Dojazd: metro South Kensington, linie Circle i District
20 Prince's Gate, SW7
Otwarty pon.–pt. 14.00–16.00; w pierwszą sob. miesiąca
10.00–16.00.
tel. 0207 589 9249

Ognisko Polskie
55 Exhibition Road, SW7
Polski Klub / Restauracja
tel. 020 7589 4635 / 70
www.ognisko.com

Muzeum Historii Naturalnej
(Natural History Museum)
Cromwell Road, SW7
Otwarte pon.–sob. 10.00–17.50, niedz. 11.00–17.50
tel. 020 7942 5000
www.nhm.ac.uk

Muzeum Nauki
(Science Museum)
Exhibition Road, SW7
Otwarte codz. 10.00–18.00
tel. 020 7942 4000
www.sciencemuseum.org.uk

Muzeum Wiktorii i Alberta
(Victoria & Albert Museum)
Cromwell Road, SW7
Otwarte codz. 10.00–17.45; (śr. i ostatni pt. miesiąca
10.00–22.00)
tel. 020 7942 2000
www.vam.ac.uk

„Daquise"
20 Thurloe Street, SW7
Restauracja otwarta codz. 11.30–23.00
tel. 020 7589 6117

Harrods
Dojazd: metro Knighstbridge, linia Piccadilly
Knightsbridge, SW1
Pon.–sob. 10.00–19.00
tel 020 7730 1234
www.harrods.com

Nazwa dzielnicy pochodzi od słowa „kreda", „wapień". Była to kiedyś spokojna nadrzeczna wieś, która stała się modna w czasach Tudorów. W XIX wieku mieszkało tutaj wielu znanych malarzy. Chelsea kojarzy mi się z modą, może dlatego, że na King's Road jest mnóstwo eleganckich małych butików, a w dawnym ratuszu wytworny targ z antykami. Dziewczyny z wyższych sfer kupują tutaj mieszkania. Mówi się na nie *Sloane rangers* – od nazwy placu Sloane Square. Diana (później księżna Walii) i Sara Ferguson (później żona księcia Andrzeja) były typowymi *Sloane rangers*, zanim nie wyszły za mąż.

Najsłynniejsi i najdrożsi projektanci mody usadowili się wokół Knightsbridge. Z powodu wysokiego czynszu projek-

Na King's Road (szczególnie na pierwszym kilometrze) mieści się wiele eleganckich butików

tanci wprowadzają się, a później wyprowadzają; jeżeli mają już stałą klientelę, mogą swobodnie pracować i sprzedawać ze swego studia. Często widzi się w tej branży polskie nazwiska. Lindka Cierach zasłynęła z tego, że zaprojektowała suknię ślubną dla Sary Ferguson, księżnej Yorku; dzięki telewizji suknię tę zobaczyło ponad miliard ludzi. Lidka ma nie tylko artystyczne geny matki Angielki, która lubiła szyć, ale także wojownicze cechy ojca Edka Cieracha, który walczył pod Monte Cassino (Edek był wielokrotnie odznaczony za męstwo, lubił także projektować i budować). Jest w biznesie od 25 lat, w 1986 roku została wybrana na Projektantkę Roku. Nie tak dawno w prasie pojawiło się wiele artykułów o Tomaszu Starzewskim. Znaną modystką jest Basia Zarzycka, w której kostiumowej biżuterii i bajkowych kreacjach ślubnych zagustowały angielskie arystokratki i hollywoodzkie gwiazdy. Na King's Road zauważyłam sklep Anny French, projektantki specjalizującej się w dekoracji wnętrz. Wewnątrz można znaleźć piękne materiały na kotary, meble, pościel, które doskonale pasują zarówno do nowoczesnego mieszkania, jak i starego dworku. Jak napisał kiedyś pewien Niemiec w widokówce, wysłanej z Polski: „Jeżeli chodzi o zmysł estetyczny, narody słowiańskie są w czołówce".

Malowana chata w Zalipiu na okładce czasopisma „Świat Wnętrz". Małgosia Szemberg jest jego dyrektorem artystycznym

Butik
Basi Zarzyckiej

Zarzycka
jest znana
ze swych
ślubnych
kreacji

Butik Basi Zarzyckiej jest maleńki, ale łatwo zauważalny. Przyciąga uwagę już z zewnątrz, ponieważ purytańskie idee są Basi zupełnie obce. Czasami widzę gałązki udekorowane maleńkimi świecącymi gwiazdkami, kiedy indziej kiście obsypane różyczkami, można też spotkać Basię ubraną w suknię z materiału z barwnym, polskim ludowym nadrukiem (widocznym na odległość kilkuset metrów), z przedziwną konstrukcją z piór i koralików na głowie. Wystarczy zajrzeć przez okno, żeby zrozumieć, jak barokowy i kolorowy jest jej świat. Jest on tak delikatny i kruchy, że kiedy brutalna rzeczywistość w postaci żebraka pojawi się przed wystawą, Basia w panice wybiega, aby mu dać pięć funtów, błagając, ażeby odszedł. Zarzycka urodziła się w Anglii w polskiej rodzinie. Wychowała się w Birmingham, studiowała modę w Goldsmith College. Zaczynała od małego butiku na rynku z antykami niedaleko Tower. „Był to surrealistyczny dzień – opowiada – mój partner całą noc pracował, malując stoisko. Następnego dnia przyszedł pewien Amerykanin i kupił wszystko, co miałam – włącznie z wystrojem stoiska za 6500 funtów". Żurnale mody orzekły, że butik Zarzyckiej „jest najbardziej romantycznym sklepem w Londynie". Teraz kupuje u niej Madonna, Catherine Zeta Jones, kilka księżniczek i modelek, Nicole Kidman i... Tom Cruise.

W jej sklepie jest mały pokój w suterynie, gdzie klientki, które przychodzą do przymiarki, mogą się przebrać i przejrzeć w lustrze przy miękkim świetle padającym z żyrandoli ze szkła z Murano. Basia często kupuje starą biżuterię, którą potem przetwarza na coś zupełnie nowego. Może to także być XIX-wieczna torebka z gobelinu lub wiktoriański diadem, bransoleta ze złotej koronki, wyszywanej półszlachetnymi kamieniami, ręcznie malowany gorset, haftowane jedwabne pantofle czy kapelusz ozdobiony kwiatami. Każda broszka, tiara czy bransoleta jest traktowana jak miniaturowe dzieło sztuki. Zarzycka jest dumna ze swego polskiego pochodzenia: „chociaż jestem Brytyjką, myślę po polsku, mówię po polsku – dlatego tyle koloru w moim sklepie i to, że wszystko jest żywe i zabawne". Jesienią chodzi na grzyby (to egzotyczne hobby w Anglii – w lasach widuje się tylko Polaków, Czechów i Włochów), inspirują ją lasy, muzyka i baśnie; prowadzi samochód z numerem rejestracyjnym BASIA.

Royal Court Theatre przy Sloane Square był świadkiem zamieszek i potyczek rastafarianów z policją, kiedy w 1987 roku Jonathan Miller przeniósł na scenę książkę Ryszarda Kapuścińskiego, *Cesarz*. Jest to po mistrzowsku opowiedziana historia dworu cesarskiego i jego upadku, zrelacjonowana anonimowo przez tych, którzy wypełniali salony, urzędy i sale pałacu. To także studium władzy absolutnej, którą cesarz Etiopii Hajle Sellasje sprawował przez 44 lata. Przez ogół był uważany za władcę mądrego i dobrego. Sypiał krótko, wstawał wcześnie, mówił cicho, nie korzystał z umiejętności czytania i pisania, nerwy miał twarde jak stal. Dzień rozpoczynał od słuchania donosów o stanie spisków w państwie i pałacu. Jego ministrowie żyli w lęku, że czegoś nie doniosą w porę i popadną w niełaskę. Kiedy zaczynało świtać, był już sam, planując ruchy na szachownicy władzy.

Royal Court Theatre

Teatr Royal Court jest położony tuż obok stacji metra Sloane Square

Nosił w głowie najtajniejszą kartotekę ludzi elity. Potem karmił lwa, psy, czarną panterę i podziwiał mrówkojada – dar prezydenta Ugandy. Jego dworzanie i ministrowie dobrze go pamiętali:

„Widzę go teraz, jak idzie, przystaje, podnosi do góry twarz, jakby pogrążył się w modlitwie. O Boże, wybaw mnie od tych, co czołgając się na kolanach skrywają nóż, który chcieliby wbić w moje plecy. Ale co Pan Bóg może pomóc? Wszyscy ludzie otaczający cesarza są właśnie tacy – na kolanach i z nożem. Na szczytach nigdy nie jest ciepło. Wieją lodowate wichry, każdy stoi skulony i musi pilnować się, ażeby sąsiad nie strącił go w przepaść".

Generałowie mieli się dobrze, cesarz sowicie ich wynagradzał. Mieli się tak dobrze, że „w naszym cesarstwie, w którym żyło trzydzieści milionów rolników, a ledwie sto tysięcy żołnierzy i policjantów, rolnictwo dostawało jeden procent budżetu państwa, a wojsko i policja – czterdzieści. Ale czy słusznie?"

W Cesarzu są sceny, z którymi Jonathan Miller i Michael Hastings nie bardzo mogli sobie poradzić. (Miller w młodości występował w satyrycznym kabarecie Beyond the Fringe, potem studiował medycynę, następnie reżyserował opery, prezentował programy telewizyjne o sztuce, ostatnio z żelaznych rdzewiejących odpadów tworzy rzeźby). Spotkałam kiedyś Millera na ulicy, reżyserował właśnie Cesarza, i zapytałam, jak mu się układa współpraca z Kapuścińskim. Odpowiedział enigmatycznie: „To literacki psychopata". Doszłam do wniosku, że był to komplement, bo ton i słowa miały barwę „żółtookiego potwora zazdrości".

Jedną z takich scen, która przypomina surrealistyczny film, a którą trudno pokazać w teatrze (chyba że ma się talent na miarę Davida Lyncha), jest następujący fragment:

„...tylu policjantów namnożyło się w ostatnich latach, tyle wszędzie pojawiło się uszów, wystających z ziemi, przyklejonych do ścian, latających w powietrzu, uwieszonych do klamek, czyhających w urzędach, przyczajonych w tłumie, sterczących w bramach, tłoczących się na rynku, że ludzie – aby bronić się przed plagą donosicieli – nie wiadomo jak, gdzie i kiedy, bez szkół, bez kursów, bez płyt, nauczyli się drugiego języka, szybko, poliglotycznie opanowali nowy język, przyswoili go, doszli w tym do niebywałej wprawy, tak że my, prości i nieoświeceni, staliśmy się narodem dwujęzycznym".

W adaptacji londyńskiej występowało pięciu aktorów. Jeden z nich, ułomny Nabil Shaban, grał przede wszystkim samego cesarza. Wywołało to protesty wśród rastafarian, którzy uznają cesarza etiopskiego za boga, za czarnego Mesjasza. Ich bóg nie mógł być zatem ułomnym fizycznie białym karłem, nie mógł być despotą, władającym skorumpowanym reżymem, był ich bohaterem. Jako pierwszy władca afrykański dostał się na szczyt piramidy władzy bez pomocy kolonialistów, był wzorem dla innych, symbolem wolności czarnej Afryki, a Etiopczycy, zaginiony szczep Izraela, są przecież narodem wybranym, a nie jakimś politycznym żartem. Co wieczór rastafarianie protestowali przed teatrem, krzyczeli na Nabila, raz gonili jego samochód, próbując zepchnąć go z szosy, i wysyłali listy z groźbą śmierci. Kiedy indziej policja ewakuowała i przeszukała teatr z powodu zagrożenia bombowego. Członkowie etiopskiej rodziny królewskiej próbowali przerwać spektakl, krzycząc i ubliżając aktorom. Właśnie wtedy przyjechał Ryszard Kapuściński. „Zawsze uśmiechnięty, zawsze ściskał nas i całował w policzek", mówi Nabil. „Zaczął nam opowiadać fantastyczne historie. Jedną z nich była opowieść o tym, jak Idi Amin skazał go na śmierć. Ludobójca i władca Ugandy uważał go za najlepszego przyjaciela i dziennikarza. Któregoś dnia Kapuściński czymś mu się naraził i Amin skazał go na śmierć. Gwardziści Amina, którzy znali swego władcę dość dobrze, postanowili opóźnić wykonanie wyroku, ponieważ obawiali się, że dyktator zmieni zdanie i następnego dnia to oni stracą głowy za to, że zbyt się pośpieszyli. Przeczekali więc i ku ich uldze, gdy Amin zmienił zdanie, przyznali się, że wyrok na polskim dziennikarzu nie został wykonany".

Przy Cheyne Row 24 znajduje się muzeum szkockiego historyka Carlyle'a. Tutaj mieszkał przez prawie 50 lat. Thomas Carlyle (1795–1881) był historykiem reprezentującym w historiografii angielskiej indywidualizm filozoficzny. Wyrażał się on w poglądzie, że historia jest dziełem wybitnych jednostek, a więc wielkich wodzów. Ze skrajnym indywidualizmem łączył pogląd moralny, że zwycięstwo równoznaczne jest ze słusznością. Twierdził, że ludzie słabsi winni ustępować silniejszym, a słabsze narody silniejszym (przedstawiał np. rozbiory Polski jako akt „boskiej sprawiedliwo-

Dom Thomasa Carlyle'a

ści"). Kiedyś wertując jedno z jego największych dzieł, ośmiotomową biografię Fryderyka Wielkiego, natknęłam się na fragment opowiadający, jak król August II Mocny (1670–1733) zaprosił w 1728 roku Fryderyka Wilhelma do Drezna.

Któregoś dnia dwaj królowie po obiedzie wieczorem poszli na przyjęcie. August wpadł na pomysł, by skorzystać z okazji i sprawdzić pogłoski o domniemanej obojętności Fryderyka Wilhelma na płeć piękną. Do tego celu użył młodej kobiety, niesłychanie pięknej, ukrytej w jednym z bocznych pokoi. Leżała na łóżku w luźnym stroju z gazy i chociaż miała maskę, wiele jej wdzięków było widocznych na tyle, że oko i imaginacja mogły pozytywnie docenić jej urodę. Król Polski potraktował ją w swój typowy rycerski sposób, który nabył ciągle przebywając z płcią piękną. Błagał ją, by zdjęła maskę, ale ona początkowo udała niechęć i odmówiła. Wówczas powiedział jej, kim jest, i dodał, że nie może odmawiać, kiedy dwóch królów błaga ją tak grzecznie. Dama zdjęła maskę i ukazała im jedną z najpiękniejszych twarzy, jakie widzieli. August był oczarowany, jakby ją zobaczył po raz pierwszy w życiu [...] dopiero teraz zrozumiał, jak hipnotyczna jest jej uroda, do dzisiaj zupełnie mu nieznana.

Fryderyk Wilhelm popatrzył na nią i powiedział do króla Polski, „Jest bardzo piękna, muszę to przyznać" – ale jednocześnie odwrócił wzrok i wyszedł z komnaty w pośpiechu. Wrócił do domu i zamknął się w swoim pokoju, po czym wezwał Herr von Grumkova, który spróbował zamienić całe zajście w żart. Król jednak zaczął w poważnym tonie i rozkazał mu, ażeby powiedział królowi Polski w jego imieniu, „iż błaga go, aby w przyszłości nie narażał go na tego typu incydenty, chyba że chce, ażeby opuścił Drezno". Herr von Grumkov przekazał wiadomość. Król Polski śmiał się serdecznie z całego zajścia. Poszedł do Fryderyka Wilhelma, aby go przeprosić. Król Prus jednak miał ponurą minę, tak wiec August przestał dowcipkować i zmienił temat.

Z dalszego ciągu dowiadujemy się, że hrabina Orzelska, bo tak się nazywała dama w półprzezroczystej sukni, miała nie tylko piękną figurę i poczucie humoru, ale także była córką francuskiej modystki z Warszawy i... Augusta Mocnego.

W domu Carlyle'a na Chelsea znajduje się fortepian, na którym grywał Chopin. Żona Carlyle'a, Jane Welsh, znała

Jane Stirling (jedną z dwu Szkotek, zakochanych w Chopinie) i napisała do niej, wyrażając żal, że nie może porozumieć się z Chopinem:

„P. Fryderyk Chopin nie mówi po angielsku... Żałuję niezmiernie. Jednakże zastanawiam się nad tym, czy potrafi czytać po angielsku? Sadzę, że tak jest, przesyłam Pani kilka wierszy pisanych na jego cześć i chwałę przez kapitana Antoniego Stirlinga, który towarzyszył mi niedawno na koncercie p. Chopina... Może są godne doręczenia p. Chopinowi...

Może mogłaby je Pani ładnie zrymować, a w takim razie prosiłabym Ją o przetłumaczenie tej poezji na wiersz francuski, by zrozumiał ją lepiej.

Wolę jego muzykę od wszystkich innych, czuję bowiem, iż nie jest ona tworzona dla podziwu świata – a takie wrażenie robi na mnie przeważnie muzyka – lecz jest odzwierciedleniem jego duszy i jego życia i przeznaczona dla tych, którzy mają uszy, by słyszeć, a serca, by zrozumieć.

Wyobrażam sobie, że każda z jego kompozycji zabierała mu cząstkę jego życia. Ach, pragnęłabym, by umiał mówić po angielsku, bo mogłabym z nim pomówić z całego serca".

Jane Welsh zmarła na atak serca, pozostawiając po sobie pamiętniki, które jej mąż przeczytał, po raz pierwszy odkrywając nagle intymny, emocjonalny, kruchy świat wrażliwej kobiety, świat przepełniony samotnością, goryczą i niemożnością porozumienia się. To tak, jakby odwiedził inną planetę, na której przedtem nigdy nie bywał; nic dziwnego, że żona Carlyle'a instynktownie pojęła piękno duszy Chopina, wsłuchując się w jego muzykę.

Thomas Carlyle był znany i podziwiany za życia, po śmierci obojga i po opublikowaniu listów i wspomnień tej wiktoriańskiej pary, okazało się, że pamiętniki i listy Jane Welsh są o wiele bardziej interesujące dla współczesnego czytelnika aniżeli „wielkie dzieła" o „nadludziach".

Informacje praktyczne

Chelsea
Dojazd: metro Sloane Square, linia Circle lub District

Royal Court Theatre
Sloane Square, SW1
tel. 020 7565 5000

Basia Zarzycka (butik)
52 Sloane Square, SW1
www.basias.com

Strona internetowa Lindki Cierach
www.lindka-cierach.co.uk

Anna French (sklep)
343 King's Road, SW1
www.annafrench.co.uk

Muzeum Carlyle'a (Thomas Carlyle Museum)
24 Cheyne Row, SW3
IV–X: śr.–pt. 14.00–17.00, sob. Niedz. i dni wolne od
pracy 11.00–17.00
Wstęp płatny
tel. 020 7352 7087
www.nationaltrust.org.uk/carlylehouse

Jednym z moich ulubionych miejsc jest Muzeum Brytyjskie (British Museum). Dojeżdżam do stacji Tottenham Court Road metrem, posługując się słynną mapą zaprojektowaną przez Harry'ego Becka, na której rzeczywiste odległości zostały sprowadzone do umownego przedstawienia przystanków i połączeń, a wszystkie linię przecinają się pod kątem 45 lub 90 stopni. Wiem, że prostota jest oznaką wyrafinowania, nawet paryżanie zaczęli kopiować nasz plan. Na chwilę zatrzymuję się, by podziwiać przepyszne kolory mozaik sir Eduarda Paolozziego (1924–2005). Był to najdroższy projekt artystyczny zatwierdzony przez londyńskie metro. Poczynając od lat dziewięćdziesiątych XX wieku Londyn zaczął prześcigać Paryż pod względem doznań estetycznych. Jestem niezmiernie dumna z mozaik Paolozziego, jak gdybym sama je projektowała. Zachwycają mnie przetykane złotem kawałki szkła zaaranżowane w geometryczne, realistyczne i abstrakcyjne kształty. Kiedy na nie patrzę, czuję że wchodzę do jaskini skarbów, w świat inny, bogaty, piękny i dlatego dobry. Tracę poczucie czasu.

Czas wyjść na powierzchnię i odnaleźć Muzeum Brytyjskie.

Ta część Londynu nazywa się Bloomsbury, ponieważ znajdowała się tu posiadłość rodziny de Blemund, prawdopodobnie pochodzącej z Blémont we Francji. Na początku XX wieku powstała Grupa Bloomsbury – stowarzyszenie artystów i pisarzy tu mieszkających.

Tottenham Court Road

Muzeum Brytyjskie

Muzeum Brytyjskie jest najstarszym muzeum świata. Olbrzymie zbiory dzieł sztuki, rękopisów i książek zostały zapoczątkowane przez lekarza, sir Hansa Sloane'a. W roku 2003 muzeum święciło dwustupięćdziesięciolecie istnienia i z tej okazji, po zgromadzeniu 1,5 miliona funtów, zakupiło ceramiczną płaskorzeźbę, przedstawiającą uwodzicielską nagą boginię ze skrzydłami i szponami drapieżnego ptaka, stojącą na dwóch lwach, z dwiema sowami po jej bokach. To babilońskie dzieło sztuki pochodzi z około 1800 roku p.n.e. i stanowi część ekspozycji, można je obejrzeć, o ile nie jest wypożyczone do innego muzeum. Bogini ma nowe imię – Królowa Nocy. Muzeum przechowuje wielką liczbę przedmiotów wytworzonych od czasów prehistorycznych aż do dzisiaj. Architektonicznym arcydziełem jest Great Court (Wielki Dziedziniec), projektu Normana Fostera, wokół słynnej Okrągłej Czytelni. Widzimy ją zaraz po wejściu. Czytelnię odwiedzali tacy ludzie jak Joseph Conrad, dramaturg George Bernard Shaw, Mahatma Gandhi (1869––1948), Karol Marks (1818–1883), który tutaj rozwijał

Budynek British Museum został zaprojektowany w stylu neoklasycznym

Na portierni
jest przytulnie
i spokojnie

swoje socjalistyczne idee, finansowane przez fabrykanta
Fryderyka Engelsa. Nawet Włodzimierz Lenin (1870–1924)
tutaj dotarł... Nazwiska wybitnych pisarzy, polityków i naukowców widnieją na ścianie przy wejściu wewnątrz czytelni. Została ona zaprojektowana przez Sidneya Smirke'a,
a budynek ukończono w 1857 roku. Smirke posłużył się
przy projektowaniu szkicami głównego bibliotekarza, sir

Wnętrze
Okrąglej Czytelni

Anthony'ego Panizziego. Kopuła jest większa od kopuły Bazyliki św. Piotra w Rzymie. Okrągła czytelnia została otwarta w 1857 roku – teraz szczyci się zbiorem ponad 150 milionów rozmaitych dzieł, przechowywanych w 19 budynkach w Londynie i w Yorkshire. Wśród tych dzieł są bezcenne polskie książki, ale o tym więcej, kiedy dotrzemy do Nowej Biblioteki Brytyjskiej, obok stacji St Pancras.

Książki i rękopisy zawierają, jak ktoś powiedział kiedyś błyskotliwie, DNA cywilizacji. Biblioteka Brytyjska ma najlepszy na świecie zbiór książek, czasopism, rękopisów, map, zapisów nutowych, zbiorów filatelistycznych i nagrań dźwiękowych na rozmaite tematy, we wszystkich znanych językach. Jest to Biblioteka Narodowa Wielkiej Brytanii i Międzynarodowa Biblioteka Naukowa. W ustawie powołującej w 1753 roku Muzeum Brytyjskie znajduje się zdanie, które nie straciło nic ze swego znaczenia: „Do użytku publicznego dla potomności".

Wśród wielu zgromadzonych tu skarbów jest także kamień z Rosetty, z wyrytymi w 195 roku p.n.e. napisami (znaleziony w miejscowości Rosetta, w delcie Nilu, blisko pięćdziesiąt kilometrów na zachód od Aleksandrii). To znalezisko umożliwiło Francuzowi Jean-François Champollionowi odcyfrowanie hieroglifów egipskich (napisy na kamieniu są w trzech językach – greckim, demotycznym i hieroglificznym). Granitowy kamień waży 762 kilogramy. W zbiorach znajdują się też oszałamiające płaskorzeźby asyryjskie i sumeryjskie oraz gliniane tabliczki z pismem klinowym. Była to pierwsza forma pisma, które powstało w początkach cywilizacji 5 tysięcy lat temu i używano go na Środkowym Wschodzie przez trzy tysiące lat – do końca I tysiąclecia p.n.e. Mój ulubiony zapis w piśmie klinowym to pean na cześć króla Asyrii: „Król Asyrii [...] który podbił cały ród ludzki, potężny wojownik, stąpający po karkach nieprzyjaciół; król, którego czyny wspierają wielcy bogowie, którego dłoń podbiła wszystkie krainy, który ujarzmił góry i otrzymał od nich daninę, biorąc zakładników [...] Ja jestem Ashurnasirpal, srogi smok, król królów, który poskromił harde ludy, zwycięski król, pasterz, król, którego usta niszczą góry i morza, który swym boskim atakiem zmusił dzikich i bezlitosnych królów [z ziem] od wschodu do zachodu słońca do uznania go za jedynego władcę".

Fragmenty
Partenonu,
czyli tzw. marmury
lorda Elgina

Innym skarbem, którego nie można przeoczyć, są płaskorzeźby z ateńskiego Partenonu (V wiek p.n.e.), nazywa-
ne też marmurami Elgina, ponieważ w latach 1801–1804
zakupił je lord Elgin i odsprzedał narodowi brytyjskiemu.
Melina Mercouri, grecka pieśniarka i aktorka, będąc ministrem kultury Grecji, starała się odzyskać te dzieła, ale bez
powodzenia.

Kolekcja egipska
mieści się
na parterze muzeum
po lewej stronie

Na parterze można znaleźć
starożytne egipskie rzeźby i mu-
mie w pozłacanych sarkofagach,
okazy sztuki i biżuterię koptyjską,
tworzące największy zbiór poza
Muzeum Kairskim.

Mieliśmy tutaj kustosza Polaka, egiptologa, który wniósł trwały wkład do afrykanistyki europejskiej. Karol Gotfryd Wojda pracował w muzeum od 1770 roku,
opracował ceniony w Europie
słownik egipsko-łaciński. Prze-
tłumaczył także na angielski
dziennik słynnego żeglarza Abla
Tasmana.

Wśród osobliwości natknęłam się na przedmioty należące niegdyś do matematyka i astrologa doktora Johna Dee (1527–1608) i jego asystenta, angelologa (człowieka specjalizującego się w nauce o aniołach) Edwarda Kelly'ego (zmarł w 1593 roku). Są to: kryształowa kula, obsydianowe lustro magiczne, zwane też „Zwierciadłem Szatana" – czarny kamień, którego Dee używał do przywoływania duchów, złoty dysk z wygrawerowaną wizją diagramu Kelly'ego i woskowy dysk z wyrytymi figurami i imionami, którego używał Dee, zasięgając rady swojej kryształowej kuli. (Dysk umieszczano na środku stołu, przykrywano go materiałem i na nim kładziono kulę. „Zwierciadło Szatana" przywieziono do Europy po podboju Meksyku przez Corteza). Obaj – Dee i Kelly – odbyli w 1584 roku podróż do Polski w towarzystwie wojewody sieradzkiego, Olbrachta Łaskiego, i zatrzymali się w jego zamku.

Ich nieustanne próby przemiany żelaza w złoto kosztowały Łaskiego mnóstwo pieniędzy i oczywiście kończyły się niepowodzeniem. Kiedy szlachcic zorientował się, że jego majątek stopniał i że został oszukany, próbował pozbyć się tej pary i wysłał ich do Pragi. Wkrótce jednak wrócili i Łaski przedstawił ich królowi Stefanowi Batoremu. Batory był podejrzliwym człowiekiem i nie dał się łatwo zwieść. Wziął udział w „jednej z sesji z duchami, ale wykrył oszustwo". (Dee i Kelly przepowiedzieli, że cesarz Rudolf zostanie skrytobójczo zamordowany, a Niemcy wybiorą Batorego na tron cesarski. Rudolf nie został zamordowany, za to Batory zmarł nagle w 1586 roku – podejrzewano, że został otruty. Tyle co do dokładności przepowiedni Edwarda Kelly'ego).

Muzeum Brytyjskie ma zbiory, do których turyści nie mają dostępu. Jeśli jednak prowadzi się poważne badania naukowe, można uzyskać pozwolenie. Są tu m.in. cenne mapy kartografa i geodety wojskowego, Karola Błaszkiewicza, które ciągle budzą podziw. Od 1772 roku Błaszkiewicz przebywał w Kanadzie, gdzie objął kierownictwo prowadzonych przez Anglików pomiarów olbrzymich przestrzeni od Rhode Island do Nowej Fundlandii.

W dziale filatelistyki można zobaczyć znaczki Poczty Polowej PSZ na Zachodzie (kolekcja Bojanowicza), wydane w okresie 1939–1945 w Londynie, Szkocji i we Włoszech (upamiętniające bitwę pod Monte Cassino, Ankonę i inne); w dziale rysunków cykl florenckiego malarza Stefano Della

Belli *Wjazd posłów polskich do Paryża*, pięć rysunków Jana Piotra Norblina, a w dziale sztuki użytkowej zegar Jana Kazimierza (z 1648 roku), dzieło krakowskiego mistrza Weydmana. Jest tutaj także puchar toastowy króla Augusta III, na którym widnieje ośmiowierszowy napis (po niemiecku): „Rogu obfitości, rogu powodzenia, służ Fryderykowi Augustowi III. Boże, niech stale kwitnie i stale wzrasta Jaśnie Królewski i Elektorski Dom Saski. Rogu obfitości, rogu powodzenia, służ Fryderykowi Augustowi III".

Magda Szkuta, kustosz polskich zbiorów w Bibliotece Brytyjskiej, mówiła mi, że naprzeciwko Muzeum Brytyjskiego mieszkał polski ekscentryk, który podawał się za króla polskiego. Władysław V Potocki chodził w sobolach do Okrągłej Czytelni, a podczas wojny nie zaciemniał okien. Kiedy przychodzili policjanci, twierdził, że nie mają prawa wstępować na terytorium Polski, a poza tym że wojna zupełnie go nie interesuje. Niedawno spotkałam kogoś, kto twierdził, że jest potomkiem polskiego Żyda, którego wybrano na króla na jeden dzień. W *Nine Gates* Jiřiego Langra znajduję krótką wzmiankę na ten temat. Niejaki Saul Wohl, znany ze swej mądrości był „sławnym w całej Polsce – było to dobre 350 lat temu – polska szlachta go wybrała na króla na prośbę księcia Radziwiłła. Otrzymał wszystkie honory jak przystało na króla Polski, spisał wszelkie zasady sprawiedliwości w kronice dworskiej i następnego dnia rano zrezygnował z tronu".

Biuro Pugwash

Na Great Russell Street 63a mieści się biuro organizacji Pugwash. Tutaj często przebywał profesor Józef Rotblat (1908–2005), który położył wielkie zasługi dla nauki i dla pokoju. Był wielokrotnie odznaczany, między innymi otrzymał doktorat *honoris causa*, nadany przez Polski Uniwersytet na Obczyźnie (PUNO) w 2004 roku. Urodzony w Łodzi, absolwent Uniwersytetu Warszawskiego, na którym obronił doktorat w 1938 roku, Rotblat był jednym z najwybitniejszych fizyków jądrowych. Wyjechał na początku 1939 roku do Liverpoolu; jego żona, polonistka Tola Gryn, została zamordowana podczas wojny. W 1943 roku Churchill i Roosevelt uzgodnili, że prace nad zbudowaniem bomby atomowej powinny być prowadzone wspólnie. Program Manhattan prowadzony był w Los Alamos w Nowym Meksyku w Stanach Zjednoczonych. Rotblat, który pracował w Liverpoolu, zdenerwował Amerykanów. Nie był Amerykaninem ani Anglikiem (odmówił przyjęcia brytyjskiego obywatelstwa), ale Polakiem, który nie chciał się rozstać z polskim paszportem. W końcu poddali się temu upartemu człowiekowi i pozwolili mu na pracę. Kiedy Rotblat zorientował się, że w wyścigu chodziło o wyprzedzenie Rosjan, którzy wtedy byli sojusznikami, i że Niemcy podobno zaniechali wszelkich badań nad bombą atomową, zrezygnował z pracy w Los Alamos. FBI rozpuszczało informacje, że jest szpiegiem. (Szefem FBI był wówczas Edgar Hoover, słynny z tego, że szantażował prezydentów wiedzą o ich romansach, nienawidził komunistów, ale miał dobre stosunki z niektórymi członkami mafii). W połowie lat pięćdziesiątych ubiegłego stulecia narodził się pomysł zorganizowania nieformalnego spotkania naukowców, zajmujących się energią jądrową na Zachodzie i w Związku Radzieckim. Kanadyjczyk Cyrus Eton zaproponował, aby taka konferencja odbyła się w należącej do niego posiadłości Pugwash w Nowej Szkocji. W 1957 roku 22 naukowców przyjechało do Kanady na „1. Konferencję Pugwash na Rzecz Rozbrojenia i Bezpieczeństwa Świata”. Celem spotkań miało być wywieranie wpływu na rządy, formowanie trwałej więzi między naukowcami z całego świata i kształtowanie opinii publicznej. W okresie zimnej wojny członkowie Pugwash byli często oskarżani o to, że pracują dla Moskwy. Rotblat był jednym z założycieli ruchu, a od 1988 roku jego przewodniczącym; poświęcił życie badaniom pokojowego wykorzystania energii atomowej. W 1995 roku otrzymał pokojową Nagrodę Nobla, a trzy lata wcześniej nagrodę pokojową Alberta Einsteina. „Rozpętanie wojny, każdej wojny, jest krokiem wstecz. Porażką demokracji, rozwoju i wzajemnego zrozumienia. Porażką całej ludzkości”, tak pisał, uważając, że likwidacja wszelkiej broni masowego rażenia to jedyne rozsądne wyjście, jeżeli ludzkość chce przetrwać. Rotblat współpracował z filozofem Bertrandem Russellem, który został uczczony niebieską tablicą na Bury Place, odchodzącej od Great Russell Street.

Za Muzeum Brytyjskim, około stu pięćdziesięciu metrów na północ, stoi budynek Senatu Uniwersytetu Londyńskiego. Zaprojektowany przez Charlesa Holdena monumentalny klasyczny gmach jest jednym z pierwszych londyńskich drapaczy chmur. Prowadzący przez budynek pasaż wyłożony granitem pozwala na skrócenie drogi z Mallet Street na Russell Square. Budynek powstał w latach 1927–1936, a na początku drugiej wojny światowej został przejęty przez rząd; mieściło się tam Ministerstwo Informacji. Wśród ludzi, którzy tam wówczas bywali, był między innymi powieściopisarz Graham Greene (1904–1991), pracownik MI6, czyli wywiadu wojskowego. Greene twierdził, że ten budynek posłużył niemieckim bombowcom jako latarnia naprowadzająca na stacje King's Cross i St Pancras; niektórzy jednak wierzyli, że Luftwaffe oszczędziła cały blok, ponieważ Hitler chciał go, po zdobyciu Londynu, zamienić na swoją kwaterę główną. Według walijskiego poety Dylana Thomasa (1914–1953), ministerstwo to przyciągnęło „wszystkie męty Londynu, [...] wszystkich grafomanów, niedorobionych dziennikarzy, ludzi gorszego gatunku z Wyspy Krabów, [...] próbujących sobie znaleźć bezpieczne schronienie". Po wojnie budynek Senatu zwrócono uniwersytetowi.

Uniwersytet Londyński

Senate House został zbudowany w 1936 r. (w latach trzydziestych był to najwyższy budynek w kraju)

Senate House   Budynek Senatu posłużył Orwellowi w *Roku 1984* jako model Ministerstwa Prawdy. George Orwell (1903–1950), powieściopisarz i eseista, znany jest ze swojej jadowitej satyry na ideologię komunistyczną zawartej w *Folwarku zwierzęcym* (1945), i powieści *Rok 1984* (1949).

Kiedy widzę ten majestatyczny budynek (często tutaj przychodziłam do biblioteki Wydziału Studiów Slawistycznych i Wschodnioeuropejskich), zawsze przypomina mi się esej, napisany przez Isaaca Deutschera (1907–1967) *„1984"* – *Mistycyzm okrucieństwa*. Deutscher urodził się w Krakowskiem, w dobrze prosperującej rodzinie drukarza, wyjechał z Polski przed wojną – tutaj pisywał do takich gazet i periodyków jak „Observer", „The Economist" i innych. Był historykiem marksistowskim, należał do partii komunistycznej, z której go wyrzucono za antystalinowską opozycję. Pracował z Orwellem w Niemczech, stąd poznał go dobrze. Według Deutschera Orwell był zwolennikiem teorii spiskowej, twierdził na przykład, że Churchill, Stalin i Roosevelt cierpieli na „głód władzy" i uknuli trwały podział świata. Deutscher przypomina, że dzieło Orwella nie jest oryginalne – autor pożyczył fabułę, symbole i postacie z powieści *My* Jewgienija Zamiatina.

Rok 1984 stał się superbronią w okresie zimnej wojny i był często cytowany w publikacjach atakujących Rosję i komunizm. Wyrażenia takie, jak Wielki Brat (Big Brother), Policja Myśli (Thought Police), Ministerstwo Prawdy (Ministry of Truth), myślenie kryminalne (Crime Think), dwójmyślenie (Double Think), weszły do politycznego słownika. Orwell próbował intuicyjnie zrozumieć irracjonalną stronę systemu totalitarnego. W portrecie Oceanii można odnaleźć także elementy społeczeństw angielskiego i amerykańskiego. Orwell nienawidził brzydoty i monotonii przemysłowych przedmieść miast angielskich, racji żywnościowych, kontroli rządu, gazet brukowych, w których oprócz sportu, przestępstw i astrologii nie było nic innego. Refren: rozumiem „jak", ale nie wiem, „dlaczego", Deutscher tłumaczy szokiem, jakiego doznał Orwell po wielkich czystkach w ZSRR. Pisarz jest rozczarowany tym, że Orwell wszystko sprowadził do najbardziej banalnego uogólnienia – „sadystycznego głodu władzy". Totalitarne społeczeństwo, zdaniem Orwella, jest rządzone przez „bezcielesny" sadyzm. Partia Orwellowska jest czymś w rodzaju zjawy, z której emanuje to, co najwstrętniejsze w ludzkiej naturze – metafizyczne, obłąkane i tryumfalne – to Duch Diabła. *Rok 1984* w zamierzeniu autora miał być ostrzeżeniem dla wszystkich. Według Deutschera jest to raczej przeraźliwy krzyk, zapowiadający nadejście Czarnego Milenium.

W gmachu Senatu jeszcze do niedawna mieściła się biblioteka Wydziału Studiów Slawistycznych i Wschodnioeuropejskich. Jednym z najbardziej znanych wykładowców tego wydziału był Norman Davies, *professor emeritus*, autor *Serca Europy, Bożego Igrzyska*, a także 1300-stronicowego bestsellera *Europa*, który stał się książką roku w dziesięciu krajach. Jego narracja jest pełna pasji, poezji i anegdot, przeplatanych cytatami z polskich, łacińskich, francuskich i innych źródeł, które są dowcipne, ironiczne, prowokujące do myślenia i inspirujące. Młodzież polska w postkomunistycznej Polsce uczy się historii ojczystej z książek Walijczyka. Człowiek z zewnątrz, taki jak Davies, może więcej odkryć na nasz temat niż my sami. O komunistycznej Polsce z lat osiemdziesiątych pisał tak:

„Polska rywalizuje z Irlandią i Hiszpanią o tytuł Najbardziej Katolickiego Narodu na Świecie. Dziewięćdziesiąt pięć procent Polaków to ochrzczeni członkowie Kościoła rzymskokatolickiego; większość z nich to katolicy wierzący i praktykujący. Mimo to oficjalnie państwo jest państwem bez Boga i nie udziela żadnego poparcia organizacjom o charakterze religijnym. Wobec wynikającej z takiego stanu rzeczy bezustannej walki, każdy obywatel jest wplątany w zawiłą sieć sprzecznych lojalności, z której musi się wyplątywać, jak tylko umie najlepiej. Rozdarte umysły, podwójne życie i Orwellowskie podwójne myślenie są na porządku dziennym..."

Przechodząc na drugą stronę budynku Senatu w kierunku Russell Square, przypominam sobie, że ostatnia wizyta Conrada w Londynie to obiad wydany na jego cześć przez polskie poselstwo (mieściło się tutaj na Thornhaugh Street 2). Conrad, podobnie jak Chopin i Norwid, kochał Polskę. Nawet doczekał się jej niepodległości na 6 lat przed śmiercią. Dla niego była ona krajem, „który domaga się być kochanym, żaden inny kraj nigdy nie był tak bardzo kochany żałobnym uczuciem, które człowiek nosi w sobie dla niezapomnianych umarłych, i niewygaszonym ogniem beznadziejnej namiętności".

Conrad powiedział kiedyś do polskiego dziennikarza: „Angielscy krytycy – a ja jestem angielskim pisarzem – kiedy o mnie mówią, zawsze dodają, że w moich książkach jest coś niezrozumiałego, niezgłębionego, nieuchwytnego. Tylko pan może wychwycić tę nieuchwytność, zrozumieć tę niezrozumiałość. To jest polskość".

Euston – Drummond Street

Przed stacją Euston znów widzimy abstrakcyjną sztukę Eduarda Paolozziego. Kiedy Norwid tu przyjechał, nie było oczywiście ani bajecznie kolorowych plansz ani nowej stacji, nie było nawet pobliskiej neogotyckiej „fantazji", jaką jest stacja St Pancras (styl ten określa się często mianem wiktoriańskiego gotyku). Stację, a raczej hotel, w którym się mieści, zaczęto budować w 1866 roku. Cyprian Kamil Norwid (1821–1883) odwiedził Anglię u progu epoki przemysłowej. Miał za sobą zryw i upadek powstania listopadowego. Poeta i malarz, który pisał, malował, szkicował, modelował i rzeźbił, nie zyskał uznania za życia, później jednak został zaliczony do grona wieszczów narodowych. Zatrzymał się w hotelu „Nelson" przy ulicy Drummond, w drodze z Nowego Jorku w 1854 roku. („Cóż to za dziwny kraj, jakaś rewia apokaliptycznych zjawisk", skomentował relacje Norwida o Ameryce jeden z jego znajomych). Gdzie stał ów hotel, dokładnie nie wiemy, ponoć został zburzony, część wschodnia ulicy (na wschód od stacji metra) nosi teraz nazwę Doric Way.

Norwid był w Anglii dwukrotnie. Po raz pierwszy zaledwie przez 9 dni, w drodze do Ameryki, pod koniec 1852 roku, następnie przez kilka miesięcy w 1854 roku, w drodze powrotnej do Europy. Miał ze sobą listy rekomendacyjne do lorda Dudleya Stuarta (którego zaraz odwiedził). Ofiarował Stuartowi jeden ze swoich znakomitych rysunków, pełen nadziei, że znajdzie szczodrego arystokratycznego patrona. (Norwid był dumny ze swego pochodzenia – matka jego wywodziła się przez swoją matkę ze stryjecznej linii królewskiej rodziny Sobieskich, ojciec był herbu Topór). Niebawem jednak zachorował i 15 lipca napisał do swojego kuzyna Michała Kleczkowskiego: „Leżę wciąż w hotelowym łóżku [...] i w związku z tym spieszę z prośbą o zaliczkę ośmiu funtów,

Barwna sztuka Paolozziego na zewnątrz stacji Euston

które, jeśli wysłane odpowiednio wcześnie, pozwolą mi stanąć na nogi i skorzystać z tych ważnych znajomości [...] proszę również o zachowanie dyskrecji...". Utknął w podniszczonym hotelu, w zamglonym wiktoriańskim Londynie, widząc na jego ulicach nędzę i pijaństwo. Opisał to w swoim wierszu *Larwa*, który jest oskarżeniem władztwa pieniądza.

Ulica Drummond w pobliżu stacji Euston

Piękny autoportret Norwida

1
Na śliskim bruku w Londynie,
W mgle – półksiężycowej, białej –
Niejedna postać cię minie,
Lecz ty ją wspomnisz struchlały.

2
Czoło ma w cierniu? Czy w brudzie?
Rozeznać tego nie można;
Poszepty z Niebem o cudzie
W wargach... czy? piana bezbożna!...

3
Rzekłbyś, że to Biblii księga
Zataczająca się w błocie –
Po którą nikt już nie sięga,
Iż nie czas myśleć... o cnocie!

4
Rozpacz i pieniądz – dwa słowa –
Łyskają bielmem jej źrenic.

Rysunek Norwida

Skąd idzie?... sobie to chowa,
Gdzie idzie?... zapewne – gdzie nic!
5
Takiej-to podobna jędzy
Ludzkość, co płacze dziś i drwi;
– Jak historia?... wie tylko: „krwi!..."
Jak społeczność?... tylko – „pieniędzy!..."

Utrzymywał się z prac artystyczno-
-rzemieślniczych (między innymi modelował z wosku „szczękę odartą" dla jakie-
goś dentysty), mieszkając przez jakiś czas „w najuboższym
prawie domku w najuboższej miasta części". Później prawdopodobnie przeniósł się do domu Lubomirskiego przy
Brompton Crescent 45. W grudniu otrzymał wsparcie
finansowe od Krasińskiego, co umożliwiło mu podróż do
Paryża.

Jan Paweł II kochał wiersze Norwida, który według
niego „rozpalał ziemię potęgą swego sumienia", poszukując
prawdy i duchowego piękna, natchnionego przez Boga.

Bywałem ja od Boga nagrodzonym
Rzeczą mniej wielką:
Spadłym listkiem, do szyby przyklejonym
Deszczu kropelką...

„Kochający – koniecznie bywa artystą". Norwid wrócił
do Paryża, gdzie ostatnie lata życia spędził w Zakładzie św.
Kazimierza. Jak sam napisał, „żył przez grzeczność". Umarł
12 lat później, zostawiając „perełki nawlekłe, logicznie
w siebie – jak we łzę łza – wciekłe...".

Nowa Biblioteka Brytyjska

Tuż obok stacji St Pancras wznosi się budynek z czerwonej cegły z ciemnoczerwonym dachem, zaprojektowany
przez sir Colina St John Wilsona – siedziba Nowej Biblioteki Brytyjskiej. Na placu przed budynkiem widać ogromny
brązowy posąg Isaaca Newtona, zaprojektowany przez Eduarda Paolozziego, zainspirowany rycinami Williama Blake'a.
Wewnątrz biblioteki wisi nijaki gobelin Kitaja. Jego brzydo-
ta pozwala skupić uwagę na cudownym świecie przepięk-
nych książek. W końcu cała kultura angielska obraca się wokół słowa. Najlepsza jej część jest oparta na słowach, nie na
obrazach.

Najbardziej eleganckim elementem głównego hallu biblioteki jest wysoki na sześć pięter skarbiec wykonany
z brązu i szkła, w którym znajduje się kolekcja króla Jerzego III, złożona z ksiąg oprawnych w skórę i welin. Jego syn,
Jerzy IV, którego książki nie interesowały, podarował
około 200 000 tomów narodowi.

Conrad, który przesiadywał w Okrągłej Czytelni (zbiory,
które obecnie są tutaj, dziewięćdziesiąt lat wcześniej były
w Muzeum Brytyjskim, w Okrągłej Czytelni), tak napisał
o książkach:

„Zdawało mi się, że zawierają w sobie całą mądrość
świata, a także moc czarodziejską. Kto wie, może nawet są
takie, które dają moc zajrzenia w przyszłość...

Ja tylko kocham literaturę; ale ta miłość jeszcze nie pasu-
je na literata, tak jak miłość do morza nie wystarcza, aby
zrobić z człowieka marynarza. I bardzo jest możliwe, że
kocham literaturę w ten sposób, w jaki literat kocha morze,
na które spogląda z brzegu – ów teren wielkich wysiłków
i wielkich czynów, zmieniających oblicze świata, ów wielki,
otwarty szlak wiodący do przeróżnych nieodkrytych krain".

Jest to najbardziej „cywilizowane" miejsce w całym kraju, prawdziwa świątynia wiedzy. Kartę członkowską od
niedawna może otrzymać każdy, kto ukończył 18 lat. W czytelni starodruków nie można używać długopisu, notatki

Nowa Biblioteka
Brytyjska została
otwarta w 1997 r.

173

wolno robić tylko ołówkiem. Aby książka się nie zamykała, bibliotekarz wypożycza coś w rodzaju naszyjnika z ciężkich kamyków i kładzie na otwartą książkę. Kiedy opuszcza się salę, notatki wynosi się w przezroczystej torebce, w które biblioteka zaopatruje wszystkich. Nie trzeba jej otwierać, bo wszystko, co mamy, jest widoczne jak na dłoni. Jeżeli nasz niewyłączony telefon nagle zadzwoni, wciągną nas na czarną listę.

Do niedawna podobną rolę edukacyjną odgrywała telewizja brytyjska, ale po zniszczeniu przez premier Margaret Thatcher związku zawodowego filmowców (ACTT), dramatycznie spadła jakość programów. Oświecenie ze strony telewizji już nam nie grozi.

Biblioteka Brytyjska organizuje w swoich trzech galeriach wspaniałe wystawy. Oprócz tego można tu przyjść na spotkania i wykłady pisarzy i naukowców.

Założycielem polskiej kolekcji był Adam Czartoryski, który w 1832 roku podarował Muzeum Brytyjskiemu 80 książek, większość na temat historii Polski, a także XIX-wieczne wydania polskich klasyków. Kolekcję przywiózł do Londynu Niemcewicz. Trzydzieści lat później kolekcja ta stała się najlepszym zbiorem (w języku obcym), dzięki zakupom u pewnego petersburskiego księgarza, których dokonywał Thomas Watts, znający język polski. W 1940 roku wiele polskich materiałów uległo zniszczeniu w czasie bombardowania.

Kolekcja polska w Bibliotece Brytyjskiej jest uważana za największą w Europie Zachodniej. Zawiera około 2000 tomów wydanych przed rokiem 1800 (nie licząc prac polskich autorów w języku łacińskim, wydanych na Zachodzie), trafiają się wśród nich białe kruki. Najstarsze są 4 inkunabuły i 292 tomy z XVI wieku. Najbardziej znane z nich to: *Zwierzyniec* (1562) i *Zwierciadło* (1568) Mikołaja Reja, *Elegiarum libri IV* Jana Kochanowskiego (1584), *Historia Polonica* Jana Długosza (1615) i *Konstytucja 3 maja* (1791). Kolekcja zawiera wiele pierwszych wydań XIX-wiecznych klasyków, takich jak *Księgi narodu i pielgrzymstwa* Adama Mickiewicza (1832) z jego własnoręczną dedykacją i tłumaczona na najwięcej języków powieść *Quo vadis?* Henryka Sienkiewicza (1896), pierwszego słowiańskiego noblisty w dziedzinie literatury. Są tam również

pierwsze wydania dzieł drugiego polskiego noblisty (1924) Władysława Reymonta, większość dzieł Czesława Miłosza (1980) i Wisławy Szymborskiej, także laureatów Nagrody Nobla.

Kustosz Magda Szkuta na książce-ławce w foyer biblioteki

Najbardziej sławnymi eksponatami są modlitewniki Bony i królów Aleksandra i Zygmunta I. Modlitewnik Zygmunta jest ozdobiony portretami króla i herbami Polski i Litwy. Obydwa wykonał Stanisław z Mogiły (w 1524 roku). Książkę wywiozła z Polski wnuczka Jana III, Maria Klementyna Sobieska, która wkrótce została żoną pretendenta do tronu angielskiego, Jakuba III Stuarta.

Wystawa o noblistach (na plakacie Maria Curie-Skłodowska) w galerii biblioteki

175

Hunter Street

Idąc przez Bloomsbury, przypominam sobie, że Stanisław Worcell (1799–1857), który ponad dwadzieścia lat spędził z przerwami na Wyspach Brytyjskich, zmarł tutaj w jednej z suteryn schowanej za murami z czerwonej cegły.

Mieszkał na Hunter Street w pobliżu przytułku lub raczej, jak mówi się po angielsku szpitala dla podrzutków. Obecnie jest tutaj The Foundling Museum (słowo *foundling* oznacza znajdę). W niedalekiej przeszłości wiele młodych niezamężnych matek przynosiło nowo narodzone dziecko z nadzieją, że szpital je weźmie i wychowa. Ponieważ było więcej chętnych niż miejsc, filantrop i dyrektor szpitala, były kapitan, Thomas Coram, praktykował coś w rodzaju loterii; miał skrzynkę wypełnioną w większości czarnymi i kilkoma białymi kulkami. Kręcił nią i kiedy wypadła biała kulka, dziecko było przyjmowane. Coram uważał, że „każdy człowiek ma obowiązek czynić dobro". Bardzo możliwe, że Worcell widział „dzieci Corama", bawiące się obok w parku. Szpital został założony w 1739 i przetrwał aż do 1953 roku.

Worcell był jednym z organizatorów Gromad Ludu Polskiego, które służyły pomocą polskim emigrantom po powstaniu listopadowym. W 1834 roku Parlament uchwalił zasiłek 10 000 funtów szterlingów dla 488 uchodźców. Była to przeważnie szlachta. Rozdzielaniem pieniędzy miało zająć się Towarzystwo Literackie Przyjaciół Polski, które zostało założone dwa lata wcześniej. Sam Worcell

Hunter Street

miał włości w Polsce, ale ponieważ korespondencja z wy-
chodźcami politycznymi uważana była za zbrodnię stanu
i ściągała surowe kary ze strony carskich urzędników,
w pewnym momencie pieniądze, które wysyłała mu żona,
przestały przychodzić. Worcell wplątał się w jakąś kłótnię,
która zakończyła się pojedynkiem. (Pojedynki w Anglii były już wówczas zabronione). Na szczęście został tylko
„w portki postrzelony". Jako działacz polityczny przez ponad dwadzieścia ostatnich lat życia był związany z lewicą.
W roku 1831 został posłem na sejm powstańczy, należał
do masonerii i był członkiem tajnego włoskiego ruchu kar-
bonariuszy, którego celem było obalenie despotycznych re-
żimów. Umarł w lutym 1857 roku. „Wykaszlał swe płuca",
jak powiedział pewien historyk. Polscy i rosyjscy emigranci, a także *carbonaro* Mazzini, wnieśli jego trumnę na cmentarz Highgate. Niesiono też wielki czerwony sztandar.
Grób został opłacony przez członka Parlamentu, sympaty-
zującego z ruchem Anglika. Aleksander Hercen napisał
o Polaku:

   „Dotknięty jak Job, usnął z uśmiechem na ustach, wiara
ciągle widoczna w jego gasnącym wzroku, w jego oczach,
które zostały zamknięte przez takiego samego fanatyka jak
on sam, Mazziniego".

Dom Karola Dickensa

   Bloomsbury kojarzy się przede wszystkim z pisarzami
i wydawcami, którzy tutaj mieszkali. Najsłynniejszym
z nich był na pewno Karol Dickens (1812–1879). Reżyser
Roman Polański, który odważnie „zaatakował" najpierw
Makbeta Szekspira, a później *Tes-
sę D'Urberville* Hardy'ego (oczywiście angielscy krytycy „roznie-
śli go na strzępy"), w roku 2005
zaprezentował swój kolejny film–
adaptację słynnej powieści Dickensa *Oliver Twist*. Gdyby mógł,
na pewno przyjechałby kręcić go

Olivera Twista Polańskiego
pokazywano w kinie Odeon
na Leicester Square w 2005 r.

Dom Dickensa
przy Doughty Street
przekształcono
w muzeum

tutaj, ale niestety nie mógł, odtworzył więc (bardzo realistycznie) Londyn w czeskiej Pradze. *Oliver Twist* został napisany w 1838 roku i jest książką opartą na doświadczeniach autora, którego ojciec został aresztowany za długi i uwięziony. Matka z dziećmi poszła do więzienia dobrowolnie, ponieważ nie miała środków do życia. Na wolności został tylko Karol, który już w wieku 10 lat rozpoczął pracę jako robotnik w fabryce. Często głodny włóczył się po ulicach, a ponieważ wyglądał na żebraka, otrzymywał jałmużnę. „Tylko Bóg – wspominał Dickens – sprawił, że nie zostałem złodziejem lub włóczęgą". Dickens odniósł fenomenalny sukces w wieku lat 30, kiedy pojechał do Stanów Zjednoczonych, gdzie na spotkaniach autorskich czytał fragmenty swoich książek. Na pewno miał też talent aktorski. Romans ze Stanami wkrótce zamienił się w otwartą wrogość, kiedy Amerykanie zorientowali się, że Dickens jest krytycznie nastawiony do niewolnictwa i ma, jak na ich gust, zbyt czuły kompas moralny.

Jeden z dwóch domów oznaczonych niebieską tablicą już nie istnieje, w drugim znajduje się muzeum. Właśnie tutaj, przy Doughty Street, Dickens napisał *Olivera Twista*.

Informacje praktyczne

Muzeum Brytyjskie (British Museum)

Dojazd: metro Tottenham Court Road, linie Central, Northern. Great Russell Street, WC1

Do Muzeum Brytyjskiego wstęp jest bezpłatny, natomiast za zwiedzanie tymczasowych wystaw, które organizuje się specjalnie i sprowadza eksponaty z zagranicy, (na przykład jesienią 2005 odbyła się wystawa starożyt-

nej perskiej sztuki z Iranu), należy zapłacić. Ale jest to tylko pewna część muzeum, do reszty eksponatów wstęp jest wolny.
thebritishmuseum.ac.uk

Biblioteka Brytyjska (British Library)

Dojazd: metro King's Cross St Pancras; linie Northern, Piccadilly, Victoria, Circle, Hammersmith & City.
96 Euston Road, NW1
Biblioteka jest dostępna dla wszystkich. Po okazaniu dowodu tożsamości z fotografią i dokumentu potwierdzającego miejsce zamieszkania (może to być rachunek z gazowni), nowy czytelnik otrzymuje kartę wstępu i jeszcze w tym samym dniu może zacząć korzystać z czytelni.
www.bl.uk
www.bl.uk/collections/easteuropean/polish.html

O dodatkowe informacje, dotyczące polskich autorów i tematów, należy zwracać się do:
Slavonic and East European Collections
The British Library
96 Euston Road
London NW1, 2DB
UK
slavonic@bl.uk

Muzeum Podrzutków (The Foundling Museum)

Dojazd: metro King's Cross St Pancras, linia Piccadilly, Victoria, Northern, Circle, City & Hammersmith, lub metro Russell Square, linia Piccadilly.
40 Brunswick Square, London WC1
Wstęp płatny.
www.foundlingmuseum.org.uk

Muzeum Karola Dickensa (Charles Dickens Museum)

Dojazd: metro Russell Square, linia Piccadilly, lub metro Chancery Lane, linia Central
48 Doughty Street, London, WC1
Wstęp płatny
www.dickensmuseum.com

Ambasada RP

Ambasada polska, konsulat, Instytut Kultury Polskiej i pomnik generała Sikorskiego są położone dosyć blisko siebie. Ponieważ ambasada znajduje się po zachodniej stronie Portland Place, jest to już dzielnica Marylebone.

Po wejściu do ambasady rzuca się w oczy niebieskawozielona replika tablicy, upamiętniającej prace Mariana Rejewskiego, Jerzego Różyckiego i Henryka Zygalskiego – matematyków polskiego wywiadu, którzy pierwsi złamali kod Enigmy. Ich ogromny wkład bardzo pomógł kryptologom w Bletchley Park i przyczynił się do zwycięstwa aliantów w drugiej wojnie światowej. Tablica została zaprojektowana przez prof. Macieja Szankowskiego i odlana z brązu w Polsce. Stoi na granitowym cokole, całość nosi nazwę Pomnika

Ambasada RP usytuowana w narożnym budynku przy Portland Place

Polskiego. Uroczyste odsłonięcie miało miejsce w 2002 roku w Bletchley Park.

Profesor Reginald V. Jones, doradca brytyjskiego wywiadu, napisał w przedmowie do książki *Enigma* Józefa Garlińskiego:

„Do roku 1937 polscy kryptoanalitycy potrafili najpierw ustalić wewnętrzne połączenia, a później zaczęli rozszyfrowywać niemieckie depesze. Do tego celu nawet potrafili zbudować własną maszynę. Miarą tego sukcesu jest fakt, że ich brytyjscy koledzy nawet w dwa lata później biedzili się jeszcze nad tymi rozwiązaniami...".

Replika tablicy upamiętniającej polskich matematyków w holu ambasady

Ambasadorem naprawdę wybitnym był Edward Raczyński (1891–1993). Jego wielki portret wisi na pierwszym piętrze. Raczyński urzędował tu od 1933 roku. Był „jedynym politykiem polskim, który utrzymywał z Anglikami kontakty na wysokim szczeblu i cieszył się wśród nich dużym mirem", napisał Jan Nowak-Jeziorański. Balet dyplomatyczny jest w dużej mierze „sztuczny, nawet trochę śmieszny, ale operetka jest dla świata lepsza od tragedii". Dyplomatami są

Portret prezydenta Edwarda Raczyńskiego w kancelarii ambasadora

tylko ci, co rokują... Prawdopodobnie gdyby nie Raczyński, Anglicy nie wypowiedzieliby wojny Niemcom. (Anglia była krajem nieprzygotowanym do wojny). Pomiędzy rokowaniami i spotkaniami Raczyński znalazł czas, aby robić notatki, które później wykorzystał w książce *W sojuszniczym Londynie*. Tak opisuje wojenny okres:

„Życie w Londynie płynie dosyć jednostajnie dla mnie: na zmianę biuro w ambasadzie, biuro w MSZ, Rada Ministrów i Rada Narodowa [...] Poza tym duża korespondencja [...] Wreszcie dosyć ożywione życie towarzyskie [...] Takiemu życiu sprzyja obecnie tło wojenne. Londyn dzięki ścisłemu przestrzeganiu przepisu o całkowitym pozbawieniu benzyny samochodów prywatnych, jeśli ich właściciele nie mogą uzasadnić przydziału względami publicznymi, opustoszał. Jest dosyć dużo taksówek, ale przeważnie zajęte. Jest poza tym dużo różnych potwornych furgonów, ciężarówek, specjalnych platform dla przewożenia samolotów. Mimo to wszystkie ulice jakby wymarłe za dnia, w nocy zaś przy zaciemnieniu wydaje się nam, że jest jeszcze ciszej [...] Nie ma jednak ani biedy, ani tragedii z jedzeniem czy odzieżą. Ta ostatnia jest na kartki [...] Społeczeństwo tutejsze jest raczej zdyscyplinowane i praworządne, słucha przepisów i stosuje się do nich, słucha też pouczeń podawanych przez radio [...] W tym jego «naiwność», ale w «naiwności» tej jest też jego siła. Dzięki wojnie nie ma bezrobocia i zarobki wzrosły [...] Jest więcej pijaków niż przed wojną i od czasu do czasu słyszy się o rabunkach i napaściach [...] W gruncie rzeczy jest tego bardzo niewiele, a to, co jest, przypisuje się Amerykanom lub Kanadyjczykom. Na ulicy widuje się sporo mundurów obcych, najwięcej polskich, wyróżniających się rogatywką i napisem «Poland» na ramionach. Mundury Polaków są poza tym angielskie [...] Anglicy i Angielki w dużej mierze w mundurach, u kobiet jest to nowość. Są na ogół zgrabne i noszą mundur z szykiem. Według wtajemniczonych ATS-y najwięcej pracują, ale gorzej się prowadzą, WAF-ki (służba lotnicza kobieca) są uważane za lepsze pod względem klasy osobistej, najlepsze zaś pod względem zachowania się, doboru i ogłady są WRN-ki. Jak słyszę, lepiej jest być prostym żołnierzem w tej służbie niż oficerem w ATS".

Po wojnie przez 45 lat Raczyński nie postawił nogi w progach komunistycznej ambasady. Był prezydentem rządu na uchodźstwie w latach 1979–1986. W *Who is Who* ciągle widniał adres jednego z jego pałaców w Polsce. W latach siedemdziesiątych Komitet Raczyńskiego pomagał KOR-owi, organizując fundusze. Edward Raczyński ostatnie lata spędził w swoim mieszkaniu w Knightsbridge, zmarł w wieku 101 lat.

Protesty przed ambasadą polską bywały najbardziej skuteczne, w tym sensie, że kompromitowały komunistyczny rząd w sposób widoczny i uaktywniały angielską prasę. (Niedaleko ambasady, mniej więcej 150 metrów na południe, przy kościele All Souls, zaprojektowanym przez Johna Nasha, mieści się radio BBC). Artur Rynkiewicz, wiceprezes i skarbnik POSK-u, wspomina z dużym zadowoleniem demonstrację przed ambasadą PRL, zorganizowaną 16 marca 1968 roku na znak solidarności ze studentami w Warszawie, którzy brali udział w pamiętnych protestach marcowych (30 stycznia milicja zaatakowała studentów, którzy poszli pod pomnik Mickiewicza protestować przeciwko zdjęciu z afisza *Dziadów* w reżyserii Dejmka w Teatrze Narodowym; jednocześnie narastała antysemicka nagonka; w marcu na Krakowskim Przedmieściu ubecy i milicjanci bili każdego, kto się im nawinął pod rękę; aresztowania, administracyjne represje, karne powołanie do wojska – tak wyglądał marzec 1968 roku w Polsce).

„Byłem wtedy prezesem Zrzeszenia Studentów i Absolwentów Polskich na Uchodźstwie (ZSAPU) i postanowiliśmy poprzeć ten protest. Do młodzieży polskiej demonstrującej przed ambasadą przyłączyło się wtedy wielu Brytyjczyków. Byłem zadowolony, że demonstracja nasza wywołała silne echo i że w jej przygotowanie włączyło się tak wielu młodych ludzi. W tym samym roku, 1968, Polacy z kolei licznie wsparli londyńską demonstrację przeciwko zdławieniu «Praskiej Wiosny» przez siły bloku sowieckiego".

Komunistyczni biurokraci patrzyli z niepokojem przez okna, kiedy 13 grudnia 1981 roku, w kilka godzin po ogłoszeniu stanu wojennego w Polsce, zaczął zbierać się tłum. Piętnaście miesięcy legalnego istnienia związku Solidarność zostało brutalnie przerwanych drakońskim dekretem komunistycznych władz. Polała się krew w kopalni „Wujek". Przed ambasadą Tadek Jarski, działacz Solidarności, przemawiał do tysiąca Polaków. Demonstracja zrodziła się w miarę spontanicznie. O 15.00 zjawili się też dwaj członkowie Parlamentu, którzy wygłosili przemówienia. Jarski nawoływał do stawienia się 20 grudnia w Hyde Parku. Ty-

Portret prezydenta Lecha Wałęsy w głównej sali ambasady na pierwszym piętrze

dzień później przyszło tam czternaście tysięcy demonstrantów. Domagali się uwolnienia zaaresztowanych członków związku, odwołania stanu wojennego i przywrócenia Solidarności jej praw, zgodnie z Porozumieniem Gdańskim z sierpnia 1980 roku.

W wiosennym biuletynie „Solidarity with Solidarity", ostrzegano przed apatią, przypominano o uwięzionych, nawoływano do nękania komunistów i uświadamiania im, że nie są ponad prawem, a demokratyczne zdobycze Solidarności nie mogą być zaprzepaszczone. Informowano, że mamy licznie stawiać się na demonstracje, nosić znaczki, mieć nalepki na samochodach, i nagłaśniać sprawę Solidarności w każdy możliwy sposób.

W „Dzienniku Polskim" pojawiło się więcej niż zazwyczaj reklam firm dostarczających paczki do Polski. Pamiętam, że zastanawiałam się, czy nie powinnam wysłać „pół świeżej świni"...

Obwinialiśmy reżym komunistyczny i za śmierć polskiego marynarza, działacza Solidarności, Lucjana Latały, który został znaleziony w londyńskim parku. Na pierwszy rzut oka wyglądało na to, że popełnił samobójstwo. Być może wpadł w depresję, ponieważ jego listy nie docierały do rodziny i żona miała problemy z uzyskaniem kartek żywnościowych. Niektórzy twierdzili jednak, że było zupełnie inaczej.

Tragedia w Polsce i ludzkie dramaty w Wielkiej Brytanii były ze sobą powiązane. Tony darów zbierane przez nas wszystkich zaczęły płynąć do Polski...

Obecnie w reprezentacyjnych salonach ambasady odbywają się imprezy organizowane nie tylko przez ambasadę, ale także przez inne polskie instytucje. W roku 2005 konsulat i PUNO zorganizowały spotkanie z ks. dr. Władysławem Marianem Zarębczanem, którego encyklopedyczno--słownikowa książka *Polacy w Watykanie* została wydana nie

Ksiądz Władysław
Zarębczan
podczas promocji
swojej książki

tylko dla tych, którzy tropią polonica, ale szczególnie dla
tych, których interesuje historia Watykanu i udział w niej
Polaków. „Don Ladislao M. Zarebczan" poinformował nas,
że wśród trzech tysięcy osób zatrudnionych w Watykanie
jest 130 Polaków, wielu z nich mówiących płynnie kilkoma
językami. Ksiądz Zarębczan jest także członkiem redakcji
Ilustrowanego słownika biograficznego Polonii świata w Paryżu.

Od czasu do czasu w ambasadzie można obejrzeć wystawę, ale niestety nie jest ona dostępna dla ludzi z ulicy. Parę
lat temu byłam tutaj na wystawie grafik i drzeworytów Adama Młodzianowskiego, którego ekslibrisy ujmują nas swym
pięknem. Młodzianowski zaprojektował wystawę „1000 lat
sztuki w Polsce", którą eksponowano w Królewskiej Akademii Sztuk Pięknych w 1970 roku.

Rektor PUNO, prof. Wojciech Falkowski, psychiatra
i psycholog, muzyk, a z zamiłowania malarz, miał tu w 2005
roku wystawę swoich obrazów. Była ona zsynchronizowana
z publikacją prof. Jana Wiktora Sienkiewicza, wnuka autora
Quo vadis? i *Trylogii*. Profesor Lewandowska-Tarasiuk, cytując
prof. Marię Janion, stwierdziła, że obrazy Falkowskiego to
przede wszystkim dowód na to, jak mocno zapisany jest
w człowieku pierwotny kod kulturowy. Ten kod to „ojczyzna
w słowach, obrazach i dźwiękach", i ją właśnie nosi w sobie
i pielęgnuje Falkowski... Zdobywał on umiejętności wśród
artystów zebranych wokół profesora Mariana Bohusza-
Szyszki, niezwykłych osobowości i utalentowanych ludzi.
Większość z nich pochodziła z Kresów. Sienkiewicz przypomniał polskim londyńczykom także Mariana Kratochwila,
Marka Żuławskiego, Andrzeja Kuhna, Stanisława Frenkla
i Halinę Sukiennicką.

Pomnik Sikorskiego

We wrześniu 2000 roku w obecności przedstawicieli rządów polskiego i angielskiego odsłonięty został pomnik Władysława Sikorskiego, dłuta brytyjskiej rzeźbiarki Faith Winter. W uroczystości wzięli udział kombatanci i delegacje sił zbrojnych obu krajów. Również w Gibraltarze, gdzie Sikorski zginął 4 lipca 1943 roku, umieszczono tablicę pamiątkową. Śmierć Sikorskiego zaszokowała Polaków w Londynie. Samolot Liberator AL 523 spadł do morza 17 sekund po starcie. Jedynym, który się uratował, był czeski pilot Edvard Prchal. Prchal miał nogę złamaną w kostce, był podrapany i pozostawał w szoku. Jako jeden z asów lotnictwa, w dodatku cudzoziemiec, którego Downing Street 10 (czyli rząd i Churchill) używała jako „powietrznego taksówkarza", miał stuprocentowe zaufanie angielskiego wywiadu. Był jednym z pięciu pilotów, którym wolno było lądować w Gibraltarze w nocy. Jeżeli siła uderzenia wyrzuciła go przez

Pomnik generała
Władysława
Sikorskiego

Skała Gibraltaru.
W katastrofie
zginęli wszyscy,
oprócz pilota
Prchala

plastykową kabinę, dlaczego nie był poważniej zraniony? – pytali niektórzy. Dlaczego pilot powiedział, że nie miał na sobie kamizelki ratunkowej, skoro ją miał (jak mówią naoczni świadkowie). Prchal twierdził, że zablokował się ster wysokościowy, którego nie mógł ściągnąć na siebie, by móc się zacząć wznosić. Pytania, czy był to sabotaż, czy wypadek, do dziś budzą żywe emocje. Rok wcześniej przytrafił się inny wypadek, tym razem w Montrealu – tuż po starcie samolotu z Sikorskim na pokładzie dwa silniki, jeden po drugim, odmówiły posłuszeństwa. Pilot musiał wylądować w polu, na brzuchu samolotu, pasażerowie byli potłuczeni, ale nikomu nic poważnego się nie stało. Nie tak dawno ujawniono, że NKWD miało w wywiadzie angielskim sporo agentów (włącznie z kilkoma ukrytymi w brytyjskiej obsłudze naziemnej w Gibraltarze). Agentem rosyjskim był też szef bazy wywiadu angielskiego w Kairze, która obejmowała Gibraltar, Kim Philby. Philby ponoć odwiedził Gibraltar w kwietniu, kiedy Anglicy zostali poufnie poinformowani o zamierzonej podróży Sikorskiego na Bliski Wschód. Stosując logikę starożytnych Rzymian, powinniśmy zapytać: *Cui bono? Cui prodest? Fecit, cui profuit*. Na pewno Stalinowi zależało na tym, by wyeliminować Sikorskiego, który głośno mówił o sprawie grobów katyńskich i masowym mordzie elity polskiej, a także upominał się o polskie granice. Być może Philby wykorzystał do tego agentów angielskich, którzy nie wiedzieli, że jego pracodawcą była Moskwa.

Prchal powiedział jednemu z przyjaciół, że podejrzewa sabotaż.

Na rogu Instytut Kultury Polskiej, za nim konsulat, w tle Wieża Pocztowa (British Telecom Tower). O cztery ulice dalej, na Great Titchfield Street, mieściła się redakcja „Nowej Polski"

„Nowa Polska"

W czasie wojny wielu powieściopisarzy, krytyków, poetów i malarzy drukowało w czasopiśmie „Nowa Polska" której redaktorem był Antoni Słonimski (1895–1976), jeden z czołowych przedstawicieli grupy literackiej Skamander.

Z tych, których utwory pojawiły się na łamach „Nowej Polski", niektórzy wrócili do kraju, inni zostali w Anglii lub wyjechali na kontynent amerykański. Redakcja „Nowej Polski" mieściła się na Great Titchfield Street 91. Numer telefonu był następujący: MUSeum 2077-8-9; czterdzieści lat temu numer poprzedzały litery, tak więc wiedziało się, do jakiej dzielnicy się dzwoni. (Dzisiaj wiemy tylko, że ten, który ma „7" na początku oznacza Londyn centralny a ten z „8" to peryferie).

Tadeusz Potworowski (1898–1962) malarz, który powrócił do Polski w latach pięćdziesiątych, tak sobie marzył w roku 1942 na łamach „Nowej Polski":

„Bergsonowska teoria supremacji intuicji nad logiką powinna dać prawo poetom, malarzom i muzykom o decydowaniu, jaka ma być powojenna Europa.

Intuicja artystów przewiduje konieczność stworzenia Europy zjednoczonej. Jedność naszej kultury europejskiej jest faktem dokonanym, sztuka twórcza ma te same dążenia we wszystkich mniej więcej krajach Europy, niezależnie od granic państw.

Twórczość każdego narodowego artysty po osiągnięciu pewnego poziomu staje się twórczością ogólnoeuropejską.

Jeżeli elita intelektualna Europy tworzy jedną wspólną grupę [....] to konieczne jest, ażeby polityczny ustrój Europy nie był przeszkodą w tym procesie scalania się.

Europa musi dążyć do znalezienia «wspólnego mianownika», jeżeli go nie znajdzie, to może przestać istnieć samodzielnie, może zostać pochłonięta przez siły działające z zewnątrz...

Jednym z zasadniczych warunków do stworzenia nowej epoki jest zupełna swoboda wymiany intelektualnej pomiędzy wszystkimi Europejczykami, żadne granice polityczne nie są nam potrzebne, potrzebna jest nam zupełna wolność".

Przeglądając numery „Nowej Polski" z marca i kwietnia 1942 roku znajduję wiersz Antoniego Słonimskiego, w którym poeta ostrzega tych, co często narzekali i krytykowali emigrancką dolę, że po powrocie do Polski odkryją z „żalem wstydliwym", jak im Anglii i Londynu bardzo brakuje.

O Londynie
Zatęsknicie jeszcze, zatęsknicie
Do Oxfordu, Bedfordu, Londynu.
Z ciężkim sercem, daleką wspomnicie
Rzekę w Perth i las Aberdeenu.

Gdy nasyci się tęsknota żywa
Do skrwawionej, najmilszej ojczyzny,
Przyjdzie inny, bolesny, wstydliwszy
Żal na zawsze straconej obczyzny.

Kensingtony, Finchleye, Hyde Parki,
Regent Streety, Hampsteady, Victorie
Porwie czasu prąd zdradny i wartki,
Rzuci gdzieś w zapomnienie, w historię.

Opowiadać będziecie młodzieży
O Tudorach, Warwickach i Yorkach –
Starcy, bracia pomarłych żołnierzy,
Highlanderzy w mazowieckich dworkach.

A gdy czasem mgła wieczorna spłynie,
Gdzieś przed domem na ławce w ogródku,
Pogwarzymy razem o Londynie
Po angielsku i po cichutku.

Regent's Park

Na północ od pomnika Sikorskiego znajduje się jeden z najbardziej eleganckich parków londyńskich – Regent's Park – który powinno się odwiedzić wiosną lub latem. W „wewnętrznym kręgu", do którego się wchodzi przez elegancką pozłacaną bramę z kutego żelaza, znajdują się Ogrody Królowej Marii. Rosną tutaj urzekająco piękne kwiaty, rododendrony, azalie, róże i egzotyczne drzewa. Do niedawna było też wiele krzaków z różą Diana, niestety, zostały usunięte. W Londynie odczuwamy istnienie dwu tajemniczych sił: jedna chce zniszczyć pamięć o Dianie, wyrwać ją z ludzkiej świadomości, druga po cichu przemianowuje place zabaw dla dzieci, przybija małe tabliczki z imieniem księżnej Walii, inicjuje wycieczki jej śladami i pozwala wierzyć, że elfy, skrzaty i dobre duchy, niewidoczne gołym okiem, zachowują pamięć o tej odważnej Angielce.

Marek Żuławski zostawił nam niezwykle plastyczny opis jednego ze swoich spacerów po Regent's Park:

„Wielkie miotły bezlistnych drzew – czarne na ołowianym niebie. Trawa zielona, ale wiatr porozrzucał na niej rdzawe liście. Przedwieczorny chłód. Psy przebiegają w poprzek ścieżki koloru żelaza. Tylko na horyzoncie smuga różowości. Mały chłopiec na żółtej hulajnodze przelatuje przez kałuże, w których odbija się niskie niebo, i niknie. Samotna smuga różowości wnet zmieni się i także przeminie. Ciężkie chmury żeglują pędzone wiatrem. Na Pocztowej

Wieży błyskają światła. To sygnały dla samolotu, który hu- Malowniczy
czy w głębi nieba – niewidoczny.   Regent's Park

Ptaki gromadami obsiadły drzewa i wrzeszczą przerażo-
ne nadchodzącą nocą. Planowałem romantyczną przechadz-
kę, kiedy odmówiłaś mi swego towarzystwa. Jestem więc
sam, ale mnie te czarne chmury nie straszą. Należę do gatunku *homo sapiens* i wobec tego umiem sobie wyobrazić,
że jutro wstanie nowy dzień. To mnie do pewnego stopnia
uspokaja. Ale straszą mnie wronie gniazda, jak czarne koł-
tuny zawieszone na konarach, kiwających się nad jeziorem.
W powietrzu snuje się dym palonych liści.

Na jeziorze wodne ptactwo krząta się przed nocą [...] Są
już między nimi rybitwy [...] Kaczki i gęsi poruszają się
zręcznie na wodzie. Czasami jedna drugą dziobnie i odpędzi
od zdobyczy. Łabędzie nigdy. Wiosłują wolno i z wielką godnością [...] Za to rybitwy nie grymaszą. Są błyskawiczne [...]
Na lądzie drepczą długimi, czerwonymi nóżkami – jednym
okiem obserwując rzucony kawałek chleba, a drugim rękę
osoby, która go rzuca [...] Siedzą wysoko jak korab z drzewa
balsa i ślizgają się po powierzchni z niezwykłą gracją, poma-
gając sobie w razie czego skrzydłami, które – wąskie, długie
i białe – nadają im urodę wyścigowego jachtu".

191

Oxford Street

Oxford Street, która przecina miasto wzdłuż osi wschód – zachód, szczyci się swoimi pięknymi domami towarowymi. Właściwie można tu kupić wszystko, poczynając od ubrania i butów, kończąc na meblach i materiałach. Młodzi ludzie przyjeżdżają na zakupy do Top Shop, Wallis, starsi do John Lewis czy też Selfridges. Niedaleko Oxford Circus jest ekskluzywny dom towarowy Liberty, którego neotudorowski budynek bardzo się wszystkim podoba. Od kilkunastu lat obowiązuje zakaz wjazdu prywatnym samochodem na Oxford Street. Zakaz ten na pewno pomógł zmniejszyć korki i pozwolił autobusom i taksówkom poruszać się z większą szybkością. Czasami ulica była tak zapchana pojazdami, że szybciej docierali do celu ci, którzy wyskakiwali z autobusu i szli pieszo.

Nawet nie przypuszczałam, że Oxford Street była tak samo zatłoczona, tyle że innymi pojazdami, sto lat wcześniej. Kazimierz Chłędowski (1843–1920), którego najbardziej interesowały teatr, dziennikarstwo, wystawy sztuki i kongresy literackie, obejrzał dobrze Oxford Street z górnego piętra autobusu i opisał ją w książce *Dwie wizyty w Anglii*:

„Jak daleko okiem sięgnąć – tłum wehikułów najrozmaitszego rodzaju, niby olbrzymi kanał, w którym coś szumi, płynie bez przerwy, bez ustanku. Grube ryby, omnibusy, najbardziej wpadają w oko, wszystkie z imperiałami [górna część z siedzeniami dla pasażerów – KK], brukują przestrzeń drugą warstwą ludzi, jeden bowiem rząd kapeluszy posuwa się naprzód trotuarami dołem, drugi porusza się na wysokości prawie pierwszych pięter. Omnibus zaprzężony parą normandów o rozmiarach słoni, nad nimi wysoko szerokim rzemieniem do kozła przywiązany gentleman, furman w białym lub czarnym kapeluszu. Gentleman powozi w rękawiczkach, ma nogi przykryte sukiennym lub płóciennym fartuchem, aby się nie powalać, i prowadzi przyjemną rozmowę z sąsiadami albo odwraca się do młodej *miss*, która za nim znalazła miejsce.

Jedzie tak dzielnym kłusem w tej ciżbie, arką swą z taką zręcznością manewruje, jakby cała szerokość ulicy była dlań otwartą. Gentleman, będący w służbie «Metropolitan railway», ma nad sobą przywiązany olbrzymi parasol z czerwonej ceraty, służący za miejsce do ogłoszeń: na każdym też promieniu tej oryginalnej tablicy kto inny się światu zachwala, wychodząc z przekonania, że skromność jest zaletą głupców.

Rozmiarami tylko wóz z towarami dorównywa omnibusowi, także wysoka, na zielono pomalowana kolebka, spoczywająca na dwóch lub czterech kołach. Pomiędzy te olbrzymy przesuwa się powóz prywatny – konie piękne, stangret-lokaj jak z pudełka. Wewnątrz szczupła lady o cienkich ujmujących rysach, wygodnie wsparta, pokazująca światu z nadzwyczajną skromnością lakierowany bucik i chudą kostkę, przykrytą czarną jedwabną pończoszką.

Obok kobiety czasem prześliczne *baby* z jasnymi lokami albo wielce dystyngowany pies o lśniącym białym włosie.

Gdzieniegdzie mała, czarna karetka, przed nią żylasty traber [kłusak], mierzący przestrzeń z szybkością lokomotywy; w karetce gentleman jakby wystrzyżony z dziennika mód, czytający swój *paper*.

Traberowi chce dorównać zgrabny *ponny*, zaprzężony w małym dwukołowym wózku [...]

Jak jamnik między słoniami wije się osiołek, przystrojony w czerwone frędzle, ciągnący za sobą prawie dziecinny wózek. Pomimo że wszystkie rodzaje powozów, wozów, wózków tak zapełniają ulicę, że pies nie miałby miejsca pomiędzy nie się prześliznąć, przecież odważny chłopak giełdowy [...] umie się w tym ścisku z niezrównaną zręcznością i chyżością przesuwać na jednokołowym welocypedzie, dzwoniąc tylko od czasu do czasu [...]

Sto lat temu był taki sam tłok na skrzyżowaniu na Oxford Circus jak dzisiaj

[...] tam się wszystko zwija w kłęby, pieni, kotłuje, a na pierwszy rzut oka nie można sobie zdać sprawy, jakim cudem potrafią stamtąd wyjechać wszystkie omnibusy, te wozy, te dorożki najeżdżające na siebie z siedmiu stron; w jaki sposób potrafią pieszo idący ludzie przecisnąć się przez tę ciżbę koni i kół, jak się wreszcie dzieje, że co chwilę nie ma wypadków przejechania".

Julian Ursyn Niemcewicz (1758–1841) podczas jednej ze swoich wizyt w Londynie mieszkał przy Oxford Street „u pana Parkera wyrzynającego pieczątki". Była to pierwsza połowa XIX wieku.

„Widziałem w tym domu wzór uczciwości i lubej prostoty mieszczan angielskich. Płaciłem za stół i stancję półtora gwinei na tydzień, co ok. 60 florenów naszych wyniesie. Miałem za to dobre dwa pokoje, herbatę z grzankami na śniadanie, roastbeef, rybę, pudding, kartofle na obiad i znów herbatę na wieczór; gospodarz mój był razem konstabel [...] Do niego nocni stróże przyprowadzali schwytanych na ulicy złodziei, włóczęgów, płoche dziewczyny [...] dobry ten człowiek rzadko kogo winnym uznawał [...] raz gdym sam siedział w *parlour*, z którego okno wychodziło na ulicę, a za szkłem onego rozstawione były pieczątki, kamienie, etc., złodziej przechodzący uderzył pięścią w szybę i do zabierania kamieni brał się; wypadam, złodziej porzuca okno, ucieka, gonię za nim, lecz go tracę w tłumie przechodzących. Nie zginęła ani jedna pieczątka; ta czujność moja u obojga wielką mi łaskę zjednała".

Potoccy wprowadzili Niemcewicza w kręgi zbliżone do księcia Walii, który usłyszawszy, że ten potrafi tańczyć kozaka, którego książę nigdy na oczy nie widział, poprosił go, ażeby pokazał kilka figur.

„Tańcowałem więc z panią SeweryNową [Potocką], lubo ta chodziła tylko; tak się następcy Wielkiej Brytanii podobało, iż prosił, abym go kilka kroków nauczył. Zostawałem na wieczerzach z kompanią królewicza, w jednym kubku piliśmy wszyscy porter. Rozmowy te, tysiączne anekdoty dosyć zabawne prowadziły nas do późnych godzin. A tak, zdarzało się, iż w jednym dniu jadłem gęś pieczoną z rzemieślnikami, a wieczerzałem z królewiczem, z następcą tronu przemożnej Anglii".

Znużeni wędrówką po centrum Londynu często szukają miejsca, gdzie można usiąść i odpocząć. Marzy się jakaś piękna galeria, przy małym parku, gdzie nie ma zbyt gęstego smogu. Kilka minut spacerem na północ od stacji metra Bond Street znajduje się właśnie takie miejsce – Manchester Square. Plac ten jest ciekawy z dwu powodów: tutaj mieszkał Bukaty, pierwszy poseł Polski, i tutaj w Hertford House (po stronie północnej) mieści się czarujące, kapiące złotem i wypełnione barokowymi i rokokowymi meblami muzeum Wallace Collection. Kilka przedmiotów w nim jest związanych z Polską. Richard Wallace i jego przodkowie zbierali dzieła sztuki wysokiej klasy (co nie zdarzało się tak często wśród prywatnych kolekcjonerów). Poczynili oni wiele zakupów we Francji po rewolucji, kiedy to sztuka nie była modna, a więc była tania. Jest tutaj kilka obrazów François Bouchera, który jest symbolem rokoka. Był on ulubionym malarzem madame de Pompadour, faworyty Ludwika XV, która dzieliła się królem z jego polską żoną Marią Leszczyńską. Warto przyjrzeć się „pasterskim" i „pornograficznym" scenkom w złamanych i delikatnych barwach, a także portretom królewskiej kochanki. Zbiory, początkowo gromadzone we Francji, w obawie przed zniszczeniem zostały przewiezione do Anglii. W 1900 roku Wallace Collection została przekazana narodowi i Hertford House otworzył podwoje dla publiczności.

Wallace Collection

W Hertford House mieści się kolekcja Richarda Wallace'a

Wśród różnorodnych poloniców można tutaj znaleźć szablę polską z XVII wieku, trzy karabele i szyszaki. Są także meble związane z dwoma pokoleniami Leszczyńskich: królem Stanisławem i jego córką Marią, królową Francji. To oczywiście meble francuskie, tak więc jest to związek pośredni, ale kiedyś cieszyły oko naszego króla, który był mecenasem sztuki i nauki. W imponującym zbiorze z XVIII wieku najwartościowszym artystycznie obiektem jest „biurko Stanisława Leszczyńskiego". Mieczysław Paszkiewicz tak je opisał w jednym z zeszytów „Muzeum Polskiego":

„Zaczęte zapewne w r. 1760 przez J.F. Oebena, a następnie na pewno kontynuowane i ukończone przez J.H. Riesenera [...] Biurko ma 140,3 cm wysokości, 198,1 cm szerokości z przodu, 92 cm szerokości z boku. Jest fornirowane kilkoma gatunkami drzewa, wyjątkowo kunsztownie. Na dekoracje, obok stylizowanych kwiatów i roślin, składają się m.in. koła zawierające przedstawienie orła i koguta (mające symbolizować Polskę i Francję?), emblematy Poezji, Matematyki, Astronomii, mistrzowskie przedstawienia zapisanych papierów, przyborów do pisania itd. Po obu bokach biurka (a także wśród dekoracji klucza) widnieje monogram S.R., odczytywany jako «Stanislaus Rex»..."

Innym meblem jest komoda, wykonana do pokoju sypialnego Marii Leszczyńskiej „z dębu pokrytego fornirem z hebanu oraz czarną i złotą laką, utrzymaną w stylu *chinoiserie*, typowym dla rokoka, a szczególnie ulubionym przez królową Marię, która sama wykonywała w tym stylu malowidła".

Manchester Square

Przy Manchester Square rezydował poseł Bukaty, wysłany przez ostatniego polskiego króla do Londynu. Były to burzliwe czasy i Bukaty informował Anglików o tym, co się działo w Polsce. Budynek był oblegany przez brytyjskich oficerów, którzy chcieli jechać do Polski i walczyć w jej obronie. Poeta, pisarz, pamiętnikarz Julian Ursyn Niemcewicz odwiedził Londyn kilka razy (w latach 1785, 1787,1797 i 1831–1832) i miał okazję zetknąć się z nim:

„Posłem naszym naówczas w Anglii był pan Bukaty, wyborny człowiek, z Litwina zupełnie przerobiony na Anglika; przejął ich zwyczaje i sposób życia; on mnie zaprowadził do *chevalier d'Eon*, który za czasów Ludwika XV przez lat 20 i więcej kryjąc płeć swoją uchodził za mężczyznę, służył w wojsku, bił się na wojnach, odbywał poselstwa, kłótnia dopiero z księciem de Guiche odkryła, że był kobietą. Jeden Ludwik XV był tylko w sekrecie; nastawano jednak, by wziął suknie kobiece. Już w tym ubiorze widziałem pannę d'Eon. [Pod ubraniem] została postać, ruch i zwyczaje męskie. Miała ona na sobie kafowy kitajkowy ubiór z falbanami, krzyżyk św. Ludwika na boku. Włosy już siwe zaczesane w tupecik. Śmieszne było słyszeć tę kobietę mówiącą: »Kiedy byłam kapitanem dragonów w bitwie pod Rossbach etc., etc.« Nogi zawsze rozstawione, pięści do góry, głos męski. Co ją do tajenia tak długo płci swej przymusiło, wiedzieć nie można. Zostawiła kilkanaście tomów pamiętników swoich".

Jako doskonale znający Anglię i Polskę i mający świetne kontakty z politykami i dziennikarzami, jako „poseł mocarstwa katolickiego Bukaty czynił usilne zabiegi w interesie katolików angielskich. Zamiarem jego było zbudować w Londynie kościół, wprawdzie do ambasady polskiej należący, ale przystępny i otwarty dla publiczności angielskiej".

Poseł Bukaty, którego portret wisi w kancelarii polskiego ambasadora, rezydował przy Manchester Square

Nie ulega wątpliwości, że wszyscy go bardzo chwalili, nie tylko za jego wiedzę o Anglii i Polsce, za jego znajomość języka, za sztukę oratorską, ale też za życzliwość i uczynność.

W dzielnicy Marylebone miał swój gabinet pewien lekarz, którego pacjenci nie bardzo chcieli odwiedzać. Z tego powodu miał dużo wolnego czasu i zaczął pisać opowiadania. Postać detektywa Sherlocka Holmesa przyniosła Conan Doyle'owi olbrzymi sukces i mógł sobie pozwolić na zamknięcie praktyki lekarskiej. Niewiele osób wie, że przeznaczył on fortunę na rozwój spirytyzmu i często brał udział w seansach spirytystycznych. Twierdził, że komunikuje się z Conradem...

Stara siedziba
SOE

Ci, którzy znają historię SOE (Kierownictwa Operacji Specjalnych), które według rozkazu Churchilla miało „podpalić Europę" (czyli organizować sabotaż, terror, strajki, bojkot i tym podobne akcje na terenach okupowanych przez Niemców), wiedzą, że powstało w lipcu 1940 roku. Ale nie wszyscy wiedzą, że mieściło się przy Baker Street 64. Był tam oddział propagandy, oddział dywersji i sabotażu oraz oddział planowania. Grupami bojowymi i siecią SOE za granicą kierowało dziesięć tzw. sekcji krajowych, w tym polska. SOE starało się nawiązać i utrzymać kontakt z ruchem oporu danego kraju poprzez współpracę z rządami emigracyjnymi czy też przez agentów. Było to możliwe tylko za pośrednictwem radia. Anglicy musieli wyprodukować taki sprzęt, aby jego waga nie przekraczała 19 kilogramów, a przy tym by wyglądał jak walizka. Musieli też szkolić radiooperatorów i zadbać o kody, częstotliwości, sygnały rozpoznawcze czy kody bezpieczeństwa. Poza tym potrzebowali karabinów, broni, materiałów wybuchowych i żądali samolotów, by to wszystko przetransportować. Pierwszymi agentami SOE, zwanymi później cichociemnymi, którzy zostali zrzuceni w zachodniej Polsce (bombowiec Whitley miał tylko taki zasięg), byli trzej młodzi Polacy. W nocy z 15 na 16 lutego 1941 roku kpt. pilot Stanislaw Krzymowski, ps. „Kostka", por. kawalerii Józef Zabielski, ps. „Żbik" i kurier polityczny, pchor. Czesław Raczkowski, ps. „Wera" wykonali skok, zgubili się w ciemnościach, ale tydzień później odnaleźli w Warszawie. Akcja powiodła się dzięki ich brawurze i odwadze. Przeszli oni do historii cichociemnych.

Pomnik
najsłynniejszego
detektywa świata
stoi przy stacji metra
Baker Street

Z książki Jerzego Tuszewskiego *Armand – Hubert – Brutus, Trzy oblicza agenta* dowiadujemy się, jak polski as wywiadu R. Czerniawski został wyposażony w sprzęt w budynku SOE na Baker Street, w siedzibie cichociemnych.

„Weszliśmy do sali obwieszonej spadochronami. Tu właśnie wybrano dla mnie spadochron ochronnego koloru z różnymi dodatkami, trzeba go było przymierzyć, tudzież zapakować moją skrzynkę patefonową do cylindrycznego zasobnika długości 1 metra. Mój spadochron myśliwski, z którym skakałem w Polsce, był o wiele mniejszy i ściśle dopasowany do pleców w porównaniu z tą „uprzężą", jaką teraz musiałem na siebie włożyć. Nie ukrywam, że wówczas zwróciłem oczy ku niebu: – Daj Boże, żeby to wszystko jakoś zadziałało!"

Informacje praktyczne

Oxford Street

Dojazd: metro Oxford Circus, linia Victoria, Central i Bakerloo

Ambasada RP

47 Portland Place, W1
tel. 0870 7742 705
www.polishembassy.org.uk

Konsulat Generalny RP w Londynie

73 Cavendish Street, W1
Otwarty pon.–wt. 9.30–12.30, śr. 9.00–11.00, czw. 13.00–16.00, pt. 9.30–12.30
tel 0870 774 2802

Instytut Kultury Polskiej

34 Portland Place, W1
tel. 0870 774 2900 lub 2902
www.polishculture.org.uk
pci@polishculture.org.uk

Wallace Collection

Manchester Square, W1
Dojazd: metro Bond Street
Otwarte pon.–sob. 10.00–17.00; niedz. 12.00–17.00
tel. 020 7563 9500
www.wallace-collection.org.uk

Regent's Park

Dojazd: metro Regent's Park, linia Bakerloo

Charing Cross

Replika Krzyża
Eleonory
Kastylijskiej przed
stacją Charing Cross
pochodzi z roku 1865.
Na krzyżu
znajduje się osiem
figur królowej.
Został on
zaprojektowany przez
E.M. Barry'ego,
który także postawił
hotel nad stacją.
Słowo „charing"
pochodzi od – cerran
– zawrócić; tutaj
kończył się Strand
i w tym miejscu
zawracano konie

Strand oznacza „wybrzeże". Ulica Strand biegnie równo-
legle do Tamizy. Rzeka jest dosyć blisko, szczelnie zakryta
budynkami. Na początku Strandu znajduje się znana stacja
kolejowa, na którą w roku 1880 przyjechała ambitna i utalentowana aktorka polska Helena Modrzejewska.

„Siąpiący deszcz przeniknął mnie do szpiku kości, i kiedy wysiedliśmy z pociągu na Charing Cross, byłam smutna,
zdenerwowana i osowiała – zupełny strzęp ludzki. Trochę
czasu zabrało nam znalezienie odpowiedniego mieszkania,
ale w końcu udało się wynająć nieduży, lecz ładnie umeblo-
wany apartament w pobliżu Piccadilly".

Niebawem państwo Chłapowscy złożyli wizytę Hamil-
tonowi Aidé, przyjacielowi i patronowi malarzy.

„Od razu z właściwą sobie gościnnością zaaranżował
on dla nas spotkanie w swoim ładnie urządzonym domu
i zapytał mnie, czy miałabym ochotę zarecytować coś przed
jego gośćmi..."

Modrzejewska odmówiła, ale „uległa jego urokowi per-
swazji", kiedy poprosił o recytację po polsku. Zdeprymowa-
na kobietami, które patrzyły na nią przez lorgnon, wyrecy-
towała poemat *Hagar na pustyni* Ujejskiego.

„I o dziwo, te same panie, które lustrowały mnie swoimi
lornetkami, opuściły je teraz i ocierały łzy z oczu. Co je
zmusiło do płaczu? Dziwiłam się sama, gdyż nie rozumiały
przecież ani jednego słowa, tego, co mówiłam". (W *Listach*
Modrzejewska świetnie siebie reklamuje, z prawdziwie mę-
ską subtelnością. Kobiety sto lat temu takich rzeczy nie
umiały). „Czy to, że sama poruszona inkantacją swego głosu, przejęta byłam rozmiarem tej antycznej tragedii? Nie
umiem na to odpowiedzieć. Byłam po prostu zdumiona,
że wstrząsnęłam ich sercami lub, jak zauważył cynicznie
Oscar Wilde, podrażniłam swoim głosem gruczoły łzowe
w ich systemie nerwowym".

Kiedy później pan domu zadał parę pytań dotyczących Polski, stwierdziła, że nie może mówić spokojnie o ojczyźnie.

„Wolałam nie mówić na ten temat wcale. Powiedziałam
tylko p. Tennysonowi, że czytałam jego poemat *Polska* i po-
dziękowałam mu za pamiętne słowa:...*Us, O Just and Good,
forgive, who smiled when she was torn in three* («Nam przebacz,
o sprawiedliwości, za tych, co się uśmiechali, kiedy ją roz-
dzierano na trzy części»), które wyrecytowałam drżąc na całym ciele. Kiedy spostrzegł, jak byłam wzburzona, od razu
zmienił temat rozmowy".

Hotel „Savoy"

Jedną z niespodzianek, na którą wiele osób przybywających do Anglii nie jest przygotowanych, jest fakt, że w maleńkiej uliczce, odchodzącej od Strandu, obowiązuje ruch prawostronny. Savoy Court jest maleńkim zaułkiem, gdzie widać londyńskie taksówki, zajeżdżające pod hotel i teatr po prawej stronie. W 1902 roku Parlament zdecydował, że powozy wielbicieli teatru powinny mieć prawo zatrzymywania się po prawej stronie przed wejściem do Savoy Theatre. Został on wybudowany w 1889 roku przez Richarda D'Oyly Carte'a z dochodów operetek Williama Schwencka Gilberta i Arthura Sullivana. Ten artystyczny duet było niezmiernie popularny, Sullivan pisywał muzykę, Gilbert słowa. Ludzie klaskali z entuzjazmem nie tylko wtedy, gdy słyszeli ulubione piosenki, ale także gdy po raz pierwszy włączono elektryczne światła. W 1889 roku D'Oyly Carte wybudował obok hotel, by miłośnicy teatru mogli tu posiedzieć przy drinku lub nawet spędzić noc. W tym hotelu mieszkała Marilyn Monroe, gdy przyjechała do Londynu kręcić film z Olivierem (nawiasem mówiąc, jednym z jej osiągnięć jest rola Sugar Kowalczyk, Amerykanki polskiego pochodzenia, w filmie *Pół żartem, pół serio*). Tutaj w barze sir Laurence Olivier spotkał Vivien Leigh, która na początku ich związku była o wiele większą gwiazdą niż on. Sławę przyniosły jej role w filmach takich jak *Przeminęło z wiatrem* i *Tramwaj zwany pożądaniem*. W tym ostatnim zabłysnął też Marlon Brando, który świetnie

Hotel „Savoy"
otwarto w 1889 r.
Jako pierwszy miał
łazienki i elektryczne
oświetlenie

zagrał rolę Kowalskiego, zmysłowego i prymitywnego polskiego Amerykanina mieszkającego w Nowym Orleanie.

Podczas drugiej wojny światowej członkowie rządu polskiego chodzili do hotelu „Savoy" na lunch z brytyjskimi politykami. Zazwyczaj lunch odbywał się nie w restauracji dostępnej dla wszystkich, ale w prywatnym gabinecie. Tutaj premier polskiego rządu Stanisław Mikołajczyk rozmawiał z lordem Selborne, przyjacielem Churchilla, na temat pomocy dla Armii Krajowej i Delegatury Rządu na Kraj; na pewno nieraz dyskutował palące sprawy z ministrem Ernestem Bevinem, labourzystą, który w 1944 roku, powtarzał, że Polacy powinni bardziej współpracować (polski rząd nie chciał zaakceptować granicy na linii Curzona i oponował przeciwko utracie terenów wschodnich). „My, Brytyjczycy, wierzymy w kompromis", pouczał Bevin. „Bez kompromisu demokracja by nie istniała. Wy, Polacy, wyznajecie jedną zasadę, że lepiej stracić wszystko niż oddać jeden akr ziemi polskiej". Mikołajczyk odpowiedział: „Jestem przygotowany na to, by pójść na rozsądny kompromis, jeżeli mnie ktoś przekona, że w ten sposób uratuję naszą niepodległość". Na kompromis poszedł, wrócił do Polski, szukając sojuszników i w dwa lata później musiał stamtąd uciekać. Amerykanie i Anglicy uratowali mu życie, szmuglując go na zachód ukrytego w samochodzie ambasadora.

Premier Mikołajczyk z członkami rządu polskiego

Od 1890 roku w hotelu pracował znany francuski kucharz Auguste Escoffier (1847–1935). Z zainteresowaniem przeczytałam jego przepis na kalafior po polsku, który po ugotowaniu w dwu wodach z odrobiną masła i soli, podsmaża się przez kilka minut. Podaje się posypany rozkruszonym, ugotowanym na twardo żółtkiem i zieloną pietruszką, a także podsmażoną tartą bułką. Inny przepis, który zwrócił moją uwagę, to gołębie po polsku. Escoffier radzi, ażeby wątróbki z dwóch gołębi i trzech–czterech kurczaków podsmażać przez kilka sekund na maśle razem z pokrojoną cebulką, posiekaną zieloną pietruszką, z odrobiną soli i pieprzu. Farsz ostudzić, przetrzeć przez sito, nadziać nim gołębie, związać i przykryć plastrem boczku. W ten sposób przygotowane gołębie delikatnie dusić na maśle, wyłożyć na talerz i po usmażeniu bułki tartej także na maśle, polać tym gołębie. Dodać trzy–cztery łyżki wywaru cielęcego do masła na patelni, gotować przez jedną minutę, przelać przez sito i serwować do gołębi, ale oddzielnie. (Na pewno jest to danie, które dobrze rozreklamowane przetrzebiłoby stada londyńskich gołębi).

W Anglii nie używa się słowa „smacznego", którym zapraszamy do jedzenia, ale na pewno Escoffier zawsze mówił *bon apetit*. Zmarł cztery lata przed wybuchem wojny, tak więc Mikołajczyk nie miał możliwości spróbowania dań przez niego przyrządzonych.

BBC Bush House

BBC Bush House – siedziba „głosu podżegaczy wojennych", jak to niegdyś określił pewien komunistyczny miesięcznik wojskowy – mieści się między Strandem a Aldwych, na sporej wysepce, odciętej dużym pasmem ruchu samochodowego.

„Pamiętam, jak mocno przeżywałem te chwile – pisze Jan Nowak-Jeziorański – gdy w studio w Bush House wymówiłem po raz pierwszy zapowiedź: «Tu mówi Londyn...» Czym były te słowa dla milionów ludzi w Polsce – zrozumie tylko ten, kto wojnę i okupację przeżył w kraju [...] Przez pięć lat wojny lektura codziennych nasłuchów Londynu stała się równie niezbędna do przetrwania, co chleb powszedni. Nie dający się wymierzyć wkład BBC w zwycięstwo nad Niemcami, potrafią ocenić tylko słuchacze.

[...] Pierwszą audycję po polsku BBC inaugurowało w dniu szóstym września 1939 roku przemówieniem ambasadora Edwarda Raczyńskiego".

Jan Nowak-Jeziorański (działacz podziemia, legendarny „kurier z Warszawy", uczestnik powstania warszawskiego, później dziennikarz pracujący dla BBC i szef sekcji polskiej RWE) przyznaje, że BBC przekazywała całą gamę opinii i poglądów. Oczywiście, prowadziła słuchaczy do określonych wniosków, w końcu była przecież narzędziem służącym celom wojennym, ale robiła to dużo subtelniej niż radio Goebbelsa. Na kursie uczono Polaków, że nie istnieje coś, co nazywa się

BBC Bush House od strony Strandu

absolutnym obiektywizmem. Z wielu sposobów przedstawienia jakiegoś wydarzenia dziennikarz miał wybrać taką wersję, która najlepiej odpowiadała celom BBC. „Wiadomości muszą wydawać się obiektywne!" Nowak był zaszokowany cynizmem tego stwierdzenia, ale musiał przyznać, że metody BBC odniosły triumfalne zwycięstwo w eterze. „Cała okupowana Europa słuchała Londynu".

W BBC pracowała niewielka grupa pracowników przedwojennego Polskiego Radia, nad którymi czuwali Anglicy. Praca wyglądała w następujący sposób: kierowniczka sekcji dostawała teksty angielskie (zazwyczaj napisane przez niezbyt dobrych angielskich dziennikarzy, ponieważ tu „lądowali ci, którym nie powiodło się na Fleet Street"), które zaraz tłumaczono na polski. Mogła to i owo wykreślić i teksty prawie natychmiast szły w eter, często w kiepskiej polszczyźnie. Nie szukano dziennikarzy, którzy dzieliliby się swoimi opiniami, ale raczej takich, których indywidualność i osobowość była niezauważalna – przyznaje Nowak. W końcu byli tylko potrzebni do przekazywania informacji o brytyjskiej polityce, poglądach i brytyjskim stylu życia.

Biura Serwisu
Światowego BBC
i sklep BBC

Nie chciano też zbytnio atakować komunistów. „Nie jesteśmy jeszcze w stanie wojny z reżymem komunistycznym", tłumaczyli bardziej zapalczywym Polakom. Mimo to Nowakowi udało się uzyskać zgodę na cykl audycji „Świadkowie historii".

Przed mikrofonem wystąpili generałowie, tacy jak Anders, Bór-Komorowski i Kopański, szefowie sztabów, członkowie podziemia, ambasadorzy, dwaj byli jeńcy z obozu w Kozielsku (Władysław Furtek i Stanisław Swianiewicz), którzy przeżyli NKWD-owski mord 22 tysięcy Polaków, żony wybitnych osobistości i wielu innych. Niestety, ebonitowe płyty, na których utrwalono głosy głównych postaci polskiego dramatu wojennego, zostały przez BBC zniszczone wraz z maszynopisami...

Praca dla BBC nie była bezpieczna. Ilustruje to tragedia bułgarskiego dziennikarza Georgi Markowa, który po wyjściu z BBC w roku 1978 na pobliskim moście Waterloo został dźgnięty parasolem. Umarł w trzy dni później. Okazało się, że „wstrzelono" mu w udo maleńką ampułkę z trucizną. Zamachowcem był agent pracujący dla bułgarskiej bezpieki.

Po upadku reżymu Żiwkowa w 1989 roku, w bułgarskim MSW znaleziono dosyć duży zapas tych specjalnych parasoli.

Budynek radia nazywa się Bush House, ponieważ został postawiony przez Amerykanina, Irvinga T. Busha. Gmach zaprojektowany przez Harveya W. Corbetta ukończono w 1935 roku. Miał służyć przede wszystkim jako centrum handlowe, ale mieściły się też tutaj inne instytucje, na przykład „Z" – siatka szpiegów, którymi kierował pułkownik C. E. M. Dansey, a którzy podawali się za handlarzy diamentów. Od czasów wojny mieścił się tu BBC World Service i tu angielski wywiad produkował propagandowe programy skierowane do Niemców.

Na parterze jest sklep BBC, gdzie można kupić produkcje radiostacji i telewizji na płytach DVD, na przykład jeden z najlepszych seriali, jaki telewizja BBC kiedykolwiek zrobiła, zatytułowany *The Ascent of Man*. Autorem tego cyklu o rozwoju człowieka jest wybitny naukowiec, profesor Jacob Bronowski (1908–1974).

Kościół RAF-u, St Clement Danes

Kościół św. Klemensa jest oficjalnym kościołem RAF-u

Stojąc przed budynkiem BBC i patrząc na wschód, widzimy dwa kościoły, schowane jeden za drugim. Ten, który znajduje się na następnej „wysepce" Aldwych Crescent, to kościół St Clement Danes. Przed nim stoi pomnik sir Arthura Traversa Harrisa, zwanego „Bomber Harris" (Bombowiec Harris). Podczas drugiej wojny światowej był on dowódcą strategicznej kampanii bombardowania uprzemysłowionych miast niemieckich. Pomnik stoi przed oficjalnym kościołem RAF-u, wybudowanym na miejscu pierwotnej świątyni, postawionej przez Duńczyków w IX wieku, kiedy to Duńczykom i ich angielskim żonom pozwolono mieszkać na pobliskim terenie. Duńczycy byli marynarzami, dlatego na patrona wybrali św. Klemensa, biskupa Rzymu, który zginął przywiązany do kotwicy i wrzucony do morza na rozkaz cesarza Trajana. Obecny kościół jest dziełem Christophera Wrena i pochodzi z 1682 roku. Wieżę dodał James Gibbs w 1719 roku. W 1942 roku budynek został poważnie uszkodzony przez Niemców, a w 1958 roku odrestaurowany przez Królewskie Siły Powietrzne (RAF).

Wieżę kościoła zaprojektował James Gibbs

Tablica w posadzce
upamiętnia polskie
dywizjony

W północnej nawie w kamiennej podłodze wbudowano tablicę upamiętniającą polskie dywizjony, które latały w RAF. Było ich 16, m.in., Dywizjon im. Tadeusza Kościuszki (303), Lwowskich Puchaczy (307), Warszawski (316), Wileński, Krakowski, Toruński, Ziemi Wielkopolskiej, oznaczony skrzydłem husarskim, i eskadra północnej Afryki z pięknie wygrawerowanym sfinksem. Jest tutaj także tablica upamiętniająca udział Polek w pomocniczej służbie kobiet (WAAF) i księga pamiątkowa z nazwiskami lotników, poległych podczas drugiej wojny światowej, w tym również Polaków.

W Bitwie o Anglię na jeden samolot RAF-u przypadały trzy niemieckie. Niemcy byli pewni, że zbombardowanie przez Luftwaffe lotnisk i innych ważnych obiektów strategicznych rzuci Anglię na kolana. Po dewastujących atakach samolotów miała nastąpić inwazja sił lądowych. Kampania powietrzna trwała od 10 lipca do 31 października 1940 roku. Anglicy od początku używali swojego nowego wynalazku – radaru (*radio detection and ranging*). Już w 1939 roku zainstalowali pierwszą stację radarową na wybrzeżu nad Kanałem Angielskim (La Manche), dzięki czemu wiedzieli, skąd zbliża się ława niemieckich samolotów, znali ich liczbę, wysokość, na jakiej leciały, i kierunek lotu. Przy szczupłych siłach lotnictwa brytyjskiego wynalazek ten dawał możliwości zaskoczenia przeciwnika i odegrał olbrzymią rolę w taktyce Anglików. 15 września niemieckie bombowce osłaniane przez Me-109 skierowały się na Londyn. Lotnicy toczyli walkę już od 11 rano. Kiedy Big Ben wybił południe, nad centrum Londynu przedarło się 148 niemieckich bombowców. W pewnym momencie nad głowami londyńczyków „niebo zamieniło się w wirujący i warczący taniec samolotów [...] w rzeźnię..." W powietrzu znalazło się 21 dywizjonów RAF-u. „Wielki Boże, człowieku, wszystkie twoje dywizjony są w powietrzu, co teraz zrobimy?", pytał Churchill Erica Douglasa Jonesa, dowódcę skrzydła (*wing* – skrzydło, jednostka struktury lotnictwa, nie stosowana

Piękny wystrój
kościoła
St Clement

w powojennym wojsku polskim; obejmuje do pięciu dywizjonów). „Pozostaje nam jedynie wierzyć, sir, że dywizjony zdołają uzupełnić paliwo i wystartować ponownie. Lotniska myśliwskie zgłoszą nam natychmiast każdy zdolny do dalszej walki samolot", odparł Jones.

W tej największej w dziejach bitwie powietrznej wzięło udział wielu polskich pilotów myśliwskich. Walczyli oni w składach Dywizjonów 302 i 303 oraz rozsiani w myśliwskich dywizjonach angielskich. Przeciętny wiek lotników wynosił 24 lata. Straty Polaków w Bitwie o Anglię to 33 pilotów.

Choć Niemcy przerwali bitwę w okolicznościach dla siebie korzystniejszych, Wielka Brytania została ocalona.

Po drugiej stronie kościoła St Clement znajduje się pomnik autora pierwszego słownika angielskiego, Samuela

Johnsona, który kiedyś powiedział: „Człowiek zmęczony Londynem to człowiek zmęczony życiem". Idąc ulicą Fleet Street na wschód, można dojść (i odpocząć przy kuflu piwa) do tawerny „Ye Old Cheshire Cheese", w której bywał nie tylko Dr Johnson, ale także Dickens i wielu innych znanych pisarzy. Fleet Street jest, lub raczej była, słynną ulicą dziennikarzy. Tu mieściły się biura i drukarnie londyńskich gazet, które w latach osiemdziesiątych ubiegego stulecia przeniosły się do Doków.

Stanisław Staszic, ksiądz, pisarz polityczny i przyrodnik, tak opisał angielskie dzienniki:

„W samym Londynie jest do 60 gazet, napełnionych przygodami wszelkiego rodzaju, nowinami najfałszywszymi i nawet najniepodobniejszymi do wiary, apostrofami, najgrubszymi przytyczkami na ministrów najzłośliwszymi, które jednak z ciekawością i ukontentowaniem czyta Anglik, od największego pana aż do najmniejszego chłopka. Nie ma traktierni lub tak ubogiego piwnego szynku, gdzie by gazety na stole nie leżały..."

Angielskie gazety na pewno fascynowały Polaków. W Warszawie w roku 1822 zaczął wychodzić dwutygodnik „Pustelnik Londyński z ulicy Pikadilly", który donosił o modach angielskich, o życiu angielskiej ulicy, teatrze, nowych sposobach oświetlania ulic gazem „wodorodno-węglanym" i o „handlu na żony w niektórych miastach Anglii" (sic!). Żonę można było sprzedać prywatnie lub przyprowadzić na rynek „na linie zawiązanej wokół jej szyi i sprzedanie jej tam nie za mniej, jak za jednego szylinga" (1881). Był to pomysłowy sposób na rozwód. Rozprzestrzenił się w oszczędnej Szkocji, ale i w Londynie takie sprzedaże zdarzały się od czasu do czasu. Oczywiście to, co się ukazało w Warszawie, zostało przetłumaczone z gazet angielskich.

Fleet Street   Fleet Street – ulica dziennikarzy, pomnik Doktora Johnsona i tawerna „Ye Old Cheshire Cheese" zawsze mi przypominają, jak znakomita jest angielska prasa, jak wiele interesujących artykułów można w niej jeszcze znaleźć i jak wiele się można nauczyć. Sytuacja zmienia się jednak i w pewnym sensie czuję, że dziennikarzom angielskim należy przypomnieć to, co powiedział polski dziennikarz Ryszard Kapuściński:

"Dziennikarz powinien być dobrym człowiekiem. Prawdziwe dziennikarstwo jest intencjonalne, czyli stawia sobie cele i stara się przeprowadzić jakąś formę przemiany. I że w dzisiejszych czasach nie uprawia się cenzury, ale manipulacje. Odejście od prawdy nie jest fałszem wprost, jest nim przyjęcie fałszu za prawdę". Na pewno tym ideom przyklasnąłby sam Dr Johnson.

Przy okazji warto wspomnieć, że w pubie „Ye Old Cheshire Cheese" można zjeść typowe angielskie kiełbaski z ziemniakami purée (*bangers and mash*), polane sosem cebulowym. Dr Johnson lubił okrągły knedlik (w kształcie wielkiej pyzy) zrobiony z mąki i tłuszczu. Mieszkał za rogiem, gdzie spędził dziewięć lat, pracując nad swoim słownikiem. Dzięki temu osiągnięciu otrzymał od króla pensję. Królem był wówczas Jerzy III, który wsławił się dwiema rzeczami – tym, że stracił kolonie w Ameryce (obwiniano za to jego i lorda Northa) i tym, że od czasu do czasu cierpiał na długotrwałe ataki obłędu. (Notabene dwiema osobami, które się w pewnym stopniu przyczyniły do tego, że król stracił amerykańskie kolonie, byli Tadeusz Kościuszko i Kazimierz Pułaski, wielcy bohaterowie amerykańskiej wojny o niepodległość).

Gryf

Niedaleko za kościołem i za pomnikiem Dr. Johnsona, na centralnej wysepce, z daleka można dostrzec tajemniczego, uskrzydlonego stwora. Nie ma on nic wspólnego z polonicami, ale należy się mu krótki fragment. Gryf stoi na granicy dwu miast, Westminsteru i Londynu (City of London). Jest to mityczny stwór, pół orzeł, pół lew, który pilnuje złota i skarbów. W 1948 roku miasto Londyn i miasto Westminster zostały połączone w jeden okręg wyborczy. W tym miejscu kiedyś był szlaban (a raczej może łańcuch), później postawiono tzw. Temple Bar (*temple* oznacza świątynię – w pobliżu była i jest świątynia templariuszy, i *bar* – sztaba). Mijając ten punkt, wchodzi się do City. Dzisiaj słowo City oznacza centrum finansjery, gdzie mieszczą się banki, giełda i wiele ubezpieczeniowych korporacji.

Po tym, jak Rzymianie opuścili Londyn w 410 roku, miasto przeżyło inwazje Sasów, wikingów i Normanów (potomków wikingów, którzy żyli na terenach północnej Francji). W XI wieku Wilhelm Zdobywca z Normandii, który zwyciężył

Gryf stoi w miejscu dawnego Temple Bar (na granicy miast Londynu i Westminsteru)

w bitwie pod Hastings, został „królem Anglików"– i od tego czasu mieszkańcy Londynu nie zaznali obcej okupacji.

W XVII wieku miasto przeżyło dwa kataklizmy – Wielką Plagę i Wielki Pożar. W XIX wieku powstawały duże budynki, szersze ulice, linie kolejowe i stacje metra.

City of London albo w skrócie City jest historycznym Londynem, mieszczącym się w granicach z 1556 roku, mniej więcej wielkości jednej mili kwadratowej, dlatego często używa się określenia Mila Kwadratowa (*Square Mile*). Symbol z gryfem pojawia się niemal wszędzie, gdzie wchodzi się na „Kwadrat".

W ścianę pobliskiego kościoła St Dunstan--in-the-West wbudowany jest posag Elżbiety I z 1586 r.

213

Świątynia wolnomularzy (Freemasons' Hall)

Szperając po różnych bibliotekach, łącznie z Polską Biblioteką Internetową, która wydała mi się wspaniałą inicjatywą na rzecz budowy społeczeństwa informacyjnego w Polsce, natknęłam się na bardzo długi wiersz. Przy nim była tajemnicza wzmianka o uroczystości ofiarowania pierścienia niejakiemu Karolowi Sulczewskiemu. Odbyło się to 28 lutego 1852 roku w Tawernie Wolnomularskiej.

Postanowiłam odnaleźć tę tawernę. Poszukiwania doprowadziły mnie do Biblioteki i Muzeum Wolnomularzy na Great Queen Street, leżącej w pobliżu Kingsway. Tutaj znajduje się Freemasons' Hall, zbudowany w 1933 roku. Został on otwarty przez Wielkiego Mistrza, księcia Connaught. Na parterze są biura, na pierwszym piętrze mieści się Wielka Świątynia, biblioteka i muzeum. Pierwszy budynek powstał w 1776 roku, wewnątrz wyglądał jak dorycka świątynia.

Masywna świątynia wolnomularzy wybudowana w 1933 r.

Część, która przetrwała, pierwotnie nosiła nazwę Tawerny Wolnomularskiej. Obecnie zajmują ją Connaught Rooms, reprezentacyjne sale wynajmowane na koncerty, bankiety i różnego rodzaju imprezy. Nieczęsto czyta się wzmianki o polskich wolnomularzach. Wśród elity na uchodźstwie wolnomularzami byli książę Adam Jerzy Czartoryski i Zygmunt Krasiński. Podobno także Stanisław August Poniatowski został wprowadzony do loży podczas swego pobytu w Londynie przez prokuratora królewskiego, Charlesa Yorka. Książę Kentu, który często przecina wstęgę na otwarciach różnych polskich instytucji, jest obecnie Wielkim Mistrzem. Książę Filip, mąż królowej, nie ma zbyt poważnego zdania o związku, w którym należy przebierać się w fartuszek, a książę Karol odmówił wstąpienia do masonerii.

Rzemieślnicy budowlani, czyli wolnomularze pracują nad budową Krzyża Eleonory (rysunki na peronie linii Northern na stacji metra Charing Cross)

Anglia jest ojczyzną wolnomularstwa. Tu dłużej niż w innych krajach przetrwała moda na architekturę gotyku. Rzemieślnicy budowlani, którzy mieli wiedzę fachową, zwani byli wolnymi mularzami. Była to elita, strzegąca swej wiedzy i nauczająca tylko wybrańców w cechach, zwanych lożami bądź strzechami. Ponieważ wiedza była przekazywana ustnie, używano symboli i formuł obrzędowych, które można było łatwo zapamiętać. Kiedy moda na gotyk zanikła, „prawdziwi" wolnomularze (rzemieślnicy budowlani) stracili na znaczeniu. Cech zaczął się przekształcać w stowarzyszenie ludzi wykonujących pracę murarską tylko symbolicznie, w organizację ideowo-społeczną osób myślących kategoriami oświecenia. Loże stały się klubami, w których dyskutowano tematy religijne, naukowe czy obyczajowe. Symbolika i liturgia masońska stanowiła surogat kultu religijnego. Mężczyźni szukali solidarności grupowej, a hasła takie jak uczciwość, honor, równość, ponadwyznaniowość i dopuszczalność niekonformistycznych poglądów, a także

215

postawienie morale jednostki ponad lojalność wobec władzy państwowej, wszystko to przyciągało szlachtę, prawników, bankierów i bogatych mieszczan.

Po klęsce powstania listopadowego kilkuset Polaków przyjechało do Londynu. W połowie lat trzydziestych Stanisław Worcell wraz z Kazimierzem Pułaskim założyli lożę wolnomularską i na gwałt uczyli się angielskiego, by móc nawiązać kontakty z miejscowymi radykałami. Tu stykali się polscy masoni z ludźmi, których nazwiska były głośne w podziemnej Europie Ludów i których śledziła policja wielu państw. Tawerna Wolnomularska była bezpiecznym miejscem spotkań. Tutaj piło się tradycyjnie mocny poncz, który składał się z koniaku, rumu, whisky, likieru pomarańczowego, soku z owoców cytrusowych i kilku innych składników. Kobiety nie miały wstępu. W 1852 roku, zapewne po odbyciu ceremoniału, podczas którego używano rekwizytów takich jak cyrkiel, młotek, kielnia, poziomnica, fartuszek wolnomularski, klejnoty i wstęgi, panowie przenieśli się do Tawerny i niejaki Ignacy Jackowski odczytał wiersz:

Przyjaciele! Bracia mili!
Po cośmy się zgromadzili?
Czy o klęskach rozpowiadać
Głębszą ranę sercu zadać?
Czy o latach upłynionych
Na wygnaniu, poniewierce?
O nadziejach zawiedzionych?
O! Przestańmy boli serce!

Symbole
wolnomularskie
nawiązują
do różnych źródeł
(egipskich, greckich,
zodiaku,
są tu oczywiście
także narzędzia
rzemieślników
budowlanych itd.)

Informacje praktyczne

Charing Cross, stacja kolejowa i metra
Przed stacją stoi replika Krzyża Eleonory, który kiedyś
stał na południowej stronie Trafalgar Square, tam gdzie
obecnie jest pomnik Karola I. Kiedy mówimy, że odległość do Londynu mierzy się od Charing Cross, ma się
na myśli to miejsce, gdzie dzisiaj jest pomnik Karola I)
Dojazd: metro Charing Cross, linia Northern i Bakerloo

Hotel „Savoy" (The Savoy)
Strand, WC2
tel. 020 7836 4343
fax 020 7240 6040
e-mail:savoy@fairmont.com

BBC Bush House (można odwiedzić tylko sklep)
Strand, WC2

Kościół RAF, St Clement Danes
Strand, WC2
Otwarty pon.–piat. 9.00–16.00, sob., niedz. 9.30–15.00
tel. 020 7242 8282

Świątynia Wolnomularzy (Freemasons' Hall)
Dojazd: metro Holborn, linia Central
60 Great Queen Street, WC2
Muzeum Wolnomularzy i Biblioteka otwarte pon.–sob.
10.00–17.00; oprowadzanie z przewodnikiem po budynku (włącznie ze świątynią) o 11, 12, 14, 15, 16; wstęp
bezpłatny (tylko wizyty w sobotę wymagają telefonicz-
nego zarezerwowania przewodnika i opłacenia go)
tel. 020 7404 7418
www.freemasonry.london.museum

Katedra św. Pawła

Z South Bank most Milenijny doprowadzi do katedry św. Pawła

Katedra pod wezwaniem św. Pawła, a właściwie jej kopuła o z lekka zaostrzonej sylwecie czaszy, wyrastającej z dwustopniowego bębna, jest jednym z najbardziej znanych punktów orientacyjnych Londynu. Zaprojektował ją Christopher Wren (1632–1723) po Wielkim Pożarze w 1666 roku. Jest to olbrzymia budowla, wzniesiona na planie krzyża łacińskiego, długości 152 metrów, w której pobrzmiewają echa watykańskiego kościoła św. Piotra. Została wybudowana w latach 1675–1710, „Wnętrze jej jest po palladiańsku poprawne, lecz chłodne, żywsza jest natomiast sylweta zewnętrzna", napisał pewien historyk sztuki. Wren został zainspirowany XVI-wieczną architekturą Andrei Palladia, surową i trzymającą się reguł starożytnych. Kierunek palla-

Tablica w krypcie
upamiętnia udział
Polaków w obronie
miasta

diański odżyje na wielką skalę pod koniec wieku XVIII
i z początkiem XIX jako jedno z głównych podłoży neoklasycyzmu.

Na ścianie krypty, zanim dojdziemy do sarkofagu admi-
rała Nelsona, po lewej stronie jest duża owalna tablica
pamiątkowa Polskich Sił Powietrznych, odsłonięta w 1990
roku. Ufundowało ją społeczeństwo angielskie dla uczczenia 145 polskich pilotów, którzy brali udział w Bitwie o Anglię. Tablica, którą pięknie wygrawerował angielski liternik
Kindersley, upamiętnia przybycie polskich lotników do
Wielkiej Brytanii w latach 1939–1940 i ich wkład w zwycięstwo w drugiej wojnie światowej: „Pamiętajcie polskich
pilotów, którzy dotarli do wybrzeży Brytanii w niebezpiecznych latach 1939–1940, ażeby odważnie walczyć w obronie
naszej wyspy i tego miasta, a także tych, którzy [...] dobili
później [...] i podzielili się wybitnym wkładem w zwycięstwo aliantów w powietrzu [...]".

W maju 1943 roku wybuchły spory wokół uroczystego
nabożeństwa w intencji Polski, odprawionego 2 maja w angli-
kańskiej katedrze św. Pawła. Idea mszy wyszła ze sfer angli-
kańskich (nie ze strony Polaków, jak zaznacza Edward
Raczyński).

„Tradycja miejscowa w tym kraju od chwili, kiedy odpadł
od Rzymu, nie pozwala katolikom uczęszczać na nabożeń-

Katedra uniknęła poważniejszych zniszczeń, ponieważ architekci (i inni miłośnicy tego budynku) siedzieli tutaj na straży, by móc szybko ugasić pożar wywołany bombami zapalającymi

stwa do świątyń niekatolickich. Skoro tylko projekt ujawnił się, biskupi [...] stanęli okoniem i postawili jako pierwsze żądanie, aby prezydent RP nie zabłądził do katedry św. Pawła. Postulat ten spełniliśmy. Natomiast miał być obecny rząd z premierem Sikorskim na czele. Biskupi to przyjęli zrazu do wiadomości, kiedy jednak organizatorzy, przez pomyłkę czy świadomie, przesłali zaproszenia z programem nabożeństwa z wymienionym uczestnictwem premiera polskiego redakcjom kilku bojowych pism katolickich, w angielskim obozie katolickim zawrzało jak w ulu".

Wysunięto Polakom ultimatum: 1) by premier cofnął swoje uczestnictwo, 2) by polski chór oficerski nie śpiewał w czasie nabożeństwa.

„Powiedziano nam, że bezwiednie staliśmy się narzędziem intrygi, mającej na celu upokorzenie tutejszej hierarchii katolickiej przez pokazanie jej, że rząd katolicki Polski jest bardziej liberalny i o szerszych poglądach aniżeli katolicy tutejsi, nietolerancyjni i sekciarscy [...]".

Polacy wysłali delegację do biskupa Meyersa, aby wytłumaczyła mu, że Polacy nie mogli sobie pozwolić na narażenie się Anglikom, a ich udział w uroczystości z punktu widzenia zwyczajów polskich nie miał w sobie nic niewłaściwego czy zdrożnego. Biskup zagroził, że jeżeli nie ustąpią, nie będą mogli zamówić mszy w dniu 3 maja w dużym kościele św. Jakuba przy Spanish Place, ale będą zmuszeni do „gnieżdżenia się" na Devonia Road.

„Podobno rozmowa była bardzo dramatyczna [...] Generał Sikorski [...] zdecydował się i pojechał do św. Pawła [...] Po raz pierwszy od czasu bombardowania w jesieni 1940 roku i uszkodzenia prezbiterium nabożeństwo odbyło się w górnym kościele. Przedtem nabożeństwa odbywały się tylko w podziemnej krypcie, która była nieuszkodzona. Celebrował i wygłosił kazanie arcybiskup Yorku w asyście licznych księży i zastępów służby kościelnej, uzbrojonej w srebrne buławy czy laski [...] Gen. Sikorski miał klęcznik wysunięty przed pierwszą ławkę pod kopułą katedry. W pierwszej ławce zasiadła nasza Rada Ministrów [...] Chór oficerski zaśpiewał na początku «Gaude Mater Polonia», a na końcu «Jeszcze Polska» i «God Save the King» (Boże, chroń króla). Chór nie śpiewał w czasie nabożeństwa, aby «nie uczestniczyć w ceremonii innowierczej». Nie uchroniło nas to od sankcji zapowiedzianej przez biskupa [...]".

Jedna rzecz jest bardzo ciekawa w tym zajściu. Polacy, którzy przyjechali z jedynego w Europie kraju, w którym w czasach reformacji nie było wojen religijnych, szubienic czy stosów, nie rozumieli, że mogą zranić uczucia angielskich katolików, którzy pamiętali okrucieństwo prześladowań, egzekucje i wyznawanie wiary w tajemnicy. Biskup angielski nie znał historii Polski, a Polacy historii wojen religijnych w Anglii. Reguła była zazwyczaj taka, że protestantów palono, a katolików zabijano na raty – najpierw obcinano części ciała, potem wyrywano wnętrzności (człowiek jeszcze żył), ćwiartowano i gotowano. Katolicy prześladowali przez pięć lat, protestanci przez ponad 250 lat; dopiero w 1829 roku nastąpiła „emancypacja" Kościoła katolickiego, ale nawet w XIX wieku katolicy nie mieli dostępu do urzędów.

Arcybiskup Szczepan Wesoły wyjaśnił sytuację w następujący sposób w „Czynie Katolickim":

„Gdy w roku 1940 roku tysiące Polaków znalazło się na Wyspach Brytyjskich, katolicy brytyjscy oczekiwali, że Polacy jako katolicy poważnie zasilą Kościół katolicki. Trzeba pamiętać, że Kościół katolicki w Anglii i Szkocji był Kościołem mniejszościowym, do niedawna prześladowanym. Katolicy mogli publicznie wyznawać wiarę dopiero od edyktu tolerancyjnego w 1830 roku. Dopiero w 1850 roku powstały struktury hierarchiczne Kościoła. Katolicy byli ciągle uznawani jako obywatele drugiej kategorii, zwłaszcza że większość katolików była Irlandczykami [...] Istniały u wielu [Polaków] duże tendencje przypodobania się Anglikom, wśród których były animozje rzymskie.

Atmosfera istniejąca w tym okresie w środowisku emigracyjnym, rządowym, nie była atmosferą życzliwą i sprzyjającą rozwojowi życia religijnego. Ówczesne czynniki rządowe niechętnie patrzyły na rozwój działalności religijnej. Było to częściowo również związane z kompleksem niższości, by wobec środowiska angielskiego niechętnego katolicyzmowi uniknąć zbytniego podkreślania katolickości i życia religijnego."

Kościół holenderski (Dutch Church)

Idąc przez City, widzimy często stare, wciśnięte i schowane wśród nowocześniejszych domów kościoły, odbudowane przez Wrena (architekta katedry św. Pawła). Wren był znanym naukowcem, astronomem i matematykiem, ale został architektem, kiedy zauważył, że jako taki cieszy się większym prestiżem.

W Wielkim Pożarze w 1666 roku spaliła się nie tylko katedra, ale także wiele kościołów. 460 ulic z 13 tysiącami domów i 89 kościołami padło pastwą ognia. Kiedy brak pieniędzy zagroził planom odbudowy katedry, Wren postarał się o to, aby go wybrano do Parlamentu i wówczas przeforsował uchwałę o potrojeniu podatku od węgla. Te pieniądze przeznaczono na budowę katedry i odbudowę kościołów. Wrenowi udało się odrestaurować 54 kościoły.

W jednym z kościołów City, na tyłach Banku Anglii (Bank of England)), Polak, znany wśród Anglików i Holendrów pod nazwiskiem Johannesa Lasco, miał „swój kościół". Jan Łaski (1499–1560), początkowo prałat katolicki, od 1543 kalwin, humanista i bratanek prymasa Polski, został zaproszony w 1548 roku do Anglii przez prymasa Cranmera (który przeprowadzał protestantyzację Kościoła angielskiego). Łaski stanął na czele „gminy cudzoziemskiej" w Londynie i zaopiekował się holenderskimi i francuskimi uchodźcami, którzy, aby uniknąć religijnych prześladowań w swych krajach, zjeżdżali do Londynu. Łaski otrzymał część byłego kościoła augustianów w Austin Friars i przyznano mu wysoką pensję. W 1550 roku syn Henryka VIII i Jane Seymour, król Edward VI, wydał Kartę Wolności Religijnej, którą można zobaczyć w tym kościele. Anglicy chcieli, żeby Łaski stłumił religijny radykalizm. Kalwin nie przepadał za niezależnie myślącym Polakiem, którego demokratycznych idei nie podzielał. Po śmierci Edwarda tron objęła królowa Maria, która była katoliczką. Protestantom rozkazano opuścić królestwo w ciągu 24 godzin. W 1553 roku Łaski i 175 Holendrów odpłynęło na dwóch statkach. Wzięli ze sobą Kartę. Po różnych perypetiach osiedlili się w Emden. Wielu z nich wróciło do Anglii po objęciu tronu przez Elżbietę I. W 1560 roku kościół w Austin Friars został zwrócony Holendrom. (Podczas drugiej wojny światowej uległ zniszczeniu w czasie bombardowania. Został odbudowany kilka lat później).

W 1555 roku, w nadziei, że osiągnie jeszcze większe sukcesy w Polsce, Łaski zadedykował dzieło *Forma ac Ratio* Zygmuntowi Augustowi. W książce opisał swoje reformatorskie osiągnięcia w Londynie i Emden. Ale jego marzenia o stworzeniu polskiego Kościoła ewangelicznego spełzły na niczym.

Jest uważany za współtwórcę Kościoła anglikańskiego. Jego dobroczyńca Cranmer został oskarżony o herezję i spalony na stosie w 1556 roku podczas panowania katolickiej Marii I Tudor.

Holenderski kościół w Londynie był kościołem uchodźców protestanckich, którzy uciekali ze swoich krajów przed prześladowaniami. Przez dłuższy czas istniała moda na dualizm religijny, która doprowadziła do relatywizacji wiary. Ogromne zniszczenia sztuki w kościołach katolickich i klasztorach stępiły przeżycia estetyczne, to z kolei wytworzyło pewną duchowa pustkę. (Obecnie w Londynie niektóre kościoły są przerabiane na mieszkania i puby.) Stanisław Egbert Koźmian, który mieszkał w Anglii przez 12 lat, taki pozostawił opis:

„Nieprzyjemne wrażenie robią kościoły angielskie – puste – chłodne, pozbawione ozdób; kazania wykazują przymus, suchość i ckliwą deklamację, obok teatralnego zapału.

Prócz skromnej ambony, jakby profesorskiej katedry, prócz kilku marmurowych tablic, zmarłym poświęconych,

Główne wejście do kościoła holenderskiego

nic nie oznaczało, że to kościół [...] Zdało mi się, że jestem w szkole, z której wyszli studenci [...].

Kościoły ich są zwykle pokryte zewnątrz najstaranniej pielęgnowanym bluszczem, ale uważaliby za ciężkie wykroczenie, gdyby kto wewnętrzną ścianę kwieciem lub zielonością przystroił.

Pozwalają niekiedy na malowane szkło w oknach, ale te same przedmioty wyobrażone na płótnie lub odrysowane na ścianie wydałyby się im bezbożnością lub wkroczeniem bałwochwalstwa do świątyni. To wykluczenie z świątyni wszelkiej ozdoby, wszelkiego hołdu sztuki na chwałę Bożą tym dziwniejszym mi się wydawało, żem wszędzie widział salony, a osobliwie pokoje jadalne, tłumnie i bogato okryte obrazami świętymi, pierwszych częstokroć mistrzów".

Muzeum Londynu

Profesor Jacek Lohman, który jest dyrektorem Muzeum Londynu, zaprosił mnie na kawę, kiedy zwróciłam się z pytaniem o polonika. Parę lat temu Lohman otrzymał doktorat honoris causa PUNO. Z jego życiorysu dowiaduję się, że przez trzy lata zarządzał muzeami w RPA, gdzie uzyskał olbrzymie doświadczenie w muzealnictwie. Rodzice uciekli z Warszawy po powstaniu warszawskim. On urodził się Londynie w 1958 roku, gdzie rodzice pracowali jako architekci. Jedna z sióstr zawsze miała słabość do aktorstwa i występowała w teatrze „Syrena". Skoligacony z Estreicherami Lohman także studiował historię sztuki i w Londynie, i w Warszawie. Mówi po polsku tak, jakby „wyczuwał doskonale, że wdzięk narodu, jego zdolność zachwycania, uwodzenia, może być bronią nie mniej potężną niż armaty", że posłużę się cytatem z Gombrowicza. Zapewne ten talent pozwolił mu znaleźć 14 milionów funtów, których potrzebuje na to, aby móc przebudować muzeum; chciałby zmienić ciemny mur z cegły w szklaną ścianę i dobudować nowe galerie. Eksponaty będą wówczas widoczne z zewnątrz, co stworzy nowe doznania estetyczne. Muzeum Londynu łatwo znaleźć, idąc od stacji St Paul's na północ przez 8 minut. Problemem jest to, że kiedy się zobaczy fortecę z ciemnej cegły (która powstała w 1976 roku), bez okien, w zasadzie bez wejść, nie wiadomo, jak się do niej dostać. Po stronie zewnętrznej tego pierścienia są znaki i ruchome schody, którymi się wjeż-

Za tą ciemną ścianą mieści się fascynujące muzeum

dża na pierwsze piętro. Kilka krótkich wiaduktów pozwala przejść nad ulicą i dostać się do środka. Muzeum zbiera nagrania „świadków historii". Jedna z kustoszek, która jest Angielką, nauczyła się polskiego po to, by móc tę pracę wykonywać. W planie jest wystawa Feliksa Topolskiego, rysownika – kronikarza Londynu. Lohman pamięta Topolskiego, jak siedział w pierwszym rzędzie w teatrze i szkicował aktorów. W Muzeum Londynu znajduje się wiele fotografii z East Endu, litografie pomnika Sobieskiego, przerobionego na pomnik Karola II, polski paszport i nagrania „świadków historii" – polskich Żydów ze wschodniej dzielnicy, którzy po przyjeździe zaczynali tam swe życie na emigracji.

W muzeum koniecznie trzeba obejrzeć karetę Lorda Mayora i taksówkę londyńską, która kursowała w latach 1908–1921

Tutaj stoi też wspaniała kareta, którą burmistrz City jedzie do sądów. (W dawnych czasach nowo wybrany burmistrz udawał się barką do Westminsteru, gdzie prezentował się królowi i sędziom). Sądy znajdują się w pobliżu gra-

Co roku 9 listopada odbywa się uroczysta parada – Lord Mayor wyjeżdża spod Guildhall i jedzie przez City do Królewskich Sądów (gdzie jest „zatwierdzany" jako sędzia i zarządca City) w karecie wypożyczonej z Muzeum Londynu

W tym dniu można zobaczyć panów w melonikach – do niedawna typowe nakrycie głowy urzędników bankowych w City

nicy City i Westminsteru. Kareta kosztowała 860 funtów i była wykonana w latach sześćdziesiątych XVIII wieku.

Muzeum jest bogatym źródłem wiedzy o Londynie. Ma w swojej kolekcji dwa miliony eksponatów. Jest położone w miejscu, gdzie niegdyś Rzymianie zbudowali mur obronny. Potem w tym samym miejscu stanął nowy mur. Resztki tego średniowiecznego muru (London Wall) można zauważyć między nowoczesnymi domami.

Guildhall, czyli siedziba władz miejskich Londynu, ma misternie dekorowaną salę reprezentacyjną, którą trzeba obejrzeć, aby zrozumieć, jak bogate były cechy londyńskie i na jak wysokim poziomie stał kunszt rzemieślniczy. Jak wspomniałam Fryderyk Chopin grał tutaj swój ostatni przed śmiercią koncert publiczny. 16 listopada 1848 roku odbył się bal charytatywny, z którego dochody przeznaczono na polskich uchodźców. Było to typowe dla Chopina, że mimo pogarszającego się stanu zdrowia, mimo problemów z oddychaniem w londyńskim smogu, patriotyzm i poczucie obowiązku artysty przezwyciężyły wyczerpane bólem ciało. (W 1954 roku zarząd miejski City jako pierwszy w Europie wprowadził prawo czystego powietrza, propagując zmniejszenie zawartości ołowiu w benzynie).

City miało swój zarząd, zanim uformowała się władza królewska. Była to pierwsza niezależna lokalna władza w Brytanii, liczy ona ponad 800 lat. Nazwa pochodzi od anglosaskiego słowa *gild* – opłata, podatek, który obywatele składali, przynosząc go do Guildhall. Burmistrz (który spełnia tylko funkcję ceremonialne) i szeryfowie (reprezentujący monarchę) zarządzają City. Są oni wybierani w Guildhall podczas odwiecznej Ceremonii Ciszy. Wszystko odbywa się w zupełnej ciszy aż do zatwierdzenia deklaracji burmistrza, który podpisuje ją gęsim piórem, po czym otrzymuje berło, sakiewkę, szpadę i buławę – symbole władzy. Wśród 120 rajców więcej niż jedna trzecia należy do loży wolnomularskiej. Od ponad 400 lat w City mieści się światowa finansjera. Od czasu, kiedy wybuchła podłożona przez IRA bomba (ukryta w ciężarówce), City zostało otoczone kordonem

Guildhall

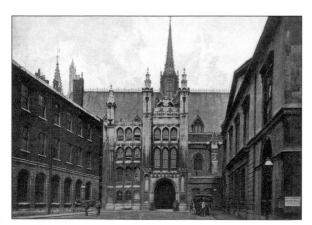

Guildhall od 800 lat jest centrum administracyjnym City

bezpieczeństwa, kamery są zainstalowane na każdym rogu i budynku, numery rejestracyjne samochodów wjeżdżających są sprawdzane przez komputer, a ciężarówki nie mają tu prawa wjazdu.

Guildhall został wybudowany w latach 1411–1439. Ratusz uległ zniszczeniu w Wielkim Pożarze Londynu i po raz drugi podczas drugiej wojny światowej. W oryginalnym kształcie dotrwały tylko portal, mury Great Hall i krypty. Fasada ze średniowieczną bramą pochodzi z 1788 roku. Na uroczyste obiady sale bywały dekorowane pięknie wyhaftowanymi flagami cechów. Ze 100 cechów zachowało się 77. Niektóre z nich mają po 600–800 lat. Na przykład cech tkaczy był zarejestrowany w 1184 roku; inne, równie stare, to cech rybaków, rzeźników, drobiarzy, piwowarów, bławatników, złotników, kołodziejów...

Mieści się też tutaj sąd (City ma dwa sądy – drugi jest w Mansion House). To właśnie tu pechowa młodziutka Jane Grey (która była królową zaledwie przez parę dni), została skazana na śmierć. W tym samym pomieszczeniu odbywają się uroczyste bankiety. Tradycyjna zupa, którą do niedawna serwowano gościom, to zupa żółwiowa. Coroczne przyznanie prestiżowej nagrody literackiej Booker Prize również odbywa się w eleganckich wnętrzach ratusza. W 1991 roku burmistrz wydał bankiet na cześć prezydenta Polski Lecha Wałęsy, który przyjechał z oficjalną wizytą do Anglii.

Metro Bank

Stacja metra Bank jest położona mniej więcej pod Bankiem Anglii. Podczas wojny ludzie używali stacji i tuneli metra jako schronów. W 1940 roku pierwsza niemiecka bomba spadła na City, zaraz potem 400 samolotów Luftwaffe zbombardowało doki. Początkowo transport londyński próbował zniechęcać ludzi do chronienia się na stacjach, wieszając ogłoszenia: „Podczas nalotów wstęp tylko dla pasażerów", ale pod presją opinii publicznej decyzję zmieniono i 79 stacji zaczęło pełnić funkcję schronów (niektóre były przeznaczone tylko dla dzieci). W styczniu 1941 roku bomba wtoczyła się do stacji Bank, odbiła po ruchomych schodach, spadła na dół i wybuchła na peronie, zabijając 117 osób.

Za znakiem stacji
metra Bank wznosi
sie Mansion House –
siedziba Lorda
Mayora City

Autorka oryginalnych wierszy miłosnych, Maria Pawlikowska-Jasnorzewska (1891–1945), córka znanego malarza
Wojciecha Kossaka, która po wybuchu wojny wraz z mężem
lotnikiem znalazła się w Anglii, przeżyła nalot niemiecki
w jednej ze stacji metra w Londynie. (Jednym z powodów,
dla którego poetka musiała uciekać z Polski były jej antyfa-
szystowskie utwory). W swoim *Szkicowniku Poetyckim*
(1941/1942) napisała:

Choćbyście ją nazwali – „słuszną" czy „obłędną",
„Wojną skrzydeł", „narodów" czy „ras" – wszystko jedno,
Gdyż mam już dla niej imię, co w każdej godzinie
Potwierdza się: to wojna przeciwko rodzinie...

W innym wierszu przesłanym w liście mężowi, z zastrze-
żeniem „ale nigdy do druku", pisała:

Wojenko, wojenko, cóżeś ty za pani
Śpiewał żołnierz, aż kulą w łeb trafiony urwał.
Pozwólcie mi błąd jeden sprostować, kochani:
Przede wszystkim nie pani żadna, ale k...a.

Poetka sama przyznała, że nie potrafiła pisać „ojczyźnia-
ków", których od niej oczekiwano.

Mieszkała w Blackpool i tam pisała dziennik. W grudniu
1940 roku zanotowała:

„Wczoraj Londyn przeżył najstraszliwszy nalot ze wszystkich stron, spadło np. oprócz innych pocisków 100 000
sztuk bomb zapalających. Hitler odgraża się, że to dopiero
początek.

[...] ja chcę wrócić, wrócić! Do siebie, do nas, ratować
swoją własną Ojczyznę, czyli swój dom, Tatce, Mamie życie
różami ścielić [...], wrócić do kraju lat dziecinnych.

Histeryczne moje życie jak otaczające mnie morze rzuca mi czasem w twarz dawne grzechy..."

Maria Kuncewiczowa (1899–1989) dziwiła się, że mimo iż kelner (lub kapelmistrz) przynosił tablicę z napisem „air raid" (nalot powietrzny), ludzie często ignorowali ostrzeżenia i kontynuowali zabawę, obiad, słuchanie muzyki.

„Na seansach dziennych w kinie te słowa zjawiały się pośród ekranu, przecinając akcję, jak pomylony komentarz [...] Goście nie przerywali wizyt, lekarze auskultacji, księża nabożeństw, nauczyciele lekcji, zakochani transu...

Po pewnym czasie początek nocnych nalotów ustalił się na porę kolacji [...] Już na długo przed zmierzchem widać było na każdej ulicy ludzi, zmierzających do underground'u. Kobiety w zawojach, w spodniach, mężczyźni w kurtkach piżamowych pod starymi paltami, dzieci z niedźwiedziem pod pachą – wszyscy dźwigający jakieś toboły potrzebne do snu. Ustawiali się w ogony u wylotów kolejki, nieprzerwaną rzeką spływali w dół, płynęli w górę razem z automatycznymi schodami, znowu opadali w windach...

W przejściach i hallach rozpościerali gazety i kładli się na nich, ocieniając wzrok tekturowymi daszkami. Kładli się też na peronach w pobliżu szyn, dopiero znacznie później zbudowano dla nich wielopiętrowe prycze drewniane, gdzie leżeli płasko jedni nad drugimi...

Do godziny pół do pierwszej w nocy pociągi co kilka chwil przebiegały – szalejąc – tuż koło ich skroni, pasażerowie przydeptywali im ręce, blask wielkich lamp przeżerał im powieki. Dopiero po północy zjawiła się ciemność. Pisk szczurów wtedy nie ciszej brzmiał dla sennych, niż gwałty kolei, ich cwał nie mniej bywał ciężki...

Mało widywało się łóżek polowych, materaców, wózków dziecinnych; na powierzchni jednego koca mieściła się cała rodzina, waliza z precjozami służyła za poduszkę trojgu głowom, z betonowej, wilgotnej płyty, z żelaznego stopnia nie przenikało do ciał żadne ciepło...

Ci, którzy pozostawali w łóżkach, nie spali z powodu drżenia szyb, łomotu armat i serca, z powodu gwizdu, rozrywania się bomb...

Wtedy wszyscy zaczynali modlić się o to, żeby nie umierać w ciemności. Żeby przyszedł świt albo Bóg i upokorzył Niemca...

Nadjeżdżał wreszcie pierwszy pociąg... Dzwonił pierwszy telefon. Kobiety w kitlach częstowały herbatą.
Syrena wyła równo: *all clear...*".

Naprzeciwko Banku Anglii stoi oficjalna rezydencja Lorda Mayora, Mansion House. Budynek według projektu George'a Dance'a został ukończony w 1752 roku i nie tylko stał się budynkiem reprezentacyjnym, ale także domem mieszkalnym. Jest to jedyny na świecie prywatny dom, w którym mieści się sąd. Wewnątrz jest także małe więzienie (tutaj były przetrzymywane sufrażystki). Główne wejście, zwieńczone frontonem, wychodzi na Bank Anglii. Na frontonie – alegoria City, postać kobiety ukoronowanej wieżyczkami. Jej lewa noga spoczywa na Zawiści, a lewe ramię na tarczy z herbem miasta. Bogini rzeki i kotwica na wybrzeżu wysypanym muszelkami symbolizują Tamizę.

Mansion House

W miejscu, gdzie teraz stoi Mansion House, kiedyś była statua konna, przedstawiająca Jana Sobieskiego na koniu, tratującego Turka. Wykonana z marmuru kararyjskiego we Włoszech, nie została wykupiona przez Polaków. Nabył ją bogaty burmistrz Londynu, sir Thomas Vyner. Po sprowa-

Pomnik Karola II na Stocks' Market

dzeniu do Anglii przerobiono ją na pomnik Karola II – być może zrobił to Kasper Lathem, i ustawiono na rynku. Z Turka rzeźbiarz zrobił Cromwella. Pomnik został odsłonięty uroczyście na Stocks Market. Nikt nie pytał, dlaczego Cromwell ma coś w rodzaju turbanu na głowie, wszystkim się spodobał. Stał przez prawie 80 lat. Na pewno został nabyty w stanie niewykończonym, inaczej przeróbka nie byłaby możliwa. W 1779 roku został przeniesiony do Gautby w Lincolnshire, a w roku 1883 – do Newby. Być może jest to tylko legenda, powielana przez pokolenia tych, których imaginację zainspirowała popularna postać Sobieskiego, po odsieczy wiedeńskiej bohatera Europy.

Giełda Królewska i Bank Anglii

Na stronie wschodniej wielkiego skrzyżowania Princess Street i Gresham Street stoi gmach Giełdy Królewskiej, założonej w 1565 roku (teraz jest to centrum handlowe), na północnej – Bank Anglii, założony w 1694 roku, aby finansować wojny z Francją. Stopniowo stał się centralnym bankiem Wielkiej Brytanii, emitującym również banknoty.

Julian Ursyn Niemcewicz, który mówił po angielsku i zwiedzał Anglię z dużym zainteresowaniem, był tutaj kilkakrotnie. Pisał z wielkim szacunkiem o bogactwie Anglików:

„Ufność publiczna w bankach, kredyt kupców zapewniony najściślejszą rzetelnością podwaja te bogactwa, kartki papieru reprezentują sztaby złota i srebra. Bank londyński nie miał naówczas w obiegu, jak 10 mil. funtów szterlingów w biletach; za połowę tego na godzinę na Bursie (giełdzie) odbyło się kupna i sprzedaży, nikt jednak jednej gwinei nie wyciągnął z kieszeni. Sala, w której bilety banku zamieniano na złoto, ma kilkanaście stołków, na każdym leżały góry złota, nikt jednak nie przyszedł ich zamieniać. Widziałem w podziemnych sklepach leżące na półkach jak duże tablice czekolady; były to cegiełki złota, te, gdy potrzeba, biorą, topią i wybijają. Ileż kupców w Londynie bogatszych nad wszystkie całej Polski bogactwa".

W muzeum Banku Anglii można zobaczyć nie tylko sztabki złota, posrebrzane ozdoby czy też rzymską posadzkę mozaikową, ale także dowiedzieć się wiele o pracy banku i systemie finansowym. Skoro jesteśmy przy temacie złota i banku, warto zacytować dziennikarza Stanisława Mackiewicza (1896–1966), który spędził w Anglii siedemnaście lat:

„Było tego złota bardzo dużo [wywiezione z Polski złoto Banku Polskiego], bo koło miliarda franków szwajcarskich w złocie, można je było nazwać oszczędnością całego narodu, chociaż formalnie było ono własnością instytucji prywatnej, prywatnego towarzystwa akcyjnego, którą był Bank Polski według swego statutu opartego na wzorze statutu Bank of England. Po przyjeździe do Paryża złoto to było ulokowane w skarbcach we Francji, potem, po katastrofie czerwcowej 1940 roku, wywiezione do Afryki do Dakaru, który znajdował się pod władzą marszałka Petaina. W owym czasie zarzucałem generałowi Sikorskiemu, że złoto to zaprzepaścił".

Generał de Gaulle został wysłany do Afryki przez Anglików, aby odzyskać to złoto, ale nie udało mu się. Dakar oswobodzili Amerykanie i złoto zostało wysłane do Kanady.

„Już po Jałcie, ale jeszcze za czasów, kiedy rząd Jego Królewskiej Mości uznawał rząd urzędujący w Londynie za Rząd Rzeczypospolitej, Churchill oświadczył publicznie [...] że polski rząd londyński nie ma żadnych pieniędzy, bo złoto przechowywane w Kanadzie jest złotem prywatnym. Istotnie, jak już wyjaśniłem, formalnie było to złoto prywatne i akcje jego właścicieli znajdowały się w przeważnej części za granicą.

Jednak kiedy w 1945 roku rząd polski krajowy znacjonalizował złoto Banku Polskiego, to Anglicy uznali ten dekret, ale pod warunkiem[...] że z tego złota potrącą sobie wszystkie wydatki, które ponieśli w związku z pobytem prezydenta Raczkiewicza i jego rządu w Londynie...

A więc urzędnicy polscy i osoby przez rząd polski w Londynie podczas wojny utrzymywane nie tylko nie były opłacane przez Anglików, lecz przeciwnie, były czymś w rodzaju turystów, zasilających złotem swego kraju gospodarkę kraju swego pobytu. Złoto polskie podczas wojny wsiąkło w Anglię i Anglicy pod względem pieniężnym podczas wojny tylko się na nas wzbogacili".

Mackiewicz o tym nie wiedział, ale Wielka Brytania zaciągnęła poważne długi u Amerykanów. (Niektórzy nawet twierdzą (sic!) że Amerykanie przyłączyli się do drugiej wojny światowej, aby mieć pewność, że ich dłużnik zwycięży i będzie mógł spłacić olbrzymie pożyczki). Zostały one spłacone dopiero dwa lata temu.

Typowy widok – stara uliczka w City, w tle nowoczesny wieżowiec

Informacje praktyczne

Katedra św. Pawła (St Paul's Cathedral)
Dojazd: metro St Paul's, linia Central
Wstęp płatny
tel. 020 7246 8348
www.stpauls.co.uk

Muzeum Londynu (Museum of London)
150 London Wall, EC2
Otwarte pon.–sob. 10.00–17.50, niedz. 12.00–17.50

Wstęp bezpłatny
tel. 020 7600 3699
www.museumoflondon.org.uk

Galeria Ratusza (Guildhall Art Gallery)

Dojazd: metro Bank, linie Central, Northern,
Hammersmith & City
Guildhall Yard, EC2
Do sali reprezentacyjnej można wejść od Guildhall Yard
przez lewe skrzydło. W lewym skrzydle jest także małe
muzeum zegarów. Wstęp wolny.
Do galerii wchodzi się przez prawe skrzydło. Wstęp płatny.
Otwarte pon.–sob. 10.00–17.00, niedz. 12.00–16.00
W podziemiach znajdują się ruiny rzymskiego amfiteatru, które zostały odkryte w 2000 roku. Na godzinę
przed zamknięciem wejście do galerii (i amfiteatru) jest
bezpłatne.
tel. 020 7332 3700
www.cityoflondon.gov.uk

Kościół Holenderski (Dutch Church)

Dojazd: metro Bank, linie Central, Northern,
Hammersmith & City
Austin Friars, EC2
Kościół można zwiedzać. Na tylnym witrażu jest uwiecz-
niony Jan Łaski.
Należy dzwonić pod nr 7.

Muzeum Banku Anglii (Bank of England Museum)

Dojazd: metro Bank, linie Central, Northern,
Hammersmith & City
Bartholomew Lane, EC2
Otwarte pon.–pt. 10.00–17.00
tel. 020 7601 5545
W ramach akcji Open House London co roku przez dwa
dni dla publiczności otwiera się budynki, których nie
można zwiedzać na co dzień. Można wówczas obejrzeć
Bank Anglii (i budynek firmy ubezpieczeniowej Lloydsa,
który jest w pobliżu). Lista wszystkich budynków
na www.londonopenhouse.org

**Pagórek
egzekucji
i egzaminy
Josepha
Conrada**

W latach osiemdziesiątych XIX wieku Joseph Conrad zdawał trzy egzaminy: na drugiego oficera, zastępcę kapitana i kapitana. Egzaminy odbywały się w St Kathrine's Dock House na Tower Hill i były organizowane przez Departament Morski Ministerstwa Handlu. Swoje doświadczenia pisarz opisuje w VI rozdziale *Personal Record* (1912; wyd. polskie *Ze wspomnień*, 1987) i w *Chance* (1913; wyd. polskie *Gra losu*, 1987). Dwukrotnie przypomina, ze wielu znakomitych mężów straciło głowy na wzgórzu Tower. Tower Hill stanowiło miejsce egzekucji ludzi, w których żyłach nie płynęła błękitna krew. Było to upokarzające, bo przyjść obejrzeć egzekucję mógł każdy, kto chciał. Olbrzymie tłumy gapiów oblegały pagórek. Arystokratom i królowym obcinano głowy wewnątrz murów Tower of London (Wieży Londyńskiej).

Na Tower Hill zginął Tomasz More (1478–1535) – święty katolicki i jeden z najsłynniejszych myślicieli angielskich swojej epoki (autor *Utopii*). Król Henryk VIII uwięził go w Tower za sprzeciw wobec oderwania się Anglii od Kościoła katolickiego i za odmowę uznania króla za głowę Kościoła anglikańskiego (w owych czasach określono to jako zdradę stanu). Oznajmiono mu „dobrą" wiadomość, a mianowicie że pierwotny wyrok – śmierć przez rozprucie brzucha i wyciągnięcie wnętrzności – został zastąpiony ścięciem głowy. Przeprowadzono go z wieży na wzgórze. Rozgorączkowany tłum już czekał. Król zabronił More'owi przemawiać, bojąc się jego talentu oratorskiego. More poprosił zgromadzonych, by „dali świadectwo, że poniesie śmierć w wierze i za wiarę świętego Kościoła katolickiego". Następnie ukląkł i wyrecytował słowa psalmu, rozpoczynającego się od słów: „Boże, zmiłuj się nade mną w swym miłosierdziu". Wstał, a wtedy kat (w szkarłatnej masce i rogatym kapeluszu) padł przed nim na kolana i prosił go o wybaczenie i błogosławieństwo. „Odwagi, człeku, czyń swoją powinność" – powiedział More. – „Mam bardzo krótką szyję, zważaj więc, byś się nie skompromitował krzywym cięciem". Znowu ukląkł, nie pozwalając zawiązać sobie oczu, ale zakrył twarz lnianą chusteczką, którą miał ze sobą, i położył głowę na pniu katowskim. Został zabity jednym ciosem topora. Kat podniósł jego głowę i pokazał tłumowi, z okrzykiem: „Oto jest głowa zdrajcy!" Ciało odniesiono do wieży, głowę zaś ugotowano i wbito na pal, który wzniesiono na moście Londyńskim. Tomasz More był pierwszym świeckim Anglikiem, kanonizowanym w 1935 roku jako męczennik.

Conrad zapewne czuł się tak, jakby sam szedł na egzekucję. Miał zdawać egzamin w języku, który znał zaledwie od kilku lat, mówiąc w dodatku z obcym, trudnym do zrozumienia akcentem, i używać słownictwa technicznego, co na pewno napawało go lękiem. Podczas pierwszego egzaminu, 28 maja 1880 roku, przepytywał go kapitan Rankin, wysoki mężczyzna ze szlachetną białą głową i z wąsami, spokojny i życzliwy, dobrotliwy i inteligentny. Jego szczupłe dłonie spoczywały na kolanach, kiedy łagodnym głosem zadał pierwsze pytanie. A potem było następne i następne, i następne... Conrad poczuł się jak „wyciśnięta cytryna", kiedy egzaminator wręczył mu błękitną kartkę z wynikiem. Stracił poczucie czasu, nie miał pojęcia, że minęły trzy godziny. Odźwiernemu dał napiwek jednego szylinga, wyszedł lekkim krokiem, ciesząc się z sukcesu.

Pomnik Marynarki Handlowej – w tle Tower of London

28 listopada 1884 roku Conrad zdawał egzamin u kapitana Thompsona, małego, silnego, o twarzy pożółkłej, w brązowym garniturze. Thompson zadawał mu pytania, sprawdzając jego zaradność, pytając na przykład, co by zrobił w wypadku katastrofy. Tych wyimaginowanych katastrof miał całą listę. Conrad zdał egzamin w ciągu 40 minut. W *Outside Literature* pisarz dodał ciekawy szczegół, przyznał się, że zrobił trywialny błąd na egzaminie pisemnym – napisał W (zachód) zamiast E (wschód). Asystent egzaminatora dał mu szansę poprawienia błędu. Oddał mu papier (na temat astronomicznej nawigacji), mówiąc spokojnie: „Ma pan jeszcze czternaście minut".

Do egzaminów Conrad przygotowywał się, chodząc do szkoły nawigacji na Dock Street we wschodnim Londynie, gdzie uczył go John Newton.

29 października w 1889 roku egzaminował go typ jak z powieści Dickensa niski, tłusty z okrągłą twarzą okoloną siwymi, puszystymi bokobrodami i z soczystymi, gadatliwymi ustami. Oparł się na łokciu, spuścił powieki i odwrócił od Conrada. Całe pomieszczenie było wypełnione modelami żaglowców i takielunkiem, tablicami z sygnałami; duży, długi stół przykryto oficjalnymi dokumentami; był tam także maszt bez lin czy bloków.

Według Conrada, ten egzamin też zdał. Jeden z badaczy jego twórczości sprawdził jednak dokumenty i okazało się, że Conrad na drugim egzaminie oblał pracę z testu nawigacyjnego i arytmetykę, a na trzecim jeszcze raz pracę nawigacyjną. Musiał wrócić 11 dni później, by zdać poprawki. Na egzamin kapitański wrócił po trzech miesiącach i zdał.

„Szedłem miarowym krokiem przez Pagórek, na którym obcięto wiele głów. Faktem jest, powiedziałem sobie, że jestem teraz niewątpliwie kapitanem. Miałem wyolbrzymione poczucie tego bardzo skromnego osiągnięcia"... – pisał.

Osiągnięcie było wielkie jak na młodego mężczyznę, cudzoziemca wychowanego na równinie oddalonej od morza o tysiące kilometrów, który w ciągu kilku lat nauczył się angielskiego od marynarzy i ze słownika na tyle dobrze, by móc opisywać skomplikowane zjawiska. Wiedzę techniczną, która ujawnia się na kartkach jego powieści, zdobył w rejsach i na kursach, kiedy przygotowywał się do egzaminów. Conrad chciał „pokazać Anglikom, że dżentelmen z Ukrainy może być tak samo dobrym marynarzem jak oni". Później zdecydował się na coś o wiele trudniejszego. Tak silne było w nim pragnienie opowiadania i pisania, że chociaż mówił *awks*, mając na myśli *oaks* (dęby), z olbrzymią odwagą ruszył w literacki rejs w kraju Szekspira. „Człowiek musi ciągnąć kulę i łańcuch swojej indywidualności do samego końca. Jest to cena, którą się płaci za piekielny i boski przywilej myślenia". Pod koniec życia, kiedy Anglicy chcieli go nobilitować, odmówił...

Na Tower Hill widać masywną budowlę, w której mieściła się komendantura Portu Londyńskiego, wybudowana w latach 1912–1922 według projektu sir Edwina Coopera. Obok po prawej – stoi mały Trinity House, autorstwa Samuela Wyatta (1792–1794), a na Trinity Square wśród zieleni masywny pomnik Marynarki Handlowej (Marine Memorial, zaprojektowany przez Lutyensa), postawiony w hołdzie dla 24 000 marynarzy i rybaków, którzy „oddali życie za swą ojczyznę i nie mają grobów, lecz tylko morze". Wśród wymienionych w porządku alfabetycznym nazw statków znajduje się okręt „Chrobry" z Polski i obok dwa nazwiska osób, które na nim zginęły. 14 maja 1940 roku oddziały brytyjskie, głównie z 24 brygady gwardii, zostały załadowane na polski transportowiec „Chrobry". Podczas załadunku samoloty

Pomnik Marynarki Handlowej

Dom bractwa Trójcy św., odpowiedzialnego za sprawdzanie latarni morskich

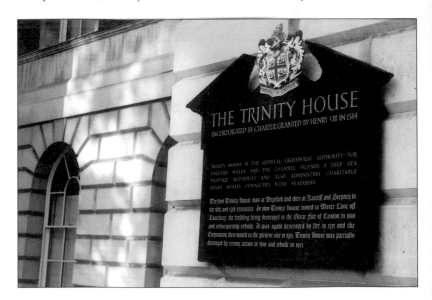

Nazwy okrętów są wygrawerowane alfabetycznie, pod nimi nazwiska tych, którzy zginęli; w listopadzie przynosi się tutaj wieńce

Pomnik w kształcie kotwicy wystawiony tym, którzy zginęli na Falklandach, w tle Tower of London

niemieckie dwukrotnie bombardowały Harstad w Norwegii, przy czym jednym z obiektów był „Chrobry". Bomby spadały w odległości kilkunastu metrów od jego burt. Pod wieczór statek polski opuścił Harstad i w asyście niszczyciela brytyjskiego „Wolverine" i kanonierki „Stork" udał się przybrzeżnymi szlakami w fiordach do Bodø. Będąc już niedaleko celu, „Chrobry" jako największa jednostka, najsłabiej uzbrojona, a zarazem najcenniejsza ze względu na przewożonych żołnierzy, został zaatakowany przez samoloty niemieckie. Okręty eskorty nie zdołały go obronić. Został trafiony bombami. Wybuchł pożar, który ogarnął śródokręcie. Spuszczono łodzie i tratwy ratunkowe.

W czasie tej akcji załoga statku wykazała dużą odwagę, poświęcenie i opanowanie, co w dużej mierze przyczyniło

Miejsce egzekucji;
topór, maska kata
i pień do ścinania
głów

się do zażegnania paniki wśród przewożonych żołnierzy i zmniejszenia strat.

Niszczyciel „Wolverine" uratował 695 rozbitków, kilkuset dalszych przejęła kanonierka „Stork". Wielu żołnierzy zginęło wraz ze statkiem, lecz dzięki szybkiej akcji ratunkowej straty w ludziach były i tak niewielkie. Z załogi „Chrobrego" zginęło 12 ludzi. Pozostali zostali przewiezieni do Harstad, a stamtąd do Wielkiej Brytanii.

W zachodnim rogu pomnika jest niewielki kwadrat – to dawne miejsce egzekucji, gdzie między innymi ścięto głowę Tomaszowi More'owi. Tu stracono około 125 osób.

Tower of London

Centralny budynek Tower of London jest najstarszy i nosi nazwę Białej Wieży. Został zbudowany przez Wilhelma Zdobywcę w 1078 roku. Przetrwał do dziś jako klejnot architektury romańskiej (jest na liście Światowego Dziedzictwa Kulturalnego UNESCO). Wieża była pałacem królewskim i koszarami, więzieniem i miejscem egzekucji. Bez wątpienia to miejsce ponure i splamione krwią. Biała Wieża rozrastała się przez stulecia, była siedzibą Mennicy Królewskiej, Obserwatorium Królewskiego, dziś jest jeszcze tutaj Królewska Zbrojownia. W jednym z budynków mieści się skarbiec, w którym przechowywane są klejnoty koronne wypożyczane na koronacje.

Księżniczka Elżbieta, późniejsza Elżbieta I, była tutaj więziona. Prawdopodobnie dlatego, gdy została królową, mieszkała albo w Richmond (gdzie istnieje jeszcze brama pałacu), albo w Greenwich (gdzie po pałacu nie zostało ani

W pobliżu wieży XIX-wieczny most Tower; w tle wieżowiec „Korniszon"

śladu). W obrębie Tower jest zaznaczone miejsce, gdzie matka Elżbiety, Anna Boleyn, straciła głowę. Pod wpływem idei reformacji, możliwości wzbogacenia się (Henryk odebrał 800 klasztorom ich posiadłości i skarby), a także problemów z uzyskaniem unieważnienia małżeństwa –

Henryk VIII spowodował oderwanie się Kościoła angielskiego od Rzymu w 1534 roku i został przez Parlament zatwierdzony jako głowa Kościoła. Henryk miał sześć żon, jego córka Elżbieta – cztery macochy. Jej przyrodnia siostra Maria, która była katoliczką, panowała tylko pięć lat, dlatego zapewne katolicyzm nie umocnił się. Elżbieta I (1533–1603), protestantka, panowała od 1558 roku przez 45 lat. Była osobą inteligentną, oszczędną (podczas jednej z potyczek wydała rozkaz żołnierzom, żeby zebrali wystrzelone kule i załadowali je powtórnie do dział), mówiła po łacinie, grecku, francusku i włosku. Parlament krytykował ją ostro, gdyż sprzedawała bez jego zgody monopole na sól, ryby i węgiel swoim faworytom. Być może wizyta polskiego posła u Elżbiety ma pewien związek z tymi monopolami. W 1597 roku król polski Zygmunt III Waza wysłał ambasadora, którego aroganckie zachowanie wywołało improwizowany popis erudycji Elżbiety. Cytowany fragment pochodzi z listu sir Roberta Cecila, członka rady królewskiej (który wspierał protestancką politykę Elżbiety, kierując rozległą siatką szpiegów):

„Przyprowadzono go obleczonego w żupan z czarnego aksamitu, pięknie ozdobiony drogimi kamieniami i guzami; podszedł, by ucałować ręce Jej Królewskiej Mości [...] i zaraz oddalił się 10 jardów, i zaczął swoją orację głośno po łacinie, ze wspaniałą pewnością siebie, jakiej w życiu nie widziałem".

Ambasador skarżył się, że o Ile król Polski zawsze przyjmował handlowców i poddanych Elżbiety przyjaźnie, ona pozwoliła na to, że ich odarto bez odszkodowania, nie dlatego, że nie wiedziała, ale z niesprawiedliwości. Zakończył mówiąc «że jeżeli Jej Królewska Mość nie poprawi [tego stanu rzeczy – KK], to on to zrobi».

„Na to, przysięgam na żyjącego Boga, Jej Królewska Mość dała najlepszą odpowiedź, jaką kiedykolwiek słyszałem, improwizując po łacinie, poruszona tym, że ktoś ją tak publicznie prowokuje".

«Czy to w tej sprawie wysłał pana król? Niewątpliwie nie, bo trudno mi w to uwierzyć. Gdyby król był tutaj obecny, nie użyłby takiego języka; a gdyby tak przemówił, to bym pomyślała, że nie jest królem od wielu lat [...] i że jest niepoinformowany, jak się zachowywał jego ojciec i przodkowie w stosunku do nas i że ten poprawny wzór zachowania się powinien być przestrzegany w przyszłości.

Biała Wieża,
przed nią tzw.
Brama Zdrajców,
którą wpływała łódź
z więźniami

A jeżeli chodzi o pana, widzę, że pan przeczytał wiele książek, aby wzmocnić swoje argumenty, ale jestem skłonna uwierzyć w to, że nie rzucił pan okiem na rozdział, jakie formy grzecznościowe są używane wśród królów i książąt».

Kiedy królowa skończyła, odwróciła się do obecnych dworzan i powiedziała:

«Na Boga, moi lordowie. Zostałam dzisiaj zmuszona odgrzebać swoją starą łacinę, która leżała tak długo zardzewiała".

Tower była zawsze odwiedzana przez polskich turystów, którzy chcieli obejrzeć królewskie klejnoty i zwierzyniec. Jednym z nich był Teodor Billewicz, pochodzący z jednego z najdawniejszych rodów na Żmudzi. Odwiedził on Anglię w 1678 roku i pozostawił dziennik ze swej podróży.

Natychmiast rzuciła mu się w oczy królewska korona i szmaragd „niesłychanej piękności, tak wielki jak jaje duże gołębie, i większy jeszcze, trochę co mniejszy niż jaje kokosze, które estymują czterykroć sto tysięcy funtów srebra.

Berło z ametystem, który był tak wielki jak orzech włoski [...] Na wierzchu samej korony, to jest na krzyżyku, perła, która była w zastawie w osiemdziesiąt tysięcy funtów srebra, i inne różne skarby, naczynia złote. Jest też jedna chrzcielnica szczerozłota, w której królów namazują..."

Z góry widać centralnie położoną Białą Wieżę, najstarszy budynek w obrębie Tower

Potem poszedł obejrzeć zbroje, a także lwy, tygrysy i lamparty. Był bardzo zdziwiony, że z lwem był zamknięty mały piesek, którego ta dzika bestia z Afryki nie próbowała zjeść, nawet kiedy była głodna.

W XIII wieku ponoć widywano tu nawet niedźwiedzia polarnego, łowiącego ryby w rzece. Potem wielką atrakcją stał się słoń (prezent od króla Francji). W dzisiejszych czasach są tu tylko czarne kruki. Stara legenda mówi, że monarchia skończy się, kiedy kruki opuszczą to miejsce, przycina się więc im skrzydła, aby nie mogły odlecieć.

Nadal właśnie tutaj przechowuje się regalia. Z wyjątkiem Ampułki (pojemnika w kształcie orła, zawierającego poświęcony olej, służący do namaszczenia monarchy), Łyżki i Bransolet, wszystkie zostały wykonane albo na koronację Karola II w roku 1661 albo na późniejsze koronacje, zachowano jednak ich tradycyjne nazwy. Poprzednie zniszczono decyzją Parlamentu w roku 1649, po straceniu Karola I. „Korona Świętego Edwarda" to nazwa nadana pięknej, złotej koronie Karola II, której do dziś używa się podczas ceremonii koronacyjnej. Ponieważ waży ona trzy i pół kilograma, zastępuje się ją następnie koroną państwową. Ta ostatnia została wykonana dla królowej Wiktorii i jest używana, kiedy władca pojawia się na uroczystościach państwowych, takich jak otwarcie sesji Parlamentu. Składa się ona z 3095 kamieni szlachetnych, głównie pereł i diamentów, osadzonych w platynie. Jest bardzo prawdopodobne, że najstarszym klejnotem w koronie jest szafir w górnej części krzyża, który pochodzi z pierścienia Edwarda Wyznawcy, zdjętego z jego palca jako relikwia. Cztery podłużne perły w kształcie łez są znane jako „kolczyki królowej Elżbiety I".

Informacje praktyczne

Pomnik Marynarki Handlowej (Marine Memorial)
Tower Hill, EC3
Pomnik marynarki i miejsce egzekucji na Pagórku Wieży
Dojazd: metro Tower Hill, linie Circle i District

Wieża Londyńska (Tower of London),
Tower Hill, EC3
Dojazd: metro Tower Hill, linie Circle i District
III–X pon.–sob. 9.00–18.00, niedz. 10.00–18.00;
XI–II: wt.–sob. 9.00–17.00, niedz. i pon. 10.00–17.00
Wstęp płatny
tel. 0870-756 6060 lub 0970 756 7070
www.tower-of-london.org.uk

Józef Piłsudski (1867–1935) przyjechał do Londynu w 1898 roku i zatrzymał się w robotniczej dzielnicy East End. „Towarzysz Wiktor" zamieszkał u „towarzysza Baja" (B. A. Jędrzejowskiego) na Stepney Green Dwellings 118. Stąd miał blisko do drukarni i redakcji „Przedświtu" (Beaumont Square 7, Mile End Road), do którego zaczął pisywać po powrocie z Syberii. Przyjechał do Anglii, ponieważ musiał opracować tajny memoriał księcia Imeretyńskiego, który objął funkcje generała-gubernatora warszawskiego w 1897 roku. Memoriał Imeretyńskiego dostał się do rąk socjalistów przez przypadek. Efektem pracy Piłsudskiego była broszura pt. *Tajne dokumenty rządu rosyjskiego w sprawach polskich*, później rozprowadzona w kraju. Broszura wywoła-

Józef Piłsudski

ła ogromne wrażenie propagandowe i przyczynłła się do spadku popularności środowiska ugodowców.

Piłsudski, będąc w Anglii, wykazywał zainteresowanie kwestią zbrojnej walki o niepodległość w formie powstania czy partyzantki. Kiedyś po przeczytaniu angielskiej prasy, skomentował wojnę burską następująco:

„A przecież partyzantka jest możliwa, patrzcie, jak Burzy biją, a u nas zawsze kpią z partyzantki, nie wierzą w jej możliwość".

Oprócz broszury Piłsudskiego, z okazji setnej rocznicy urodzin

Jedna z ulic East Endu

poety została także wydana okolicznościowa książeczka, poświęcona Adamowi Mickiewiczowi (w nakładzie 5000 egzemplarzy).

W tym samym czasie „Robotnik" zamieścił w dziale „Kronika" notatkę pt. *Jubileusz Mickiewicza*. Piłsudski poinformował w niej, że pismom polskim zabroniono wspominać o zbliżającej się uroczystości, że z wystaw zdjęto portrety poety i konfiskowano cytaty z *Ody do młodości*. Położenie kamienia węgielnego pod pomnik wieszcza w Warszawie odbyło się o ósmej rano tylko w obecności członków komitetu. Podczas samej uroczystości plac miał być otoczony kordonem wojska, a wejście za biletami. Piłsudski wzywał robotników, by stawili się tam z rodzinami.

Piłsudski był również w Londynie dwa lata wcześniej. Owocem jego wizyty była *Pamiątka majowa*. W tym czasie odbywał się Międzynarodowy Kongres Socjalistyczny i polskie przedstawicielstwo wniosło pod obrady sprawę niepodległości Polski. „Uzyskano jednak tylko uchwałę o charakterze ogólnikowym..."

Innym działaczem Polskiej Partii Socjalistycznej, który także odwiedził Londyn dwukrotnie na przełomie XIX i XX wieku, był Stanisław Wojciechowski (1869–1953). Partia korzystała z „Przedświtu", w którym z polecenia kraju wydrukowano w 1900 roku sprawozdanie z działalności PPS za 5 lat, a w okresie 1895–1899 wydano 33 broszury w 112 tysiącach egzemplarzy.

Rynek
Petticoat Lane
na początku
XX wieku

W pracy *Ruch spółdzielczy i rozwój jego w Anglii* Wojciechowski pisze:

„Anglia to kraj przodujący nowoczesnej cywilizacji,
gdzie najpierw i najjaskrawiej uwydatniły się ujemne strony
dzisiejszej gospodarki kapitalistycznej, zarysowały się nowe
dążenia i drogi do usunięcia stworzonego przez kapitalizm
chaosu i spotęgowanej nędzy. Tam Marks czerpał materiał
do swego *Kapitału*, tam Robert Owen tworzył nowy system
społeczeństwa na sprawiedliwości oparty, tam też w dziel-

Stragan
na rynku

nicach fabrycznych Yorkshire i Lancashire wzrosły pierwsze pędy ruchu kooperacyjnego...

Z mojej włóczęgi po Europie wyniosłem wrażenie, że Anglia jest najbardziej zdemokratyzowanym krajem, wolnym od demagogii. Nie ma tam stronnictwa demokratycznego, bo wszyscy są demokratami".

Wojciechowski należał do pionierów spółdzielczości w Polsce. W okresie międzywojennym wykładał na uczelniach warszawskich, a w roku 1922 został prezydentem RP. Z funkcji tej zrezygnował w 1926 roku.

W XIX wieku East End był największym uprzemysłowionym przedmieściem, które zamieszkiwało wielu cudzoziemców: Irlandczyków, Chińczyków, duńskich, niemieckich i polskich Żydów. Przybysze z Polski pracowali najczęściej przy produkcji odzieży. Tutaj powstawały zakłady krawieckie, w których szyto futra, palta, garnitury, wyrabiano buty, pantofle i kapcie, tutaj także mieściły się fabryczki cygar i papierosów. Pracowano po dwanaście lub więcej godzin dziennie. Wynalazek maszyny do szycia Singera dał wielu ludziom możność założenia własnego warsztatu. Większość mężczyzn pracowała w pobliskich dokach. W tanich, wiktoriańskich domach panowało przeludnienie i nędza. Podczas wojny żadna część Londynu nie ucierpiała tak jak East End. Niemieckie bomby częściowo uszkodziły jedną trzecią domów, z reszty dzielnicy, doków, fabryk i magazynów pozostały tylko leje i sterty cegieł. Obecnie część East Endu zamieszkują Hindusi, Pakistańczycy, przybysze z Bangladeszu i północnej Afryki, i wiele innych narodowości.

Po wyjściu z metra znaki prowadzą na rynek Petticoat Lane

Informacje praktyczne

Whitechapel (rynek)

Dojazd: metro Whitechapel, linie Hammersmith & City lub District

Rynek ciągnie się wzdłuż ulicy. Odzież (i nie tylko) jest nowa i tania (łatwo znaleźć egzotyczne i piękne sari), są także bary z wonnymi i ostrymi daniami hinduskimi. Sklepy jubilerskie są wypełnione bardzo żółtym złotem i biżuterią zaprojektowaną w stylu wschodnim.

Brick Lane Market (rynek)

Dojazd: metro Shoreditch, linia East London lub Whitechapel.

W niedziele można przyjechać na zakupy na Brick Lane Market. Sprzedaje się tu wszystko, od starych książek po nowe rowery, od odzieży i biżuterii do mięsa i owoców (8.00–13.00). Na tym rynku zaczynało dwóch znanych milionerów, którzy teraz są właścicielami sieci sklepów. (Stoiska są usytuowane na Brick Lane, Cygnet Street, Sclater Street, E1 oraz Bacon Street, Cheshire Street, Chilton Street, E2).

Ulica Osborne Street, która przechodzi w Brick Lane, ma wiele dobrych restauracji, barów, sklepów i piekarni. Wnętrza zniewalają pięknym zapachem przypraw z Dalekiego Wschodu.

Petticoat Lane Market (rynek)

Dojazd: metro Liverpool Street, linie Circle, Metropolitan i Hammersmith & City;

Drugim rynkiem znanym z niskich cen jest Petticoat Lane Market (mieszczący się na Middlesex Street i pobliskich ulicach; otwarty w niedziele 9.00–14.00). Tutaj kupuje się zazwyczaj skórzane kurtki, futra, biżuterię, materiały do obicia ścian lub mebli, przedmioty kuchenne i elektryczne.

Jeżeli chcecie przejść się po śladach Piłsudskiego, powinniście wysiąść na stacji Stepney Green (o jeden przystanek dalej na wschód od Whitechapel).

POSK –
Instytut
Józefa
Piłsudskiego,
biblioteka,
PUNO,
galeria, teatr,
kawiarnia

POSK
przy King Street
w Hammersmith

Dzielnica, w której znajduje się Polski Ośrodek Społeczno-Kulturalny, czyli POSK, leży w zachodnim Londynie. Szary budynek pudełko stoi przy głównej ulicy, która łączy Hammersmith z Chiswick. W ostatnich paru latach wielu młodych, energicznych ludzi przyjechało do Londynu w poszukiwaniu pracy. Tu i tam można zauważyć polskie delikatesy, polską restaurację czy kawiarnię. Budynek POSK-u od zewnątrz wygląda okazale, olbrzymie okna pozwalają zajrzeć do kawiarni, księgarni czy biura podróży. Oszklone drzwi zapraszają do środka. Są to pierwsze polskie ślady w zachodniej części miasta. Słyszymy nasz język, widzimy młodych ludzi robiących zakupy, starszych przy kawie i pączku w kawiarni opowiadających historie o tym, jak przeżyli zsyłkę na Syberię, przewędrowali Persję, Palestynę, północną Afrykę i dotarli do Anglii. Po schodach biegają dzieci, tutaj już urodzone, niosą bajecznie kolorowe krakowskie kostiumy – prawdopodobnie mają występ na scenie teatru. Na klatce schodowej wiszą obrazy znakomitych artystów. Neonowe światło zmienia ich kolory, ale widać, że są to dzieła wysokiej klasy. Przed wejściem do kawiarni na ścianach plakaty Rosława Szaybo (jednym z najbardziej znanych kolekcjonerów polskich plakatów jest słynny aktor Robert de Niro). W księgarni można kupić polskie książki, gazety i czasopisma. Podczas weekendu wieczorem POSK wypełnia się muzyką. Z restauracji „Łowiczanka" docierają odgłosy polskiej i cygańskiej muzyki, czardasze, tanga, walczyki. Można się tutaj natknąć na artystów, pisarzy i polityków z Polski, na dziennikarzy tutaj pracujących, nawet na... burmistrza Ealingu czy też któregoś z członków rodziny królewskiej. Oznacza to zazwyczaj, ze w „Łowiczance" odbywa się uroczysty obiad. Na czwartym piętrze jest pub z dobrą kuchnią i tylko wtajemniczeni wiedzą, że tu jest najtaniej. W ciepłe dni można usiąść na balkonie i zjeść takie rarytasy jak placki ziemniaczane, pyzy czy zsiadłe mleko z ziemniakami posypanymi koperkiem. Dla Anglików to bardzo egzotyczne dania.

POSK jest centrum kulturalnym, w którym mieszczą się uniwersytet, biblioteka, Instytut Józefa Piłsudskiego, organizacje kombatanckie, Klub Lotników, Koło Byłych Żołnierzy Armii Krajowej, Koło Lwowian. Główny organizator tego ostatniego, Mieczysław Hempel, były pilot szybowcowy, twierdzi z figlarnym błyskiem w oku, że przetrwał wojnę, ponieważ miał aniołka, który nie spuszczał z niego oka. Poza tym jest tu nowoczesna galeria, teatr i przeróżne sale, używane przez brydżystów, miłośników filmu, muzyków lub organizacje angielskie, które wynajmują pomieszczenia na wszelkiego rodzaju imprezy i kursy. Starsza generacja zajmuje się pracą charytatywną. Towarzystwo Pomocy Polakom, istniejące od 1945 roku, konty-

Księgarnia Polskiej
Macierzy Szkolnej
w POSK-u sprzedaje
książki, gazety,
koszulki, znaczki
i biżuterię

nuuje wcześniejsze działania Czerwonego Krzyża. Jednym
z powierników towarzystwa jest Mieczysław Hempel. Po-
maga ono przede wszystkim ludziom starszym, którzy
znaleźli się w trudnej sytuacji. Związek Pisarzy Polskich
i „Dziennik Polski" często organizują w POSK-u spotkania ze znanymi pisarzami. Ale nie tylko starsi korzystają
z ośrodka – są także organizacje młodzieżowe, wzmacniające więzy z polskością.

Ideę powstania POSK-u zawdzięczamy profesorowi Ro-
manowi Wajdzie. Po drugiej wojnie światowej w Anglii znalazło się 100 tysięcy Polaków (w samym Londynie 30 tysięcy), wycieńczonych wojną, zsyłką na Syberię i niemieckimi
obozami. Wajda chciał połączyć różne polskie organizacje
w jeden ośrodek społeczny i centrum kultury. W 1971 roku
zakupiono zbombardowany kościół i rozpoczęła się budo-
wa, zakończona cztery lata później. Niedawno przebudowa-
no wejściowy hol, rozbudowano galerie, zainstalowano bardziej intymne światła, zawieszono tablice z nazwiskami dobroczyńców, a także umieszczono na bardziej widocznym
miejscu popiersie Wajdy i tablicę poświęconą ofiarom Katynia. Gdy patrzę na tę tablicę, przypomina mi się, że kilka
miesięcy temu, kiedy Polacy poprosili Parlament Europejski
o uczczenie minutą ciszy polskich żołnierzy, oficerów, policjantów, lekarzy, prawników, inżynierów, nauczycieli, urzędników, stalinowskich ofiar, znalezionych w grobach w Katyniu, więźniów Starobielska, Ostaszkowa i Kozielska, euro-
deputowani odmówili.

Na parterze mieści się Instytut Józefa Piłsudskiego, który jest kontynuacją Instytutu Badania Najnowszej Historii Polski, powstałego w Warszawie w latach 1923–1924. Po śmierci marszałka Piłsudskiego został on zreorganizowany i przemianowany na Instytut Józefa Piłsudskiego Poświęcony Badaniu Najnowszej Historii. Dyrektorem był Leon Wasilewski (ojciec Wandy Wasilewskiej). Ściśle współpracował z Instytutem szef Wojskowego Biura Historycznego, generał Julian Stachiewicz (najmłodszy generał w armii polskiej, mianowany przez Piłsudskiego w roku 1923 w wieku lat 33). Po wybuchu wojny doktor Wacław Lipiński (następca Wasilewskiego) zabezpieczył bogate zbiory, przenosząc je do Muzeum Belwederskiego. Lipiński podczas wojny działał w podziemiu, po wojnie został aresztowany przez bezpiekę, skazany na śmierć i „ułaskawiony na dożywocie" (umarł w 1949 roku w więzieniu we Wronkach). Przerwana przez wojnę działalność Instytutu została w 1947 roku podjęta na nowo w Londynie.

Instytut zbiera, przechowuje i bada dokumenty dotyczące faktów z okresu najnowszej historii Polski, gromadzi relacje historyczne, opracowuje materiały, ogłasza drukiem wyniki tych opracowań, organizuje odczyty, prowadzi zbiory muzealne i bibliotekę, współpracuje też z pokrewnymi instytucjami.

Instytut mieści się w niezburzonej części kościoła, którą wkomponowano w całość POSK-owego budynku. Panuje tutaj atmosfera spokojnego azylu, pośrodku stoi stół zaprojektowany przez córkę Marszałka, Jadwigę Piłsudską, która podczas wojny latała, rozprowadzając samoloty bojowe (z fabryk do jednostek), a także gabloty jej projektu. Prezesem Instytutu od dwudziestu jeden lat jest Mieczysław Stachiewicz, którego Józef Piłsudski trzymał do chrztu w nielegalnym lokalu w Warszawie. Elegancki starszy pan nosi dyskretną „gapę" (znaczek z orłem z zielonym wieńcem w dziobie, przysługujący pilotom bombowym i myśliwskim, którzy wykonali więcej niż 10 misji). Stachiewicz miał zaliczonych 27 lotów, „tylko jeden na czterech przeżył" – przypomniał mi. Poza „gapą" widzę cieniutką niebieską wstążeczkę, symbolizującą Krzyż Virtuti Militari. Po wojnie pracował jako architekt, między innymi przy odbudowie kościoła RAF-u (św. Klemensa). To on zapytał Anglików, dlaczego nie uhonoro-

Instytut
Józefa
Piłsudskiego

wano w nim Polaków. Anglicy powiedzieli, że Polacy latali oddzielnie w swoich dywizjonach. Po tej rozmowie zaprojektowano piękną tablicę i wbudowano w podłogę bocznej nawy (po północnej stronie). Są tam wymienione wszystkie myśliwskie i bombowe dywizjony. Po Amerykanach Polacy byli drugą co do wielkości grupą cudzoziemską latającą w RAF. Pod koniec 1940 roku Stachiewicz zaczął latać w dywizjonie bombowym 300. Po wykonaniu 30 misji, w 1941 roku wysłano go na studia architektoniczne (które zaczął przed wojną w Warszawie). Podczas naszej rozmowy Anna Stefanicka przyniosła mi kopie materiałów dotyczących Józefa Piłsudskiego, wśród których znalazłam marcowy numer „Przedświtu" z 1893 roku z artykułem o Bronisławie Piłsudskim, bracie Józefa. W ciągu kilku sekund przeniósł mnie w konspiracyjne czasy, poprzedzające odzyskanie niepodległości:

„Wkrótce po 13 marca 1887 roku, a zatem w sześć lat po egzekucyi Aleksandra II, w gazetach zagranicznych pojawiły się wieści o nowym zamachu na cara; ambasady rosyjskie z azjatycką bezczelnością, która je cechuje, zaprzeczyły temu. Dopiero gdy w tej kwestyi nastąpiło zapytanie w parlamencie angielskim i gdy angielski minister spraw zagranicznych oświadczył, że rzeczywiście odbył się zamach, wtenczas trzeba było przyznać się do kłamstwa.

Pięciu z pomiędzy uczestników zamachu zginęło śmiercią męczeńską. Resztę skazano na, równające się śmierci, długie lata katorgi. Z pośród kilku Polaków, którzy w tym procesie brali udział, podajemy dziś portret Piłsudzkiego.

Bronisław Piłsudzki [tak w tekście] urodził się 1 listopada 1866 roku w majątku rodziców, w guberni wileńskiej. Już to wystarczało, by go uczynić wrogiem caratu, gdyż obok nędzy, która panuje wśród ludu wiejskiego tych okolic, miał on ciągle przed oczyma cały ogrom ucisku, tłoczącego nieszczęśliwą Litwę [...] To też nic dziwnego, że już tak młodo stanął w szeregach rewolucjonistów [...]

...Druga anekdota, którą opowiadają o wzięciu Piłsudzkiego, jest następująca: podczas rewizji [...] wszedł przypadkiem do mieszkania jeden ze znajomych jego, Żyd, nie spodziewając się, że wpadnie w pułapkę. Ale Piłsudzki, nie tracąc przytomności umysłu, krzyknął:

– Czego tu, Żydzie przeklęty, chcesz? Znowu mnie przychodzisz nudzić!

Żandarm, sądząc, iż ma do czynienia z natrętnym wie-
rzycielem, wypchnął naszego facecika za kark. Ten oczywiście nie kazał sobie tego dwa razy powtarzać.

Dnia 27 kwietnia 1887 roku Piłsudzki, wespół z 14 kole-
gami, stanął przed senatem, jako obwiniony o zamach na
życie cesarza[...] skazany został 30 kwietnia na 15 lat ciężkich robót i «pozbawienie wszelkich praw».
Teraz znajduje się on na Sachalinie, we wiosce Rykow-
skiej, w głębi wyspy".

Wiemy, że Józef Piłsudski był w Londynie kilka razy, ale jako
wytrawny konspirator niewiele pozostawił po sobie śladów.
Prezes ostrzegł mnie, że budynki (znamy adres jego znajomych,
u których się zatrzymał, i redakcji) uległy zniszczeniu podczas
drugiej wojny światowej. Instytut chciał ufundować tablicę
pamiątkową, ale musiano zaniechać tego przedsięwzięcia.

W 1990 roku w Instytucie odbyła się wystawa pożegnal-
na, po której zakończeniu pamiątki osobiste Józefa
Piłsudskiego (buława, mundur, zestaw szabel) zostały prze-
kazane do Polski.

Na pierwszym piętrze wąski korytarz, udekorowany **Biblioteka**
ciekawymi, starymi rysunkami szlachty i chłopów w pięknych kostiumach regionalnych, prowadzi do biblioteki.
Po uzyskaniu karty członkowskiej, można wypożyczyć sześć
książek do domu lub zostać w czytelni, gdzie warto przejrzeć prasę. Najważniejszym pismem emigracji jest „Dziennik Polski", który zaczął wychodzić w Londynie w 1940 r.
Od jakiegoś czasu zmaga się z problemem, jak zadowolić
dwie emigracje: wojenną, która jest tu ponad 50 lat i tę
nową, zarobkową, która jest emigracją tymczasową. Historię londyńskiej prasy i wydawnictw opisał szczegółowo Rafał Habielski w książce *Polski Londyn*.
  Pierwsza inicjatywa biblioteczna powstała w 1942 roku.
Jej celem było gromadzenie publikacji naukowych dla znisz-
czonych w kraju bibliotek uniwersyteckich i Biblioteki
Narodowej, a także gromadzenie poloników emigracyjnych
i conradianów. Rozpoczęto też zbieranie podręczników
szkolnych, polskich i angielskich, wydawnictw związanych
z oświatą i wychowaniem, a także druków ulotnych, afiszy,
materiałów rękopiśmiennych, fotografii, związanych z ist-
nieniem i działalnością emigracji.

Korytarz
prowadzący
do kawiarni
udekorowano
plakatami
Szayby

Biblioteka mieściła się w starej wiktoriańskiej kamienicy przy Buckingham Palace Road. Kilka razy księgozbiór musiano ewakuować z powodu nalotów bombowych. Trzy razy groziła jej likwidacja. W 1967 roku rząd angielski cofnął dotacje i władze chciały rozparcelować księgozbiór, włączając Bibliotekę Polską do działu Studiów Rosyjskich Uniwersytetu w Birmingham. Spowodowało to falę sprzeciwów polskich środowisk. Ostatecznie POSK zgłosił gotowość przejęcia biblioteki i w 1967 roku stała się ona własnością Polaków. W tym samym roku przeniosła się do budynku POSK-u.

Jest to jedna z największych bibliotek poza krajem. W zbiorach znajduje się ok. 140 000 woluminów. W bibliotece działa Towarzystwo Conradystów (JCS UK), które przyciąga pracowników naukowych z całego świata. W dniu otwarcia POSK-u biblioteka pokazała swe cenne zbiory szerszej publiczności, m.in. teczkę z 28 listami Conrada do Johna Galsworthy'ego, jego list z Krakowa, utwory z jego własnymi korektami, a także inne cenne druki.

Kiedy stęsknię się za Mickiewiczem, tutaj mogę zajrzeć do *Ody do młodości*, której carat tak się zawsze bał i którą Józef Piłsudski drukował w swych konspiracyjnych pismach. Mogę też poczytać kronikę Długosza i jego oczyma spojrzeć na polskich królów, szlachtę, wydarzenia historyczne. Właśnie tu po raz pierwszy przeczytałam, jak polscy rycerze bronili honoru królowej Jadwigi przed sądem i jak jej oszczerca zos-tał zmuszony do odwołania obelgi przez niego rozpowszechnianej i ukarany w stary polski sposób – miał wejść pod ławkę i zaszczekać jak pies, co też zrobił.

W budynku POSK-u mieści się także Polski Uniwersytet na Obczyźnie (PUNO), którego rektorem jest członek Królewskiego Kolegium Psychiatrii, prof. Wojciech Falkowski.

PUNO (Polski Uniwersytet na Obczyźnie)

Falkowski jest nie tylko współautorem podręczników, współredaktorem rocznika psychiatrycznego „Echo", biegłym sądowym, harcerzem od 13 roku życia (został nim już w Teheranie), ale jak przystało na człowieka o renesansowych zainteresowaniach, gra na fortepianie i maluje. Po 1989 roku wiele jego działań zmierzało do uregulowania statusu prawnego uczelni jako uniwersytetu o należnych mu, równorzędnych polskim szkołom wyższym na terenie kraju, prawach. Wykładowcy z Polski są zapraszani na wykłady, studenci (często starsi) słuchają pięknej współczesnej polszczyzny, która nam tutaj rdzewieje, zdają egzaminy i piszą prace dyplomowe. Tu uczył Tadeusz Sulimirski, jeden z najwybitniejszych polskich archeologów po drugiej wojnie światowej (a także znany tłumacz na angielski), historyk sztuki Mieczysław Paszkiewicz i wielu innych.

Mimo iż PUNO nie ma możliwości bycia dalej niezależnym uniwersytetem, ciągle odgrywa ważną dla Polski rolę. Co roku przyznawany jest doktorat *honoris causa*, w ten sposób nagradza się uczonych, działaczy, ludzi, którzy coś wnieśli do naszej kultury. Jednym z tych, którzy otrzymali doktorat honorowy, jest amerykański polityk Zbigniew Brzeziński. Napisał on:

„Pomimo tego, że otrzymałem z trzech polskich bardzo prestiżowych uniwersytetów honorowe doktoraty, PUNO ma dla mnie specjalne symboliczne i emocjonalne znaczenie: przez dziesiątki lat był to autentyczny wolny głos polskiej intelektualnej tradycji. Wasz głos stale przypominał, że wolna myśl jest niezbędnym składnikiem po-

Inaugurację zajęć PUNO w roku 2005 zaszczycił prof. Władysław Bartoszewski

259

litycznej wolności [...] Jest to dla mnie duży honor być częścią was, wiedząc to, co wiem teraz, jak dużo Polska zawdzięcza PUNO".

Będąc członkiem Związku Polskich Artystów w Wielkiej Brytanii (APA) często przychodzę do galerii na wystawy kolegów (i swoje). Kierownikiem galerii jest malarka Janina Baranowska, urodzona w Grodnie, zesłana z rodziną na Syberię, a od czasów wojny mieszkająca w Anglii. Pracuje tutaj społecznie od wielu lat, wysłuchuje malarzy – nawet jeśli przynoszą kicze, ona pozostaje życzliwa. Mam wrażenie, że kiedy któregoś dnia odejdzie, świat będzie uboższy o dobrego człowieka. Opowiadała mi o dzieciństwie, o Syberii i o tym, jak wędrowała przez Persję i Palestynę. Moje pokolenie, które nie zaznało ani wojny, ani głodu, nie potrafi zrozumieć tych cierpień. Beata Obertyńska w książce *W domu niewoli* spróbowała oddać atmosferę tamtych czasów:

„Trudno komuś opowiedzieć głód. Trudno odtworzyć słowami tę zimną, ssącą, dotkliwą pustkę, którą się nosi w sobie. W sobie. W sobie? Nie. Źle mówię. Siebie wtedy nie ma. Jest tylko głód, a dookoła niego jakieś zziębnięte, bezsilne, śpiące coś, które strasznie trudno zmusić do jakiegokolwiek wysiłku, słowa, myśli. Człowiek zwinąłby się w kłębek i spał. A kiedy naprawdę zaśnie, śni mu się jedzenie. Samo jedzenie. Nieodmiennie jedzenie. I żebyż choć śnił, że je. Gdzie tam! Widzi tylko całe stosy przeróżnych pyszności, lady sklepowe zawalone pieczywem i słodyczami, filiżanki pełne dymiącej kawy czy czekolady, owoce, cukierki, ciastka. I tyle tego, że ma potem o czym mówić rano. Zatem znów mówimy o jedzeniu..."

Kilkanaście stron później narratorka wzdycha: „Byle jak najprędzej wyjechać z tego strasznego kraju..." Czekają. Wszystkie czekają.

„Po pewnej ciepłej, nawilgłej nocy wstają z dna doliny opary kwitnących, morelowych sadów. Różowe obłoki jaśnieją na tle gładkiej zieleni, jak nierozpływające się przed oczyma zjawy w niskim locie zastygłych – aniołów.

[W środku nocy przychodzi komendantka].

– Pojutrze wyjeżdżamy do Persji! Bóg łaskaw! Był rozkaz generała Andersa. Jutro dostajemy kobiece mundury [...]

W ulewny deszcz opuszczamy obóz pod Guzarem [...]

Śpiewają i zdrowe, i słabe. Deszcz pada w otwarte pieśnią usta, deszcz zalewa śmiejące się oczy".
[Przed wyjazdem władze sowieckie każą zdać posiadane ruble].
„Klęczę na mokrym piasku, a przede mną rośnie i rośnie kupa różnokolorowych świstków. Trzymam je rękami, łokciami, kolanami, czapką, bo wiatr je zmiata. Nikt tego nie liczy, nikt o to nie dba... Pełne poły płaszcza odnoszę i pełną czapkę odnoszę na wspólną kupę...
Ładują nas na statek. Niepodobna opisać tłoku. Garstka naszej kobiecej formacji topi się w morzu żołnierskich, męskich oddziałów. Z jakąż radością znosimy ten ścisk! Wszyscy ci ludzie to uratowani cudem! To wypuszczone oto z czyśćca dusze..."

W każdą środę Baranowska przychodzi do galerii na spotkania z artystami, którzy chcą tutaj wystawiać. W tej eleganckiej sali, otwartej w 1977 roku, a powiększonej w 2004 roku, wystawiają przeważnie artyści polscy, chociaż od czasu do czasu pojawia się ktoś z Litwy, Iraku czy Armenii. Wystawy trwają dwa tygodnie, wernisaże odbywają się co drugą niedzielę. Ponieważ duże, nowe drzwi są ze szkła, przechodnie już z ulicy zauważają nową wystawę i wchodzą do środka. Kiedyś rozmawiałam z członkiem APA, malarzem Sławomirem Blattonem, na temat jego prób dostania się do Królewskiego Towarzystwa Akwarelistów (The Royal Watercolour Society). Blatton przedłożył swoje prace, niestety po głosowaniu okazało się, że zabrakło mu jednego głosu. „«Za mało akcji w moich pejzażach», powiedzieli, «powinno się coś dziać, dlaczego nie ma figury», pytali..." – relacjonuje mi swoje perypetie. Kiedy przypominam mu, że członkiem towarzystwa jest książę Karol, Blatton wybucha śmiechem: „Na pewno jego książęcą mość przyjęto na podstawie jego akwarel, a nie pochodzenia... prawda?" W Anglii wejście do jakiegoś klubu jest dość trudne, nawet dostanie się do którejś z galerii na Cork Street też jest wręcz nieosiągalne (ceny najmu są niezmiernie wysokie). Niektóre londyńskie galerie zasłynęły z tego, że sprzedały za olbrzymie pieniądze stertę cegieł, łóżko, zmumifikowanego rekina czy też kozetkę oblepioną papierosami. W czasach antykultury, która nadeszła, nie liczy się przedmiot, ale sztuka sprzedawania.

Teatr

Kiedy w 1982 roku ukończono obszerną i nowoczesną salę, teatr z Ogniska Polskiego przeniósł się do POSK-u. Działalność zainaugurowano *Ambasadorem* Sławomira Mrożka w reżyserii Leopolda Kielanowskiego. (Leopold Pobóg-Kielanowski był także szefem studia rozgłośni polskiej Radia Wolna Europa). W rok później z inicjatywy Urszuli Święcickiej powstał Teatr Nowy POSK-u, który próbował połączyć przedwojenną tradycję teatralną ze współczesnością. Od tego czasu wystawiono wiele komedii, dramatów, sztuk politycznych (nie mogły być one zrealizowane w Polsce ze względu na komunistyczną cenzurę), jak i programów rozrywkowych, koncertów itd.; wiele imprez zorganizowano w celu zebrania funduszy pomocy krajowi. W rocznicę powstania POSK-u w 2005 roku wystawiono bogaty, barwny i zabawny spektakl w reżyserii Grzegorza Zagórskiego, w którym śpiewały Irena Delmar, Renata Anders, a także aktorki i aktorzy młodszego pokolenia. Piosenki Ref–Rena przeniosły widzów w minioną epokę przedwojennej Warszawy, nostalgia za Lwowem przeplatała się z ludowym tańcem (podziwiałam nie tylko taniec, ale także wspaniałe barwne kostiumy), całości dopełniła pogodna komedia oparta na historii trudnych początków POSK-u.

Teatr POSK-u zaczął też poszerzać współpracę z krajowym środowiskiem teatralnym. Od lat osiemdziesiątych co-

Artyści Warszawskiej Opery Kameralnej na POSK-owej scenie – od lewej Marzanna Rudnicka (sopran), Zdzisław Kondyjalik (tenor) – i Irena Delmar

raz częściej zaczęli tu przyjeżdżać znani aktorzy i reżyserzy. Nie tak dawno pojawił się warszawski teatr „Syrena" z komedią *Klub hipochondryków*, napisaną przez utalentowaną Magdę Wołłejko. Znakomita scenografia Allana Starskiego i aktorstwo (szczególnie wyśmienity Zbigniew Zamachowski, którego wysokiej klasy komediowy talent Anglicy znali już z telewizyjnej reklamy piwa Stella Artois; reklamę nakręcono w okolicach Augustowa). *Klub hipochondryków* wyreżyserował Wojciech Malajkat, który także wystąpił w jednej z ról.

Po występie kieliszek wina w foyer teatru – na ścianie zdjęcia naszych aktorów

Kawiarnia

Często szłam na kawę i pączka (lub pyszne słodko-kwaśne ciastko, zwane „pleśniakiem", wypiekane przez tutejszego kucharza w kawiarni na parterze) z byłym kapitanem Markiem Ołdakowskim. Ołdakowski lubił placki ziemniaczane, zawsze zamawiał pół porcji. Najczęściej rozmawialiśmy na tematy historyczne, wiele wiedział na ten temat, często pisywał do „Dziennika Polskiego", a także do „Naszych Sygnałów". Pisma Stowarzyszenia Marynarki Wojennej", które redagował aż do śmierci w 2005 roku. Miał wspaniale poczucie humoru, lubił prowokować innych swymi poglądami. Takim „typowym zagajeniem do dyskusji" była niewinna uwaga, że Czesi mieli rację, nie walcząc z Niemcami. Robił to z uśmiechem, czekając, aż wybuchnie burza. Ludzie myślący stereotypami i nie znający czeskiej historii (i Czechów) połykali haczyk i zaczynała się burzliwa wymiana zdań.

Liczył się z tym, że kiedyś nastąpi upadek komunistycznego reżymu. Od czasu do czasu śpiewał z ironią:

Gdy wrócisz po wielu długich latach
Zastaniesz pokój w kwiatach
Jak gdyby nigdy nic.

W kawiarni można dostać smaczne ciastka od cukiernika warszawskiego Sowy lub naszego kucharza (jedyną poważną konkurencję dla naszych ciastek w Londynie stanowią piekarnie Francuza Paula)

Umierając, też nucił piosenkę *Już taki jestem zimny drań*, przekonany, że śmierć nie zabiera drani zbyt wcześnie. Ale magia nie zadziałała. Po pogrzebie, na stypie w restauracji „Łowiczanka", czułam jego przewrotną, inteligentną i mądrą obecność. W jakimś momencie powiedziałam, że prezydent Hacha miał rację, nie rzucając Czechów do beznadziejnej walki przeciwko Niemcom... Nie zdążyłam skończyć zdania, kiedy zostałam zagłuszona przez jakiegoś oburzonego „historyka". Kapitan Ołdakowski zapewne zaśmiewał się do łez, patrząc na tę scenę. Wiedziałam, że mu to sprawi przyjemność.

Na czwartym piętrze znajduje się coś w rodzaju angielskiego pubu. Kuchnia bardzo dobra, mały wybór, ale za to wszystko świeże. Kelnerka wywołuje numerek, danie odbiera się przy bufecie. W barze polskie piwo, w gablotach lśnią piłkarskie puchary. Raz podczas weekendu trafiłam na potańcówkę, była także loteria. Można tutaj spotkać i artystę, i hydraulika, i lekarza.

Któregoś wieczoru miałam spotkanie z dziennikarką z „Gazety Niedzielnej", Martyną Mazurek, która współpracuje także z wydawnictwem Veritas. Jej niezwykła wrażliwość, prawdomówność i głęboka wiara w jakiś sposób zawsze mi się kojarzą z Beatą Obertyńską, która także pracowała dla Veritasu. Obertyńska tak napisała o swojej wierze:

„Człowiek powinien mieć do poły płaszcza Boskiego ten sam stosunek co oset. Chwycić, wpiąć się i z całą świadomością swojej chwastowości nie puszczać. No więc co, że to oset? No więc co, że niegodny? No więc co z tego? Bezczelny upór i zawziętość takiego «nic», jakim jest człowiek, musi rozbrajać, musi rozczulać, musi [...] obezwładniać [...] takie Wszystko, jakim jest Pan Bóg. A obezwładniony rozczuleniem, rozbrojony Pan Bóg na wszystko znajdzie sposób. Z musu... dla świętego spokoju... z miłością i uśmiechem. Mój Pan Bóg jest taki".

Piękno i prostota języka polskiego córki lwowskiej poetki Maryli Wolskiej są widoczne w każdym jej wierszu:

MÓJ ROZSĄDEK
Mokro, ślisko pod nogami...
Zwiesił łeb. – Ostrożnie kroczy. –
Wolno wlecze się drogami,
strzeżonymi przez wierzb rządek
w szarym błotku topiąc oczy
           mój rozsądek...
                      Mój rozsądek.
I nad tym się tylko biedzi
i nad tym się tylko trudzi,
by z mijającej gawiedzi,
by z mijających go ludzi,
nie odgadł nikt,
że chowa – kryje –
coś, co tętni –
dźwięczy –
bije
coś – czego on nienawidzi –
czym gardzi – i czego się brzydził...
– Że pod pachą
w szorstkiej derce
niesie małe, ciepłe, chore –
moje serce. –
  Moje serce...

Kościół św. Andrzeja Boboli został zakupiony w 1961 roku i jest wśród emigracji żołnierskiej powszechnie zwany „garnizonowym". Mimo że schowany za główną ulicą Goldhawk Road, wznosi ponad budynkami strzeliste wieże. Andrzej Bobola (1591–1657), jezuita, zmarł śmiercią męczeńską z rąk Kozaków. Jego ciało spoczęło w Pińsku, a na początku XIX wieku zostało przewiezione do Płocka. Ponoć zaczął czynić cuda niebawem po śmierci. Przepowiedział także odzyskanie niepodległości. (Pojawił się w 1819 roku

**Kościół
św. Andrzeja
Boboli**

dominikaninowi w Wilnie, który to opowiedział pewnemu Włochowi, ten to zapisał po włosku, oryginał włoski przetłumaczono na francuski, a my się dowiedzieliśmy o wszystkim, kiedy przepowiednię przetłumaczono na polski...). W 1857 roku otwarto uroczyście opieczętowaną trumnę, ciało ubrano w nowe szaty, przy czym arcybiskup mohylewski odpiłował część lewego ramienia, którą to relikwię przekazano papieżowi. Gdy „bolszewicy [...] wkroczyli w nocy do kościoła, mordując broniących dostępu parafian, porwali relikwie i wywieźli do Moskwy". Dopiero ingerencja papieża doprowadziła do wydania relikwii Rzymowi.

Kościół
św. Andrzeja Boboli

Teraz spoczywają w kościele jezuitów w Warszawie. Bobola został kanonizowany w 1938 roku.

W grudniu 1980 roku w kościele św. Andrzeja Boboli w Londynie odbyła się uroczysta msza ku czci ofiar wypadków grudniowych. Po nabożeństwie, na którym był obecny prezydent Raczyński i przedstawiciele organizacji niepodległościowych, odbyło się zebranie w sali parafialnej. Jeden z organizatorów powiedział:

„Przed 10 laty robotnicy Wybrzeża, ze stoczniowcami na czele, protestowali przeciwko nieodpowiedzialnej gospodarce władz państwowych i partyjnych, godzącej w warunki bytu całego narodu. Dyktatorskie kierownictwo partii, lekceważąc potrzeby i dążenia społeczeństwa, zamiast szukania drogi porozumienia, rzuciło przeciwko strajkującym robotnikom Gdańska, Gdyni, Elbląga i Szczecina specjalne oddziały milicji i wojska z rozkazem użycia broni.

Polała się krew, padły dziesiątki zabitych i setki rannych. Głośny na cały świat bohaterski czyn stoczniowców obalił rządy Gomułki. Był to akt polityczny bez precedensu w powojennej Polsce, rządzonej przez komunistów. Masom robotniczym dał poczucie jedności i świadomość siły, którą potrafią stosować jako środek ostateczny w trosce o sprawy własne i dobro ogółu. Dał im moralny mandat do wystąpienia w obronie sprawiedliwości i praworządności, obronie podstawowych praw narodu.

Bolesne ofiary dni grudniowych 1970 roku nie są i nie będą zapomniane. Zajmą należne im miejsce w naszej historii. Przypominać je będą wzniesione z woli i na żądanie robotników z ich własnych składek pomniki przed stoczniami w Gdańsku, Gdyni i Szczecinie. My, emigranci polityczni i byli żołnierze, uczestnicy trwającej wciąż walki o niepodległość, łączymy się z całym krajem w hołdzie składanym poległym 10 lat temu robotnikom Wybrzeża".

Potem odśpiewano hymn.

Wnętrze kościoła projektował Aleksander Klecki przy udziale rzeźbiarza Tadeusza Zielińskiego.

Od zewnątrz kościół na ogół zachował swój dawny kształt, z wyjątkiem strony północnej, do której dobudowana została nawa boczna (tzw. Kaplica Pamięci Narodowej, gdzie jest większość tablic).

Rzeźbą uczczono św. Maksymiliana Kolbe, piękną kaplicę wystawiono zamordowanym w Katyniu, nie zapomniano o zesłańcach z drugiej wojny światowej. Główna postać Chrystusa z dramatycznie rozpostartymi ramionami, wykonana z aluminium, nad nią zielonkawa rozeta, symbolizująca zesłanie Ducha Świętego, matowosrebrne tabernakulum i dookoła przejmujące płaskorzeźby Drogi Krzyżowej stwarzają atmosferę surową i wyciszoną.

Wielu artystów przyczyniło się do tego, że kościół jest miejscem ciekawym ze względu na wystrój, a jednocześnie miejscem modlitwy i medytacji. Barwne witraże poświęcone brygadzie spadochronowej i cichociemnym, witraż saperów, witraż poświęcony pamięci generała Andersa, generała Stanisława Kopańskiego, I Dywizji Pancernej generała Maczka, proboszczowi księdzu Sołowiejowi, witraż lotników polskich i Koła Lwowian sprzyjają zadumie.

Po prawej stronie przyciągają wzrok podświetlone, szklane ekrany w bladozielonkawym kolorze, na których widnieje delikatnie wyryty rysunek drzew. Jest to kaplica Matki Boskiej Kozielskiej, zaprojektowana przez Marylę i Marka Jakubowskich, których projekt wygrał konkurs

Kaplica
zaprojektowana
przez Marylę i Marka
Jakubowskich
(fot. A. Pisarski)

ogłoszony przez polską parafię w dzielnicy Hammersmith. Dziękczynne wota (wyraz uczuć, modlitw i lęków tych, którzy przeżyli horror wojny) wyglądają jak gwiazdy na niebie. Pośrodku płaskorzeźba – obraz Matki Boskiej Kozielskiej dłuta jednego z polskich więźniów obozu Kozielsk II. Obraz ten wisiał wcześniej w Little Brompton Oratory na South Kensington, gdzie Polacy chodzili na msze. W sumie jest tutaj 10 witraży, 3 pomniki oraz 120 tablic pamiątkowych.

Kościół jest jedynym miejscem w Londynie, gdzie są uczczeni polscy marynarze. Po prawej stronie na ścianie wmurowano dwie tablice, marynarki handlowej i wojennej. Nasza flota nie miała najmniejszych szans, by na Bałtyku stawić samotnie czoło potężnej flocie niemieckiej. W ramach planu „Pekin", uzgodnionego na wojskowej konferencji polsko-brytyjskiej w końcu maja 1939 roku, z portu w Gdyni wypłynęła do Wielkiej Brytanii eskadra polskich niszczycieli: ORP „Burza", „Błyskawica", „Grom". Poza Bałtyk wypłynęła prawie cała Marynarka Handlowa RP. W połowie września z portu w Tallinie wydostał się polski okręt podwodny ORP „Orzeł", którego heroiczną ucieczkę opisywały angielskie gazety.

Związek zawodowy oficerów marynarki handlowej wydawał „Okólnik" do 2002 r., a pismem samopomocy marynarki wojennej były „Nasze Sygnały", wychodzące do 2006 r.

W czerwcu 1940 roku, kiedy nadszedł rozkaz opuszczenia Norwegii, Samodzielna Brygada Strzelców Podhalańskich osłaniała załadunek alianckich wojsk korpusu ekspedycyjnego na okręty. W operacji brały udział okręty polskiej

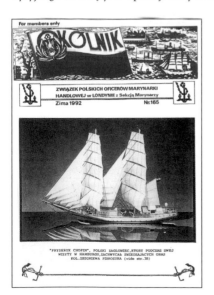

"FRYDERYK CHOPIN", POLSKI ŻAGLOWIEC, KTÓRY PODCZAS SWEJ WIZYTY W HAMBURGU, ZACHWYCAŁ ŚWIEDZAJĄCYCH ORAZ KOL. ZBIGNIEWA PISKOZUBA (vide str. 38)

Kontr. Adm. Jerzy Świrski oraz Kontr. Adm. Józef Unrug. Gdynia lata 30-te. ze zbiorów IPMS Londyn.

Marynarki Wojennej, m.in. niszczyciele „Błyskawica", „Burza" i „Grom", a także jako statki transportowe – polskie liniowce „Sobieski", „Batory" i „Chrobry".

Niszczyciel „Grom" został zbombardowany 4 maja 1940 roku na północ od Narwiku i zatonął w bardzo krótkim czasie. Zginęło 59 polskich marynarzy. W 1990 roku w Muzeum Wojennym w Narwiku odsłonięto płytę pamiątkową z nazwiskami wszystkich, którzy wtedy stracili życie

Dramaty wojenne odbywały się na wielu morzach, może dlatego ci, którzy zginęli, żyją wśród nas raczej w książkach i artykułach, aniżeli w płytach i pomnikach. Aż do 2005 roku w Londynie wychodziły „Nasze Sygnały". Pismo Stowarzyszenia Marynarki Wojennej" i „Okólnik", wydawany przez polskich oficerów Marynarki Handlowej. Obydwa zamieszczały wspomnienia marynarzy. Pamiętam historię, która nie stała się sławna, ponieważ została przeprowadzona bardzo sprawnie. Na południowym Atlantyku niewielki statek handlowy S/S „Narwik" przyszedł z pomocą storpedowanemu brytyjskiemu transportowcowi HMTS „Orkades", ratując ponad 1000 osób. Kapitan Czesław Zawada opisał tę akcję w jednym z „Okólników":

„S/S «Narwik» zauważył w mgle szarego «pasażera», który uciekał przed niemiecką łodzią podwodną i spróbował ostrzec Polaków. W godzinę później usłyszeli dwa wybuchy. Kapitan się zorientował, widząc pole pływających pomarańczy, że w tym miejscu jakiś statek został storpedowany. Niebawem z mostku zameldowano, że widzą szalupy dające znaki żółtymi flagami. Kobiety i rannych wciągano w koszach lub na noszach. Najmłodszy z uratowanych miał siedem miesięcy. Wysłano telegram, prosząc o ochronę powietrzną i wysłanie niszczycieli. W ciągu 20 minut, ku uldze załogi, zaczął nad nimi latać samolot. W końcu nadał sygnał świetlny – «Muszę wracać z powodu braku paliwa do bazy. Nie ma śladu łodzi podwodnej. Powodzenia». Po drodze zauważyli na tratwach kapitana i oficerów «Orkadesa», którzy nie tylko się ucieszyli, że ich uratowano, ale też że ich 1000 pasażerów było już na pokładzie «Narwiku». Kiedy Zawada zapytał kapitana «Orkadesa», dlaczego szedł na tak niebezpiecznych wodach z ekonomiczną szybkością 15 węzłów, Fox odpowiedział: «Dla mnie rozkaz jest rozkazem». Polacy dostali eskortę składającą się z dwóch niszczycieli i szczęśliwie dotarli do Kapsztadu. Zawada i 6 oficerów zostali odznaczeni wysokimi orderami. Kapitan otrzymał Złoty Krzyż

Zasługi z Mieczami, Order of British Empire i Lloyd's War Medal for Bravery. Niemiecka łódź podwodna U172, która storpedowała «Orkadesa» została zatopiona przez amerykańskie kontrtorpedowce".

Informacje praktyczne

POSK
Dojazd: metro Ravenscourt Park, linia District; lub metro Hammersmith, linie Piccadilly i District
238 46 King Street, W6
Otwarty codz., pon.–pt. 8.45–23.00; sob. 10.00–24.00; niedz. 10.00–23.00
tel. 0208 741 1940
admin@posk.org

Instytut Józefa Piłsudskiego
Otwarty: wt. i czw. 10.30–14.30. Wycieczki grupowe po telefonicznym (listownym) porozumieniu
tel. 0208 748 6197
Instytut@pilsudski.org.uk

Biblioteka
Otwarta pon., śr. 10.00–20.00, pt. 10.00–18.00, sob. 10.00–13.00
tel. 0208 741 0474

Księgarnia PMS
Otwarta pon.–sob. 10.00–18.00, pt. 10.00–19.00
tel. 020 8748 5522

Kościół św. Andrzeja Boboli
2 Leysfield Road, W12
Msze święte: niedz. 9.00, 10.30, 12.00, 17.00, w dni powszednie 10.00, 19.00, w sob.10.00, 18.00; w święta wypadające w ciągu tygodnia 9.00, 10.30, 19.00; w pierwsze piątki miesiąca 9.00, 19.00.
tel. 020 8743 8848

**Ealing,
Northolt
i Gunnersbury**

Ealing to niegdyś kolonia Sasów, pierwsze wzmianki o kościele pochodzą z XII wieku. Ealing oznacza „terytorium ludzi z Gilla". Zawsze było tutaj czyste powietrze, dostatnie gospodarstwa i mnóstwo zieleni. W drugiej połowie XIX wieku do osady docierał już pociąg, a na początku XX wieku tramwaj. W tym czasie Ealing było elegancką wioseczką, położoną wzdłuż torów kolejowych (Londyn jest właściwie zbiorowiskiem takich wioseczek). Kiedy wioseczka przeistoczyła się w dzielnicę, nazwano ją „królową peryferii". Polacy zaczęli się tutaj osiedlać w czasie drugiej wojny światowej. Za odprawę wojenną niektórzy kupili sobie domy. Czasami dwie lub trzy rodziny razem kupowały duży dom, zaciągając pożyczkę w banku. Często wynajmowano pokoje lokatorom, aby szybciej spłacić dług. Korpus Przysposobienia do Życia Cywilnego wysyłał młodszych mężczyzn na dwuletnie kursy. Dzięki tym kursom niektórzy zdobyli zawody, które pozwoliły im zakotwiczyć się w angielskiej rzeczywistości.

Anglikom Ealing kojarzy się ze słynnymi komediami, które powstały w studiach na Ealing Green. Tutaj je kręcono, montowano, nagrywano i miksowano dźwięk. W 1955 roku studia zostały zakupione przez BBC. Jedną z najlepszych *Ealing comedies*, której akcja toczy się w pobliżu stacji King's Cross i St Pancras, był często pokazywany w Polsce film zatytułowany *Jak zabić starszą panią*.

Po przystąpieniu Polski do Unii Europejskiej napłynęło tutaj wielu Polaków, a także przybyszy z innych krajów Europy Środkowowschodniej. Na początku trzeciego tysiąclecia stwierdzono, że ponad 50 procent mieszkańców nie ma korzeni angielskich. W dosyć krótkim okresie Ealing stał się dzielnicą wielokulturową.

Centrum handlowe
na Ealing Broadway
udekorowane
świątecznie.
Na pierwszym planie
trzy Polki

Burmistrz i urzędnicy pracujący w ratuszu mają dobre stosunki z Polakami. Jako pierwsza miejska gmina Londynu dzielnica Ealing rozpoczęła współpracę partnerską z warszawskimi Bielanami. Jeden z radnych, a także poseł do europejskiego parlamentu, pomagał Polakom, kiedy powódź wyrządziła wiele szkód w 1997 roku, popierał zniesienie wiz, oraz wspierał starania Polski o wejście do NATO i Unii Europejskiej. Sukcesy odnoszą wystawy, takie jak „Celebrating Poland" w 2004 roku, która pozwoliła zapoznać się mieszkańcom dzielnicy z historią i kulturą naszego kraju. Londyńczycy są ciekawi swoich sąsiadów, z chęcią słuchają naszych pięknych kolęd, oglądają choinkę, ludowe stroje, patrzą na fotografie i czytają o historii.

Ealing, tak jak inne skupiska Polaków rozsiane po całej Wielkiej Brytanii, angażuje się w akcje pomocy Polsce, szczególnie wymagające „wrażliwości ludzkich serc, ofiarności i zrozumienia". Dwa razy do roku w celu zebrania pieniędzy wolontariusze Medical Aid for Poland Fund (istniejącej od 25 lat) organizują kiermasz z książkami, porcelaną, płytami, zabawkami, obuwiem, odzieżą i innymi przedmiotami, nie mówiąc o pięciu pokazach mody, koncertach i dużym festynie nad Tamizą. Z uzyskanych w ten sposób funduszy opłacają sprzęt medyczny, pomagają szpitalom w Polsce, domom dziecka, ośrodkom dla niepełnosprawnych i innym placówkom. Po ogłoszeniu stanu wojennego w Polsce zgromadzili tak wiele darów, że już w styczniu 1982 roku załadowali trzy pełne tiry. Od tego czasu przez 16 lat wysłali 325 trzydziestotonowych tirów pomocy medycznej dla Polski. Tylko niektórzy pamiętają jeszcze, że w grudniu 1981 roku w polskich sklepach sprzedawano tylko przysłowiowe „ocet i musztardę". Pomoc Polaków z zagranicy, często inicjowana przez działaczy z POSK-u, była bardzo ważna.

Sklep „Silver Grove" jest usytuowany niedaleko centrum handlowego, ale trzeba go poszukać. Rozeszło się pocztą pantoflową po okolicy, że można tutaj kupić ciekawą srebrną biżuterię, a także piękne bursztyny

W centrum handlowym słyszę często język polski i wiem, że Barclays Bank w Ealing dba o swoich polskich klientów, zatrudniając osoby mówiące po polsku, co ułatwia procedurę otwierania konta. Jednym z promocyjnych chwytów kampanii reklamowej było zachęcanie do znalezienia nowego klienta – bank płacił osobie polecającej 50 funtów.

Za centrum handlowym, trzy minuty spacerem, znajduje się sklep z biżuterią „Silver Grove". Jaga Rontaler, która jest właścicielką sklepu (na dole jest także galeria), prowadzi go od ponad 12 lat. Zwierza mi się, że w ostatnim czasie sprzedaż nie idzie tak dobrze jak kiedyś. Ludzie wydają mniej pieniędzy. Jeśli zajrzymy do gazet, dowiemy się, jak bardzo wszyscy są zadłużeni w bankach. Rontaler najwięcej sprzedaje przed świętami Bożego Narodzenia. Każdego roku wysyła swoim stałym klientom zaproszenia na kieliszek szampana. W ciągu dwóch wieczorów, które nazwała *champagne shopping*, sprzedaje dużo. Grudzień jest najlepszym

Restauracja
-galeria
„Cafe Grove" wystawia obrazy polskich artystów

miesiącem, ludzie wiedzą, że muszą kupić prezent, a do jej sklepu przychodzą, ponieważ rozniosło się pocztą pantoflową, że można tu kupić ciekawą biżuterię, którą sprowadza z Polski. Prawie 70 procent rocznego utargu jest z grudnia. Jaga i jej mąż Bob pierwsi zaczęli importować bursztyn – do tego czasu rzadkość w londyńskich sklepach jubilerskich. Znane domy towarowe, takie jak Liberty, stały się ich klientami. Powoli interes się rozkręcił, co pozwoliło im założyć własny sklep.

Obok „Silver Grove" znajduje się restauracja-galeria „Cafe Grove", która powstała w 1993 roku. Właściciel, Polak Janusz Chełmiński, chętnie wystawia prace Polaków i tych, którzy mają kontakt z polską kulturą. „Cafe Grove" współpracuje z radą miejską Ealing – od czasu do czasu na otwarciu wystawy pojawia się sam burmistrz. Kierownictwo przyznaje co roku nagrodę w dwóch kategoriach: za najlepszą wystawę i najlepszą pracę. Galeria zachęca różne firmy do współpracy, chętnie promuje artystów, pisze do sponsorów, próbuje zachęcić lokalne firmy do mecenatu, a pieniądze przeznacza na nagrodę dla zwycięzcy. Sponsorzy są zapraszani do obejrzenia obrazów przed otwarciem wystawy. Galeria prowadzi również sprzedaż i powoli zdobywa sobie renomę wśród angielskiej klasy średniej dzięki ustnej rekomendacji. Najwięcej obrazów sprzedał tu malarz Sławomir Blatton, którego wielką pasją jest piękno kobiecego ciała.

Polska rzymsko-katolicka parafia NMP Matki Kościoła

Na terenie Ealing znajduje się najliczniejsza polska parafia. Prowadzą ją księża marianie. Istnieje już od 50 lat, ale polski kościół na Windsor Road kupiono na własność dopiero w 1986 roku. Podczas ciężkich lat osiemdziesiątych parafie w Ealing, Willesden, Croydon i Reading organizowały wysyłkę ton żywności zakupionej ze zbiórek wśród parafian. Dystrybucję przeprowadzały zakonnice z pomocą studentów i ochotników Solidarności. Na emigracji rola Kościoła obejmuje nie tylko potrzeby duchowe, ale także zachowanie tożsamości narodowej. Jedna z polskich dziennikarek twierdzi, że Kościół powinien stać się mediatorem między różnymi emigracjami: wojenną, tą z końca lat pięćdziesiątych, po 1968 roku, „solidarnościową" i tą najnowszą i najenergiczniejszą, ludzi, którzy przyjechali tu znaleźć pracę. Polskie

kościoły i polskie instytucje wyrosły z tęsknoty za ojczyzną, z pragnienia stworzenia namiastki tej ojczyzny, z umiłowania kultury i języka polskiego. Kiedyś patriotyzm i niepodległość kraju była głównym spoiwem więzi, teraz terapeutyczna rola Kościoła polega na uśmierzaniu lęków przed

Kościół polskiej rzymskokatolickiej parafii NMP Matki Kościoła na Ealing Broadway

Kolorowy witraż
nad ołtarzem
i dwa anioły
na tabernakulum
wykonane przez
profesora Śliwę
z Krakowa, tworzą
harmonijną całość,
choć pochodzą
z różnych epok

utratą tożsamości, przed zatonięciem w morzu obcości, alienacją, i jest zapewne równie istotna. Głęboka wiara scala i klei człowieka na nowo i pozwala mu przetrwać.

Papież Jan Paweł II będąc z wizytą w Anglii, powiedział: „Zachować rodzinę od niebezpieczeństw obecnego świata to wielkie zadanie całego Kościoła...

Jeżeli człowiek zatraci swoją godność, wiarę i świadomość narodową tylko dlatego, by więcej mieć – ostrzegał Polaków w Niemczech – to postawa taka musi ostatecznie prowadzić do pogardy samego siebie. Natomiast człowiek świadomy swej tożsamości płynącej z wiary, chrześcijańskiej kultury ojców i dziadów, zachowa swoją godność, znajdzie poszanowanie u innych i będzie pełnowartościowym członkiem społeczeństwa, w którym wypadło mu żyć.

Człowiek nie ma innej drogi do człowieczeństwa jak tylko przez rodzinę".

Tablica poświęcona papieżowi Janowi Pawłowi II w kościele w Ealing

Józef Garliński, mieszkaniec sąsiedniej dzielnicy Chiswick, przekazał podobną myśl:

„...w życiu, które na co dzień jest proste, zwyczajne i trudne, naprawdę liczy się tylko wiara, przyjaźń, miłość i więzy tradycji, silniejsze ponad wszystko".

Northolt

Dwadzieścia kilometrów na zachód od centralnego Londynu leży Northolt, podczas drugiej wojny światowej słynna baza myśliwska Dywizjonu 303. Na skraju lotniska, na skrzyżowaniu West End Road i Western Avenue, stoi pomnik Lotnika Polskiego. Upamiętnia on 1901 lotników polskich, którzy zginęli w latach 1940–1945. Odsłonięty w 1948 roku – odnowiony, rozbudowany i powtórnie dedykowany w 1996 roku, na obelisku ma wygrawerowane nazwy czterech dywizjonów bombowych, dziesięciu dywizjonów myśliwskich i miejsc, gdzie walczyły. Z tyłu lekko wygięta kamienna ściana zapisana jest nazwiskami wszystkich, którzy zginęli podczas lotów.

Pomnik
Lotnika
Polskiego

Tak opisuje to miejsce Bohdan Arct:

„Dwa niezbyt długie krzyżujące się pasy startowe. Z jednej strony pola wzlotów niski budynek kasyna oficerskiego, koszary i inne pomocnicze zabudowania. Pod kątem prostym do nich stały duże hangary, pomiędzy nimi budyneczek kontroli ruchu powietrznego, tak zwanego Flying Control [...].

W kierunku Londynu zapora balonowa [...].

W niskich drewnianych barakach, porozmieszczanych na skraju lotniska, od świtu do zmroku przesiadywali piloci w stanie gotowości bojowej. Dookoła baraków porozstawiane były w ziemnych nasypach jakby przygarbione i przyczajone do skoku hurricane'y. Czasami, na telefoniczny rozkaz stanowiska dowodzenia sektora, z baraków wypadali ubrani do lotu piloci, pędzili do swych maszyn, przy których czuwali pełni poświęcenia mechanicy. Jeden po drugim odzywały się zapuszczane silniki, samoloty ruszały z miejsc, wpełzały na skraj betonowego pasa i z rykiem silników wychodziły w powietrze [...].

Po godzinie, półtorej wracali do bazy [...] Opuszczali kabiny, przeciągali dłońmi po twarzach, na których odciśnięty był ślad maski tlenowej. Zapalali papierosy, w baraku składali raporty [...]. Zmęczonym ruchem rzucali się na krzesła lub żelazne łóżka zasłane szarymi żołnierskimi kocami.

...Na zewnątrz mechanicy [...] krzątali się pospiesznie przy maszynach. Uzupełniali je w paliwo i amunicję, wymieniali butle z tlenem, sprawdzali aparaturę radiową, łatali przestrzelenia, sprawdzali stan użyteczności płatowców i silników, wymieniali uszkodzone części.

[Jeden mechanik nakreślił nam taką scenkę:] Przed dwoma dniami powrócił do bazy nasz as, František. Jego maszyna praktycznie nie miała ogona, lotki nie działały, cały płatowiec był tak pokaleczony, iż nie mogliśmy zrozumieć, jakim sposobem doleciał na lotnisko".

Wieczorem zaś po wykonaniu dwóch, trzech, czasem i czterech lotów bojowych, przenosili się do kasyna. Na partię bilardu, na brydża, na szklaneczkę whisky czy piwa. Czasami jechali z dziewczynami do kina lub na potańcówkę.

„Powodzenie u Angielek i Szkotek nasi żołnierze mieli kapitalne", pisał Mackiewicz w swojej książce *Londyniszcze*. „Rekord pobił pewien kapitan, który był jednocześnie kochankiem córki, matki i babki w jednym z miasteczek w Szkocji. Zdarzyło się innemu kapitanowi, że zastrzelił przyjaciela żony, także Polaka. W Anglii za takie rzeczy wieszają nieomal automatycznie. W danym wypadku nastąpiło niespodziewanie dla wszystkich uniewinnienie, motywowane bardzo względnej wartości argumentami, że policja nie dokonała szczegółowszych oględzin pistoletu. Postąpiono tak wprost przez gościnność. Pewien lotnik polski, bardzo źle wychowany, zaczął dla kawału latać tak nisko nad polem golfowym, że aż uciął skrzydłem swego aparatu głowę jakiemuś lordowi. Nie było sądu. Lotnika wysłano po prostu na niebezpieczny lot bojowy, z którego nie wrócił".

Niedaleko od Northolt w Uxbridge mieściła się tzw. Dziura (The Hole), odporne na zbombardowanie centrum systemu dowodzenia myśliwców RAF-u, usytuowane 15 metrów pod ziemią, a na powierzchni zamaskowane pomalowanymi w wesołe kolory krzesłami, porozstawianymi na trawniku. Dalej rozciągał się teren golfowy. Był to centralny punkt dowodzenia Hugh Dowdinga (który niebawem po zwycięskiej Bitwie o Anglię został nobilitowany i odszedł na rentę). Przed każdą bitwą powietrzną dyżurny kontroler, zbierający informacje ze stacji radarowych i punktów obserwacyjnych, uprzednio opracowanych przez Filter Room (pokój weryfikacyjno-kontrolny), przekazywał dane i stąd kierowano w powietrze dywizjony.

Churchill często wpadał do Dziury. Jeżeli nic się nie działo, wracał do samochodu i pracował, paląc cygara, których nie mógł palić w schronie.

26 września 1940 roku król Jerzy VI i królowa Elżbieta złożyli lotnikom wizytę. Król udał się do „disper-

Król Jerzy VI
z polskim
pilotem
Witoldem
Urbanowiczem
(drugi z lewej)

salu" (przeważnie był to barak; słowo *disperse* oznacza „rozlecieć, rozlatywać się"), gdzie piloci oczekiwali w gotowości do startu na loty bojowe, i rozmawiał z Polakami. Nagle zadzwonił telefon ze stanowiska dowodzenia sektora i poderwał jednostkę na alarm. Zapominając o dostojnym gościu, piloci jeden po drugim skoczyli ku wyjściu, dopadli maszyn.

„«Dokąd polecieli?»", zapytał król.

«Grupa około 50 bombowców w osłonie myśliwskiej zbliża się do Portsmouth, Your Majesty. Tam właśnie wysłano Polaków», odpowiedział stojący obok oficer RAF-u.

«Proszę mi przekazać wyniki tego lotu», powiedział król jąkając się (Jerzy VI miał defekt wymowy).

...Następnego dnia specjalny wysłannik przywiózł dywizjonowi fotografię królewską z autografem".

Gunnersbury

Wielu Anglików nie mogło zrozumieć, dlaczego władze zabraniały Polakom postawienia pomnika ofiar Katynia. Angielskie Foreign Office (Ministerstwo Spraw Zagranicznych) przez ponad 60 lat ustępowało najpierw Stalinowi, później jego następcom, akceptując nieprawdziwą, fałszywą wersję morderstw katyńskich (oficjalna wersja Stalina mówiła, że Niemcy popełnili ten masowy mord po inwazji na ZSRR). Pewien angielski dziennikarz zastanawiał się nawet, ilu we władzach było sympatyków socjalistów, a ilu rosyjskich szpiegów. W 1974 roku Komitetowi Wolnych Polaków i Brytyjczykom nie powiodło się postawienie pomnika w Chelsea. Angielski rząd pod wpływem protestów rosyjskiej ambasady (z powodu napisu „Katyń 1940 rok" – nie podobała się im data, ponieważ oznaczało to, że mord popełnili Rosjanie) nie wydał zezwolenia na budowę. Mimo to w dwa lata później projekt został zrealizowany. Amerykańska ambasada wysłała swego reprezentanta, Anglicy nie byli obecni. Wnuk Churchilla przyszedł prywatnie. „Mój dziadek zawsze wierzył w to, że odpowiedzialnymi za zbrodnię w Katyniu byli Rosjanie", powiedział.

Na cmentarzu Gunnersbury stanął obelisk z czarnego granitu, stanowiąc wypełnienie obowiązku wobec pomordowanych oraz danie świadectwa prawdzie. Pomnik został umiejscowiony w centralnej części cmentarza. Stanął wśród grobów tych, którzy nie doczekali się jego odsłonięcia, lecz

Katyński pomnik
na cmentarzu
Gunnesbury

przyczynili do tego, że emigracja mogła mieć poczucie satysfakcji ze spełnienia obietnicy złożonej po zakończeniu wojny.

Napis na podstawie obelisku wyjaśnia, że pomnik jest poświęcony 14 500 polskich jeńców wojennych, którzy w 1940 roku zniknęli z obozów w Kozielsku, Starobielsku i Ostaszkowie, a spośród których 4500 zostało później zidentyfikowanych w masowych grobach Katynia w pobliżu Smoleńska.

Niemcy odkryli w lasach Katynia w kwietniu 1943 roku groby polskich oficerów. Wezwali delegację Czerwonego Krzyża do zbadania sprawy. Ofiary zamordowano strzałem w tył głowy lub ciosem bagnetem, a przy ciałach znaleziono także dokumenty, ordery, identyfikatory. Wielu miało ręce związane metodą, którą stosowało NKWD – tajna policja Berii. Pomiędzy ofiarami była również pilotka, Janina Lewandowska, jedyna kobieta (zestrzelono ją w 1939 roku we wrześniu). Wśród zamordowanych byli generałowie, pułkownicy i inni oficerowie, prokuratorzy, prawnicy, inżynierzy, profesorowie, nauczyciele, pisarze, dziennikarze, biznesmeni – intelektualna elita narodu.

Józef Czapski, autor *Wspomnień starobielskich*, napisał:

„Opuszczając Rosję Sowiecką wyniosłem poczucie nieoddychalnej, dławiącej atmosfery, nie dlatego że tam zmarli z głodu lub zostali zamordowani ludzie bardzo mi bliscy, że wyginęły tam setki tysięcy rodaków, ale że to kraj milczenia. Że nie tylko jest tam krzywda człowieka, wyzysk i zło [...] ale że tam nie można było nawet krzyknąć, zaprotestować, na zbrodnie palcem wskazać, że tam nie wolno było nikomu wychodzić poza optymistyczny frazes »stało legcze żit«, »ja drugoj takoj strany nie znaju« itd., każde słowo stawiające pod znakiem zapytania prawa i moralność Związku lub jakiekolwiek rozporządzenie wyższej władzy, jest tym słowem, za którym idzie taka czy inna likwidacja człowieka".

W 1946 roku podczas procesów norymberskich ZSRR oskarżył Niemcy o zbrodnię katyńską. Ażeby odwrócić uwagę zachodnich aliantów od tego okrucieństwa, NKWD i UB zainspirowały w Kielcach pogrom Żydów, którzy przetrwali wojnę. Zamordowano 42 osoby.

W 50 rocznicę zbrodni katyńskiej ZSRR przyznał się wreszcie do odpowiedzialności. Odnaleziono inne groby masowych mordów – w Miednoje i Charkowie. W 1992 roku prezydent Jelcyn przekazał Polakom dokumenty – z Archiwum Prezydenta Federacji Rosyjskiej. W notatce do Józefa Stalina szef NKWD Beria proponuje wymordowanie 14 700 jeńców wojennych oraz 11 000 aresztowanych Polaków.

Do pierwotnego napisu na pomniku: „Sumienie świata woła o świadectwo prawdy", dodano informację, że po 50 latach ZSRR przyznał się w kwietniu 1990 roku do tego masowego mordu: „Zamordowani przez sowiecką tajną policję na rozkaz Stalina w 1940 roku".

Conrad pochodził z rodziny o tradycjach powstańczych. Miał wiedzę o Rosji, wiedzę intuicyjną, wiedzę artysty, który potrafi popatrzyć tak głęboko, że tylko mistyk jest do tego zdolny. Oto co o niej napisał:

„Istnieje inspirujące lękiem wyobrażenie wieczności zawarte w słowie Néant – a w Rosji tej idei nie ma. Ona nie jest Néant, ona jest negacją wszystkiego, dla czego warto żyć. Ona nie jest pustą próżnią; ona jest ziejącą przepaścią pomiędzy Wschodem i Zachodem; bezdenną otchłanią, która wchłonęła każdą nadzieję miłosierdzia, każde pragnienie o osobistą godność, o wolność, o wiedzę, każde uszlachetniające pragnienie serca, każdy zbawiający szept sumienia. Ci, którzy zaglądali do tej otchłani, w której marzenia panslawizmu, powszechnego podboju wymieszane z nienawiścią i pogardą dla idei Zachodu unoszą się bezwładnie i bezsilnie jak mgławice, wiedzą dobrze, że jest bez dna; że nie ma w niej nic, co mogłoby w nawet najmniejszym stopniu służyć nawet najniższym interesom człowieczeństwa".

45 metrów od pomnika Katyńskiego położony jest grób generała Tadeusza Bora-Komorowskiego (1895–1966), komendanta głównego AK, który dowodził powstaniem warszawskim w 1944 roku. Rosjanie czekali, aż powstanie się wykrwawi i dopiero po dwóch miesiącach od jego upadku weszli do zniszczonej stolicy. Po honorowej kapitulacji generał Bór-Komorowski trafił do niemieckiej niewoli, ale w parę miesięcy później został uwolniony przez aliantów. Osiedlił się w Anglii, wiedząc, że gdyby wrócił, zostałby zaaresztowany i zamordowany. Obawiał się, że mógłby go spotkać ten sam los jaki spotkał 16 przywódców polskiego podziemia, uwięzionych i sądzonych w Moskwie. Mieszkał w Londynie do śmierci. Profesor Józef Garliński napisał w swojej książce *Świat mojej pamięci*:

Książeczka *Warszawa potrzebuje twojej pomocy teraz* – informuje angielskiego czytelnika o heroicznych walkach w Warszawie w 1939 r., o powstaniu w getcie i powstaniu warszawskim. Zawiera komunikaty dowództwa AK z powstania

„...był symbolem walki i oporu całego narodu, choć wcale tego nie chciał [...] w swej skromności nie chciał być naczelnym wodzem.

Polski Londyn pożegnał go wspaniale, ale Brytyjczycy zignorowali tę śmierć i z inicjatywy naszych angielskich przyjaciół powstał mieszany komitet, którego byłem członkiem i który do katolickiej katedry westminsterskiej ściągnął przedstawicieli wielu krajów".

W sierpniu 1994 roku prochy generała zostały przewiezione do wolnej już Polski i złożone na Powązkach Wojskowych, w Alei Zasłużonych.

Informacje praktyczne

Ealing Brodway
Dojazd: metro Ealing Broadway, linie Central i District

Polska rzymskokatolicka parafia NMP Matki Kościoła
2 Windsor Road, W5
Msze św. w niedz.: 9.00, 10.15, 11.30, 13.00, 19.00;
w dni powszednie: 8.00, 10.00, 19.30; w dni świąteczne:
8.00, 10.00, 12.15, 19.30
tel. 020 8567 1746

The Silver Grove
69 The Grove, W5
tel. 020 8567 1615

The Cafe Grove
65 The Grove, W5
tel. 020 8922 5435

Pomnik Lotników Polskich w Northolt
Dojazd: metro South Ruislip, linia Central

Gunnersbury Cemetery (cmentarz Gunnersbury)
Dojazd: metro Acton Town, linie District, Piccadilly.
Gunnersbury Avenue, W5
XI, XII, I otwarte 9.00–16.30
II, III, X otwarte 9.00–17.30
IV–IX pon.- pt. 9.00–19.00, niedz. 9.00–18.00

Dworzec Paddington jest jednym z najpiękniejszych dworców kolejowych w Londynie. Położony w pobliżu szpitala św. Marii, na którym można zauważyć niebieską tablicę z nazwiskiem odkrywcy penicyliny, Aleksandra Fleminga, został wybudowany przez syna francuskiego inżyniera Isambada Kingdoma Brunela w 1841 roku. Jego przyjaciel, Matthew Digby Wyatt, zaprojektował żelazną konstrukcję dachu i inne wykonane z kutego żelaza części.

Dworzec kolejowy

Pierwsza linia podziemnej kolei Metropolitan, poruszana parą i oświetlona lampami gazowymi, zaczynała się tutaj i kończyła na Farringdon Street. Linia miała 6 kilometrów długości. Zaczęła działać w 1863 roku.

Stąd wyrusza Heathrow Express na lotnisko położone 45 kilometrów na zachód i dojeżdża tam w 15 minut później (jazda metrem zajmuje godzinę). Dla dzieci jest to stacja, na której znaleziono misia Paddingtona. Przyjechał tu na gapę z Peru ze słoikiem pomarańczowej marmolady. Tę ulubioną postać literacką angielskich dzieci stworzył pewien angielski operator, Michael Bond, znudzony czekaniem na pociągi, którymi często podróżował. Paddington Bear odlany z brązu siedzi w pobliżu japońskiej restauracji. Niestety, nie jest to najlepszy okaz pomnika – być może dlatego, że jak zauważył pewien francuski rzeźbiarz, „angielska pogoda nie sprzyja rozwojowi tej gałęzi sztuki".

Dla nas, Polaków, Paddington wiąże się z uroczystymi przyjazdami naszych polityków podczas drugiej wojny światowej, z fanfarami, powitaniami, hymnami i przemówieniami. Kiedy w 1940 roku przyjechał tu prezydent Raczkiewicz, witał go król Jerzy VI. Stacja była też popularna wśród członków rodziny królewskiej, którzy stąd odjeżdżali do

Windsoru. Na prawo od zegara zobaczymy królewską poczekalnię. Godło rodziny królewskiej jest widoczne na fasadzie budynku przy postoju taksówek przy Eastbourne Terrace.

Piękne, szklane zadaszone wnętrze było świadkiem pierwszej fazy uroczystej ceremonii pogrzebowej ofiar katastrofy gibraltarskiej. Niszczyciel „Orkan" dobił do doków w Plymouth 10 lipca 1943 roku. Trumny przeładowano na pociąg i udekorowany biało-czerwonymi flagami wagon wewnątrz wyglądał jak mała kaplica. Na podłodze rozrzucono kwiaty i trawy zebrane w Gibraltarze. Pociąg przyjechał na dworzec Paddington, gdzie polska orkiestra odegrała hymn. Ośmiu polskich żołnierzy przeniosło trumnę generała Władysława Sikorskiego do czekającego samochodu. Po dotarciu do siedziby rządu ustawiono trumnę w hallu i położono na niej rogatywkę i szablę generała. Wdowa przyniosła bukiet pięknych żółtych róż. Czternastego lipca przewieziono trumnę do katedry Westminsterskiej, gdzie na aksamitnej poduszce wyłożono ordery generała. Tego wieczoru Churchill przemawiał do Polaków w Anglii i w okupowanej Polsce. „Żołnierze muszą umrzeć, ale ich śmierć żywi naród, który ich urodził. Sikorski zmarł dla swego kraju i za wspólną sprawę". Następnego dnia na wszystkich budynkach rządowych w Londynie i w Gibraltarze opuszczono flagi do połowy masztu. Premierzy Wielkiej Brytanii, Polski i Czechosłowacji przyszli na mszę. Churchill miał łzy w oczach. Na podwyższeniu przed prezbiterium stało na baczność wokół trumny po dwóch polskich lotników, marynarzy i żołnierzy, z karabinami i bagnetami. Pod koniec ceremonii żołnierski chór odśpiewał hymn i kondukt pogrzebowy opuścił kościół, jadąc przez zatłoczone ulice Pimlico w kierunku Nottinghamshire. Następnego dnia dotarł do cmentarza w Newark, gdzie jest pochowanych wielu polskich pilotów. Sikorskiego złożono w grobie, który według wdowy miał być grobem tymczasowym. Powiedziała, że kiedyś jej mąż wróci do Polski w tryumfie.

Zwłoki Sikorskiego wróciły do Polski w 1999 roku i zostały pochowane na Wawelu.

*

W sierpniu 1940 roku Maria Pawlikowska-Jasnorzewska (1891–1945) zamieszkała na krótki okres na Porchester Terrace. Opisała ewakuację z Francji w swym dzienniku:

„Przedtem płk Iwaszkiewicz, do niedawna paryski «dziadek leśny», cichy, wąziutki, biedny, przerobił się na stacji w dyktatora o wyglądzie oficerka z operetki w *Jesiennych manewrach*, wyprężył dumnie pierś i chciał, abym została na pustkowiu, jak szmelc żeński.

Padał deszcz bezlitosny, rzeczy topiły mi się jak cukier, byłam blada, zrozpaczona, niewyspana, błagająca o pomoc. Zakazał, zasalutował, odszedł – znienawidziłam Polaków i wojsko już nieodwołalnie...

Dojeżdżamy do Gibraltaru. Jest noc. Polacy stoją na pokładzie podnieceni i pyszczą. Zbliża się chwila bardzo trudna. Mają nas rozłączyć i segregować. Jestem ślepiec poeta, bez życiowej wiedzy, bez pychy, wymowy, szczęścia do ludzi, bez majątku i siły, któremu chcą zabrać dziecko... Strach wrócił, szumi nade mną jak wiatr. A cała ta droga była straszna, bo mówiono i mówi się dalej o niebezpieczeństwach... Dziś, siedząc ze stewardami, przekonałam się, że nie mówię po angielsku. Dobre samopoczucie, które miałam we Francji z moją doskonałą francuszczyzną, tu ustąpiło miejsca poczuciu niższości...

Podobno jedziemy do Anglii... w promieniach tańczących na wodzie czai się strach...

Jeden widział mewę... Drugi twierdzi, że to był gołąb pocztowy, wypuszczony z niemieckiej łodzi podwodnej w celu przywołania całej floty niemieckiej...

Jeszcze rano był na okręcie terror bombowo-minowy. Przed południem ukazał się ląd. Niepokój na okręcie wzrastał. Zostało wreszcie ujawnione, że nas separują. Strach i złość żeńskiego grona była bez granic...

Lotek się zawieruszył, zostałam sama z rzeczami, była rozpacz i bałagan surowy. Postój w sali, stłoczone bydło ludzkie, zmęczenie, cło, lekarz, dobroczynna herbata, kolej, dojazd do cudnego Londynu... A moje wartości leżą w Warszawie pod gruzami, co znaczy na świecie niejadalna poetka polska, której książek nie będzie nawet nikt chciał wydać na nowo..."

Jej gorzkie wybuchy były spowodowane chorobą, a także depresją. Poeci zazwyczaj chorują od zbyt dużej dozy rzeczywistości. Po przyjeździe do Londynu musiała następnego dnia ustawić się w kolejce, a później okazało się, że „ksią-

Porchester Terrace

żeczki nasze dozwalające nam jeździć po wyspie brytyjskiej dookoła jeszcze nie nadeszły, ale mogą nadejść, tylko za tydzień.

Zapomogę na kulawą nogę też mają tu i tam niby wypłacać...

Kupiłam 3 Nescafé (jedną posłałam ci wraz z papierosami), jeden piękny, duży śpiwór salonowy, w razie gdyby gdzie nie było łóżka. Kosztował ginę (21 szylingów), w kwiatki, z poduszką wszytą, cudo boskie. Kupiłam orzechy, pikle marynowane na przekąskę, trochę łososiów i 1 ananasa".

Poetka zamieszkała w Blackpool, a jej mąż w Strand Palace Hotel, ponieważ tutaj miał pracę.

Maria Pawlikowska-Jasnorzewska zmarła w 1945 roku, a jej mąż w 1970. Obydwoje zostali pochowani w Manchesterze.

Tablica Zygielbojma

Przy Porchester Road naprzeciwko biblioteki umieszczona jest zielona tablica, poświęcona pamięci Szmula „Artura" Zygielbojma (1895–1943). Członek Bundu, deputowany Rady Narodowej, popełnił samobójstwo na wieść o upadku powstania w getcie warszawskim. Co roku członkowie Zygielbojm Memorial Committee spotykają się w tym miejscu w drugą niedzielę maja.

W 1942 roku Jan Kozielewski („Karski") dotarł do Londynu i zrelacjonował członkom rządu polskiego i angielskiego (Anthony'emu Edenowi) wszystko, co widział w getcie warszawskim i w obozie Bełżec. Był on naocznym świadkiem masowej zagłady Żydów – przebrany za estońskiego policjanta widział obóz od wewnątrz. Jego niebezpieczna misja, w której z łatwością mógł stracić życie, upewniła go w przekonaniu, że to, co widział, było systematyczną eksterminacją. Anglicy pozostali obojętni. (W tym czasie w Palestynie rozpoczęły się terrorystyczne ataki na Anglików, organizowane przez syjonistyczne organizacje). Jan Nowak-Jeziorański, który dotarł do Londynu po powstaniu i zniszczeniu getta warszawskiego, po rozmowach z uczestnikami i naocznymi świadkami zebrał wiele informacji, które przekazał Ignacemu Szwarcbartowi, reprezentantowi żydowskiej mniejszości w Polskiej Radzie Narodowej w Londynie.

Tablica
upamiętniająca
postać
Szmula Zygielbojma

"Przerwał mi, kiedy mu powiedziałem, że kiedy wyjeżdżałem, z 3 milionów Żydów tylko kilkaset tysięcy jeszcze żyło.

– Błagam pana, kiedy będzie pan rozmawiał z Brytyjczykami, proszę nie używać tych cyfr, zawołał.

– Ale dlaczego? – zapytałem osłupiały – Przecież ja ich nie wymyśliłem.

– Dlatego, że panu nie uwierzą. Szybciej panu uwierzą, jeżeli pan im opowie o tych 3 dzieciach żydowskich, które uciekły z getta i zostały zastrzelone przez cywilów niemieckich, dlatego że ci malcy nie mogli szybciej biec – w to uwierzą szybciej. Jeżeli pan im powie, że Niemcy zamordowali w krematoriach jeden czy dwa miliony Żydów, nikt panu nie uwierzy, nikt – proszę mi wierzyć – nawet sami Żydzi w to nie wierzą.

– Czy jest to spowodowane brakiem zaufania do Polaków? – zapytałem. – Mamy reputację, że po ich klęsce będziemy starali się narzucić Niemcom surowe warunki. Pol-

skie źródła może są podejrzewane o celowe wyolbrzymianie
niemieckich okrucieństw.

Szwarcbart temu zaprzeczył:

– Polski rząd i polskie podziemie są naszymi głównymi
źródłami informacji, ale nie jedynymi. Poza tym Polacy nam
przekazują raporty i dokumenty, które pochodzą od samych
Żydów.

– Czy myśli pan, że gdyby na moim miejscu przyjechał
Żyd z Warszawy z takimi wiadomościami, to by jemu też nie
uwierzyli? – zapytałem.

– Jemu też by nie uwierzyli. Emisariusz żydowskiej organizacji Bund, Szmul Zygielbojm, dotarł na Zachód. Jego
towarzysze przesyłali mu raporty poprzez polskie podziemie. W jednym raporcie donoszono, ze zostało wymordo-
wanych 700 000 Żydów. Jeden z przywódców Polskiej Partii
Socjalistycznej, Adam Pragier, który sam jest żydowskiego
pochodzenia, powiedział Zygielbojmowi, że jest to propa-
ganda i nikt w to nie uwierzy, że jedno zero trzeba usunąć
i powinno się powiedzieć że wymordowano 70 000 Żydów.
Dopiero wtedy opinia Zachodu przyjmie to jako możliwe.
Zygielbojm, powiedział on, nie mógł zaakceptować tego, że
światowe organizacje żydowskie ignorowały jego ostrzeżenia. Na koniec popełnił samobójstwo z czystej rozpaczy".

Nowak-Jeziorański przeprowadził kilka rozmów ze
Szwarcbartem i innymi żydowskimi działaczami. Zasugerował, że może BBC powinna zapowiadać, iż brytyjskie i amerykańskie bombardowania są rewanżem za masowy mord
Żydów, co przynajmniej przyniosłoby moralną ulgę skaza-
nym na zagładę. Szwarcbart zapewnił go, że i on, i inni Żydzi
proponowali różnego rodzaju akcje, ale jak zwykle napotyka-
li ścianę niewiary.

„Zrozumiałem, że ten sceptycyzm był jeszcze jedną
żydowską tragedią".

Trzydzieści kilka lat później, szperając w brytyjskim
archiwum, które zostało odtajnione i udostępnione obywa-
telom, przeglądając raporty napisane przez tych, z którymi
rozmawiał i którym mówił o systematycznej, masowej
zagładzie Żydów (i o zniszczeniu getta warszawskiego),
Nowak-Jeziorański zauważył, że wszystkie wzmianki o masowej zagładzie zostały przez jego rozmówców pominięte.

Informacje praktyczne

Dworzec Paddington (Paddington Station)
Dojazd: metro Paddington, linia Circle, District, Bakerloo, Hammersmith & City

Tablica Zygielbojma
Na Porchester Road, naprzeciwko biblioteki.
Dojazd: metro Bayswater, linia Circle, District

Edgware Road na odcinku od Oxford Street do St John's Wood biegnie wzdłuż starej rzymskiej drogi, którą zaprojektowano w linii prostej (co było nadzwyczajnym wynalazkiem Rzymian – jeżeli weźmiemy pod uwagę późniejsze wielce skomplikowane, meandryczne średniowieczne ulice), na północ do St Albans. Na samym początku ulicy oznaczone jest miejsce egzekucji, które tutaj odbywały się w dawnych czasach. Obecnie ulica ta ma dość egzotyczny wygląd. Wiele instytucji, banków, restauracji, kawiarń i sklepów reklamuje swoje usługi i produkty po arabsku. Po stronie północnej Hyde Parku w latach siedemdziesiątych wielu bogatych Arabów kupowało mieszkania dla siebie i dla swojej służby, wydając setki tysięcy petrodolarów. Edgware Road tchnie duchem Bliskiego Wschodu.

Krzysztof Komeda-Trzciński

Krzysztof Komeda-Trzciński (1931–1969), kompozytor i pianista jazzowy, przyjechał do Londynu na prośbę Romana Polańskiego, który chciał, aby Komeda skomponował muzykę do jego filmu *Nieustraszeni pogromcy wampirów*. Komeda i jego żona Zofia mieszkali blisko Edgware Road i Speaker's Corner. Eleganckie mieszkanie wynajmowali od pewnego geja, który wypełnił je antykami. Przy bliższym obejrzeniu tych antyków Komedowie zorientowali się, że wszystko to były repliki z gipsu, które najprawdopodobniej służyły jako rekwizyty do filmów. Spali na łożu pokrytym purpurowym pikowanym atłasem. W salonie Komeda pracował. Kuchnię i bawialnię (w której był telewizor) dzielili z innymi. W pokojach były gazowe kominki

294

podłączone do liczników. Wrzucało się monetę, licznik ją rejestrował i gazowy palnik działał przez ściśle określony czas. Komeda wstawał, brał prysznic, jadł śniadanie, najczęściej dwa jajka w szklance, trochę dżemu lub miodu, kawałek chleba, herbatę lub kawę z mlekiem, i zabierał się do pracy. Często spędzał dzień w piżamie. Czasami Zofia przygotowywała mu szprycera, do szklanki wody sodowej wlewała kieliszek czerwonego wina. Komponował na pianinie lub na innych instrumentach klawiszowych, które mu dowożono.

Komedowie mieszkali w pobliżu Connaught Square

Zofia robiła zakupy w ciągu tygodnia. W sobotę i niedzielę sklepy były zamknięte, chyba że był to jeden z tych weekendów, w który handel jest dozwolony. Piekła mu nerki na rożnie, czasami rybę, czasami inne mięso. Wieczorem miała obiad gotowy. Komeda nie pracował dłużej niż do siódmej wieczorem. Często zjawiał się Polański i zabierał ich do jakiejś dobrej restauracji w Soho lub do swojego nowego domu na Belgravii, w ktorym kryształowe gałki w drzwiach, amarantowa atłasowa kapa na łóżku, wielkie lustro na suficie i czarna wanna wpuszczana w podłogę stanowiły źródło dumy gospodarza. Polański piekł befsztyk lub rybę i jeżeli był jakiś show w klubie „Playboya", to jechali tam. W klubie wisiał duży portret Polańskiego: „Zajączki" (czyli Bunny Girls) przyjmowały ich gościnnie. (Jednym z ważniejszych punktów regulaminu, którego „zajączek"

Komedowie
w czasach
studenckich
Fot. W Plewiński

musiał przestrzegać, było sprawdzenie, czy jego ogonek jest puszysty). Wracali z Soho pieszo, idąc wzdłuż Oxford Street (w sumie około dwóch kilometrów). Ich najbliżsi przyjaciele i znajomi należeli do bohemy. Pewnego razu zostali zaproszeni przez angielską parę małżeńską (obydwoje pracowali w biurze i należeli do klasy urzędniczej) do zwiedzenia Greenwich (by zerknąć na południk zerowy), a potem na obiad. Komedowie nie posiadali się ze zdumienia, kiedy pani domu podała każdemu łykowaty kawałek mięsa, jeden ugotowany ziemniak, jedną ugotowaną marchewkę i jedną brązową pieczarkę. Dopiero wtedy zrozumieli, jak bardzo są wykształcone kubki smakowe Polaków, nie mówiąc już o tym, że artyści są zazwyczaj świetnymi kucharzami. Anglicy nie dogadzali tak swym zmysłom, a na pewno nie rozpieszczał siebie przeciętny urzędnik. Smaczne jedzenie ciągle jeszcze kojarzyło się z purytańskim poglądem, że jest to pokusa szatana.

Któregoś dnia zawitał do nich Jerzy Skolimowski, który według Zofii miał patologiczny wstręt do płacenia. Pozwolili mu zostać, bo twierdził, że nie ma pieniędzy. Kiedyś chciał się wykąpać i Zofia wytłumaczyła mu, by nie wlewał do wanny więcej wody niż wskazuje listewka przybita po wewnętrznej stronie. Skolimowski napuścił wodę do wanny, zapomniał o ostrzeżeniu i listewce, woda i piana podniosły się do niebezpiecznej wysokości. Wtedy usłyszał krzyki z dołu. Rury kanalizacyjne nie były w najlepszym stanie, woda zalała skrzynki z pomarańczami i cytrynami w sklepie, mieszczącym się pod mieszkaniem.

Wśród codziennych trywialnych zajęć, „karmienia" monetami licznika, pilnowania poziomu wody względem listewki, ostrożnego włączania gipsowych lamp udających antyki, jeden z najwybitniejszych polskich kompozytorów jazzowych próbował tworzyć. Kiedy nucę kołysankę, którą Mia Farrow śpiewa w *Dziecku Rosemary*, a której słodycz i kruchość kontrapunktuje wątek zła i szatana, wiem, że to wielka magia, cichy płacz za utraconym pięknem dzieciństwa, tęsknota za niewinnością, modlitwa o bezpieczny świat. Tylko dzieło wielkiego artysty może mieć aż tak wielki ładunek emocjonalny... Po tym ich rozpoznajemy.

Tuż obok stacji metra Edgware Road znajduje się ulica Bell Street i tawerna „Pod Zielonym Człowiekiem", którą

uwiecznił Stefan Themerson w powieści *Tom Harris*. Należy pamiętać, że przystanek Edgware Road jest jedynym w Londynie, który ma dwie stacje. Jedna znajduje się po południowej stronie autostrady Westway (przecinającej miasto wzdłuż osi wschód – zachód), druga po jej północnej stronie. Bell Street jest w pobliżu tej drugiej. *Tom Harris* to filozoficzna opowieść kryminalna. Jej akcja roz-

Stacja metra
Edgware Road

Edgware Road
biegnie na północ
w linii prostej

Pub „Pod Zielonym Człowiekiem" na rogu Edgware Road i Bell Street

poczyna się w Londynie w 1938 roku, a kończy przeszło 25 lat później. Tajemniczy tytułowy bohater przemierza Europę, ale kim jest, dowiadujemy się dopiero pod koniec książki.

Jednym z miejsc, które zostało opisane w powieści bardzo realistycznie, jest Bell Street. Ponoć się niewiele zmieniła od powojennych czasów, choć istniała możliwość, że ulica ta zniknie, notuje narrator. Przed wejściem do pubu „Pod Zielonym Człowiekiem", mieszczącym się na rogu Edgware Road, narrator zauważa dom Armii Zbawienia z hasłem „Nieś pomoc potrzebującym". Po wejściu zamawia piwo, serwowane w kuflu, a nie w cynowym naczyniu, i spostrzega na ścianach nowe czerwono-złote tapety. Dopytuje się o „człowieka z małpką", przez chwilę rozmawia i zaczyna rozmyślać o tym, jak filozofowie i artyści mogą budować najpiękniejsze prawdy, nie zmieniając świata.

Będąc w Londynie, powinno się odwiedzić przynajmniej jeden angielski pub (słowo to jest skrótem od *public house*). Ma on specyficzną atmosferę i wystrój. Czegoś takiego nie ma w Polsce. Ostatnio jednak puby zmieniają swój charakter i być może za kilka lat specyfika angielskiego pubu, którego właścicielem jest ta sama rodzina od kilku pokoleń, będzie tylko wspomnieniem. W niektórych pubach można jeszcze czasami zobaczyć kryształowe lustra i luksusowe tapety, stare reklamy i ilustracje, na ze-

wnątrz wiszą kwiaty w koszykach, na wietrze skrzypi znak z malowanym ptakiem czy też podobizną króla. Piwo nie jest zbyt dobre, twierdzą Czesi i Niemcy, ale atmosfera jest interesująca, ponieważ ludzie przychodzą tu po skończeniu pracy i dopiero tutaj mogą się naprawdę odprężyć. Oprócz piwa pija się jabłecznik (cydr, po angielsku cider) lub grzane wino z korzeniami. Nie widuje się dzieci, którym nie wolno przebywać wewnątrz, chyba że w puble serwuje się jedzenie. Najczęściej dzieci (z rodzicami) siedzą na zewnątrz.

Wnętrze tawerny jest kapsułą czasu

Themersonowie

Stefan Themerson (1910–1988), syn lekarza, i Franciszka Themerson (1907–1988), córka malarza Jakuba Weinlesa i pianistki Łucji Kaufman, spędzili większość życia na Maida Vale. Pobrali się w 1931 roku w Warszawie, wyjechali do Paryża w 1937 roku, a później do Londynu. Franciszka była malarką, a Stefan pisarzem. Podczas wojny pracowali w polskim Ministerstwie Informacji i Dokumentacji, dla którego zrobili dwa filmy. Jeden z ich przedwojennych filmów eksperymentalnych *Przygoda człowieka poczciwego* zainspirował Polańskiego do tego stopnia, że pożyczył od nich pomysł dwóch ludzi niosących szafę i zrobił film *Dwaj ludzie z szafą*.

Stacja metra
Warwick Avenue

Wydawnictwo
na Formosa
Street 42 mieściło
się w suterenie

Themersonowie trzy lata po zakończeniu wojny założyli wydawnictwo Gaberbocchus. W ciągu 31 lat opublikowali ponad 60 książek. Skupiali wokół siebie artystów i naukowców. Na Formosa Street 42 zainicjowali w 1957 roku tzw. Common Room, gdzie ponad stu członków przychodziło posłuchać pisarzy, malarzy, poetów, aktorów, naukowców, muzyków, filmowców, filozofów. Oglądano filmy, dyskutowano o sztuce, przeglądano nowo wydane książki i czasopisma, podziwiano obrazy wiszące na ścianach, jedzono spaghetti i wypijano kieliszek wina.

Oboje znali i przyjaźnili się z filozofem Bertrandem Russellem, wydali jego *Alfabet dobrego obywatela* (*Good Citizen's Alphabet*). Franciszka zrobiła ilustracje.

Stefan jest znany z książek dla dzieci, pisywał także filozoficzne eseje, poezje, powieści i artykuły na tematy dotyczące eksperymentalnego kina. Franciszka rysowała i malowała. Jej ilustracje do *Króla Ubu* Alfreda Jarry'ego i maski z papier mâché, które stworzyła na odczyt w ICA (Institut of Contemporary Arts – znana awangardowa galeria na The Mall), pozwoliły Anglikom zapoznać się z jej talentem. Był to rok 1952. W dwadzieścia lat później stworzyła swoją własną wersję komiksu UBU, który składa się z dziewięćdziesięciu metrowych rysunków.

Będąc dzieckiem, czytywałam wiersze Themersona, które zawsze mnie bawiły. Pamiętam dziada i babę wynaj-

mujących pokoje pani Żyrafie i panu Strusiowi. Lokatorzy płacili 7 fiołków komornego, na wiosnę 7 chabrów i bratek, „a rumianek poza tem – lokalowy podatek", na jesieni 3 listki, a zimą 5 gwiazdek...

Te zabawy słowne Themersona, nonsensy, lekkość i wynalazczość, spontaniczność i oryginalność, często w połączeniu z rysunkami żony, odświeżają język polski, potrafią go naoliwić, rozpędzić, naostrzyć...

Jego powieść *Wykład profesora Mmaa*, pisana w 1942 roku we Francji, była wysyłana stronica po stronicy do Anglii i po raz pierwszy wydrukowana w miesięczniku „Nowa Polska". Franciszka stworzyła do niej zabawne rysunki. Po przybyciu do Anglii Themerson stał się współredaktorem tomów „Nowej Polski" na temat literatury, sztuki i nauki w Anglii. „Nowa Polska" wychodziła w latach 1942–1945.

Całe życie mieszkali na Maida Vale, gdzie chodzili na spacery nad maleńką zatokę „Małej Wenecji" (Little Venice) i wzdłuż kanału. Na jednym ze stateczków pływających po kanale odbywały się przedstawienia teatralne i tu czasami się zatrzymywali, by obejrzeć jakąś „sztukę". Lubili zawsze przyrodę, zieleń i wodę. Zjadali obiad w pubie po drodze i czasami, jeżeli mieli trochę drobnych, wypijali kieliszek wina. W latach 1944–1968 mieszkali na Randolph Avenue 49, a później na Warrington Crescent 28.

O sto metrów od wydawnictwa Gaberbocchus, na rogu Formosa Street i Castellain Road, znajduje się pub „Książę Alfred". Ma on ręcznie zdobione kryształowe okna

Warrington Crescent, jedna z ulic, przy których mieszkali Themersonowie

Ich prochy spoczywają w wielkiej donicy przed domem w Belsize Park, w której krzew kwitnie pięknie już wczesną wiosną.

Mała Wenecja – kanał z zacumowanymi statkami nawet w deszczowy dzień wygląda malowniczo

Informacje praktyczne

Edgware Road (początek)
Dojazd: metro Marble Arch, linia Central
www.komeda.vernet.pl

Edgware Road, stacja
Dojazd: metro Edgware Road, linia Bakerloo

Maida Vale
Dojazd: metro Warwick Avenue, linia Bakerloo
Spacer po „Małej Wenecji" i wzdłuż kanału
http://www.themersonarchive.com

Rynek Camden Lock

Na rynek Camden Lock chodzę często, ponieważ mieszkam niedaleko. Właściwie są tutaj trzy rynki. Pierwszy jest tuż przy stacji metra Camden Town. Drugi przy kanale po stronie wschodniej i trzeci po stronie zachodniej wiaduktu, położony także nad kanałem, w pobliżu śluzy. Słowo *lock* oznacza śluzę. Ten trzeci jest największy i w jego skład wchodzą hale, stoiska, budynki, nowe i stare. Jest to także rynek alternatywny, na którym nie tylko widzi się egzotycznie ubranych punków, ale także ich sklepy. Kiedyś widziałam dziewczynę w kabaretkach z wielkimi dziurami, z obrożą na szyi, prowadził ją ubrany w czarną skórę punk z makijażem. Gdybym nie przeczytała w starym „Timesie" artykułu

Mostek i śluza
Camden Lock

o tym, jak kiedyś pewien mężczyzna sprzedał żonę na rynku (przyprowadził ją na powrozie), pewnie bym w to nie uwierzyła. Londyńscy punkowie zawsze nas chcą zaszokować, ale my udajemy kamienną obojętność. Czasami przyjeżdżają tutaj słynni francuscy projektanci, którzy kradną punkom pomysły.

Jest tu wszystko – studenci ze szkół mody sprzedają własne kreacje, starzy straganiarze stroje z lat dwudziestych, pięćdziesiątych i sześćdziesiątych. (Tutaj nabyłam piękne pantofle Biby. Niestety, chodzić w nich było trudno). W stajniach są antyki, stare czasopisma, gazety, plastykowe lub blaszane suweniry z podobiznami rodziny królewskiej; w dawnym szpitalu dla koni – indonezyjskie, hinduskie, europejskie meble. Na straganach polska biżuteria z bursztynami, tekstylne kolaże z Kaszmiru, malajskie papierowe klosze do lamp, chińskie pałeczki, japońskie „ubranka" na butelki, czeski Jablonex, batiki z Indonezji, plastykowe kotary do prysznica z wydrukowaną głową uśmiechniętej Marilyn Monroe. Jeden ze sklepów, który wygląda jak jaskinia, należy do nieufnie spoglądającego Hindusa, lecz sprzedają tu zawsze Polacy. Mają afrykańską biżuterię z trzcin i gałązek, obrazki-wycinanki z kory bananowej, twarde, pełne wosku batiki, na których tańczą dorośli i dzieci, a także inne suweniry z Azji. Pewien szczupły osobnik sprzedaje na moście nad kanałem świeże halucynogenne grzyby. Według prawa angielskiego, takimi grzybami nie można handlować,

Wielu właścicieli stoisk ukończyło szkoły artystyczno--rzemieślnicze

jeżeli są pokrojone i zasuszone, ale świeżymi tak. Parlament jeszcze się nie zorientował, że jest tutaj luka prawna. Niebawem ją załatają.

Można tu zjeść wietnamskie naleśniki z mąki ryżowej z krewetkami, ostrą curry z soczewicą, meksykańską *fajite*, falafel lub marokański kuskus. Wszędzie roznosi się woń czosnku i świeżego imbiru, perfumowanego koriandru i przy stoisku kuskusu – delikatnego szafranu. Widzę Polkę z koszykiem, sprzedającą gotowe kanapki. Przyszła z pobliskiego baru, którego właścicielka też jest Polką. Kanapki są typowo angielskie.

Sto pięćdziesiąt–dwieście metrów na północ, przy Chalk Farm Road, stoi zamknięty Round House. W latach sześćdziesiątych tętnił życiem – koncertami, widowiskami, wystawami. Chodzili tam polscy artyści, malarze, reżyserzy, muzycy.

Marek Żuławski przypomina nam, jak fantastycznym miejscem był Round House, i tłumaczy, co go zainspirowało do namalowania obrazu *Topless*:

„Chcesz zapewne wiedzieć, czy ta dziewczyna z gołymi piersiami, która jest jego tematem, to ktoś, kto odegrał jakąś rolę w moim życiu. Tak, ogromną rolę – chociaż widziałem ją tylko raz przez krótką chwilę na scenie i osobiście nie poznałem jej nigdy. Ten obraz urodził mi się w głowie, kiedy byłem na próbie popularnej muzyki bigbitowej w londyńskim Round Housie, tej ponurej okrągłej budowli bez okien, która za czasów wiktoriańskich była remizą lokomotyw, a potem uratowana przed rozbiórką przez przyjaciół zabytków – stała się kolejno główną kwaterą hipisów, scenką eksperymentalną, salą koncertową dla grup jazzowych, a wreszcie teatrem do wynajęcia, gdzie odbywają się dotąd wielojęzyczne przedstawienia. Na tej samej próbie zachwyciłem się pewną dziewczyną, która coś deklamowała przy akompaniamencie dzikiego wycia fisharmonii. Był to ten typ dziewczyny, która w kieszeni połatanych dżinsów nosi zwykle szczoteczkę do zębów, bo nigdy przecież nie wie z góry, gdzie będzie spała następnej nocy...

Otóż chciałem w tym obrazie dać wyraz swojemu zachwytowi. Chciałem pokazać całą jej kobiecą wspaniałość, jej olśniewającą urodę, jej dramatyczność – jej niepodległość".

Przychodząc na tak wielki rynek szybko głodniejemy. Nasze powonienie drażnią zapachy piekących się przysma-

ków. Będąc w Anglii, wielu chce spróbować narodowego dania Brytyjczyków, słynnej „ryby z frytkami", którą kiedyś
sprzedawano zawiniętą w gazetę. Niedaleko stąd, na
Queen's Crescent (gdzie jest także mały rynek), mieści się
najlepszy bar *fish and chips*. Nazywa się „Blue Sea Fish Bar".
Ryby są świeże – dorsz (*cod*), płastuga (*plaice*), łupacz (*had-
dock*), zapieczone w cieście i serwowane z grubo krojonymi
frytkami. Na żądanie sprzedawca może to wszystko posolić,
pokropić octem i dodać ketchup lub brązowy sos nazywany
w skrócie HP (od Houses of Parliament). Kiedy zapytałam
właścicieli, dlaczego u nich *fish and chips* jest tak dobra, odpowiedzieli, że kupują najlepszą rybę – wątłusza, czyli
dorsza z Morza Północnego, najdroższe ziemniaki z Fenland
(niedaleko Cambridge) i świeży olej z orzeszków ziemnych
(jest on często używany w chińskiej kuchni i smakuje dużo
lepiej niż olej z rzepaku czy słonecznika).

**Tani ryneczek
na Queen's Crescent
(otwarty w czwartki
i soboty) „Blue Sea
Fish Bar"**

Ignacy Paderewski bywał w St John's Wood zazwyczaj
z dwu powodów: albo przyjeżdżał odwiedzić rodzinę Almy-
-Tademy, albo nagrywał w studio Abbey Road (pod nr. 3).
To dziesięć minut spaceru od stacji metra St John's Wood.
Studio można rozpoznać z daleka z łatwością, ponieważ
na budynku i na murze jest wiele energicznie wykonanych

**Studio
Abbey Road**

graffiti. Jedna z najsłynniejszych fotografii z Beatlesami została zrobiona na przejściu dla pieszych po południowej stronie willi. Fotografia ta pojawiła się na okładce albumu *Abbey Road*. Została zrobiona w samo południe 8 sierpnia 1969 roku przez Iaina MacMilana, stojącego na drabinie pośrodku ulicy.

Willa była wybudowana w 1872 roku. Miała 9 sypialni, które później przerobiono na mieszkania i w 1929 roku została sprzedana Gramophone Co (później EMI). Beatlesi nagrywali tutaj przez 7 lat, poczynając od 1962 roku. Nie tylko śpiewali i grali, ale także sami pisywali teksty i muzykę. Była to pierwsza grupa angielska, która miała tak różnorodne talenty.

W 1936 roku reżyser *Sonaty księżycowej* Lothar Mendes chciał nagrać Paderewskiego „na żywo", ale warunki w studiu filmowym nie były najlepsze, powtarzano więc jedno ujęcie za drugim. Paderewski męczył się dosyć szybko i w końcu zaniechano tego przedsięwzięcia. Dźwięk został później nagrany przez Gaisberga w studiu Abbey Road. Nagrania nie były idealne, ale słyszy się, jak dobrym pianistą był Paderewski mimo swojej „staromodności". Film odniósł duży sukces i pomógł Paderewskiemu podreperować finanse. Jednocześnie pianista dawał koncerty, z których dochody szły na cele dobroczynne: w Ameryce na bezrobotnych amerykańskich muzyków, we Francji na żydowską inteligencję, ktora uciekła z Niemiec, w Londynie w Royal Albert Hall na angielskich muzyków.

Podczas pierwszej wizyty Paderewskiego w Londynie w 1890 roku, młody pianista zaprzyjaźnił się z malarzem Lawrence'em Almą-Tademą, który mieszkał w St John's Wood (na Grove End Road). Artysta zapraszał często Paderewskiego do pozowania. Wszyscy chcieli go rysować: jego żona, Burne-Jones i różne angielskie księżniczki, podczas gdy córka malarza siedziała u jego stóp i wyszywała. Ponoć kochała mistrza do końca życia platoniczną miłością. Paderewski lubił angielskiego malarza. „Był on człowiekiem o wyrafinowanym guście i bardzo zdecydowanym sądzie. Jego zrozumienie muzyki było czymś nadzwyczajnym". Życie towarzyskie pianisty obfitowało w nowe znajomości, na obiedzie u lady Lewis poznał aktorów Ellen Terry i Henry'ego Irvinga. Inną znakomitością był Henry James. „Polubiłem Henry'ego Jamesa od początku. Rozmawialiśmy

Na okładce programu koncertu Paderewskiego – portret artysty. (Paderewski był nie tylko świetnym pianistą, ale także utalentowanym politykiem)

Ignacy Jan Paderewski
1860-1941

308

o wszystkim, ponieważ James interesował się wszystkim", napisał o amerykańskim pisarzu. Przez Jenny Churchill poznał księżnę Walii, przyszłą królową Aleksandrę, „najpiękniejszą kobietę, jaką spotkałem".

Będąc urodzonym politykiem, Paderewski prawił komplementy osobom, które mogły mu w jakiś sposób pomóc. W 1915 roku przybył ponownie do Londynu – celem wizyty było utworzenie Funduszu Pomocy Polskim Ofiarom (Polish Victims Relief Fund) i po spotkaniu z rosyjskim ambasadorem, napisał: „Ku mojemu wielkiemu zaskoczeniu książę Benckendorf okazał się najbardziej czarującą osobowością". Inicjatywę Paderewskiego poparła angielska arystokracja (lord Rosebery, Rothschildowie), politycy (Lloyd George, Churchill, Asquith), i literaci (Kipling, Hardy). Jedyną osobą, która oparła się urokowi pianisty, był Joseph Conrad, który odmówił wpłaty, kiedy dowiedział się, że wśród członków Funduszu jest Rosjanin.

Hampstead

Na pagórku Hampstead leży georgiańska dzielnica willowa, w której można znaleźć zawsze kilku *champagne socialists* – jest to nieco pejoratywne określenie bogatych lewicujących inteligentów i artystów. Chodząc po gmatwaninie uliczek, poddajemy się ich urokowi. Ciągle czujemy, że jest to podmiejska wioska. Ze względu na jej malowniczość osiedliło się tutaj wielu pisarzy i artystów. Krótka ulica Church Row to wyjątkowo dobry przykład georgiańskiej zabudowy, w której zwracają uwagę przykłady kowalstwa artystycznego. Ogrodzenie wyglądające, jak gdyby zrobione z żelaznych strzał, pozwala przypuszczać, że kształt został wybrany po to, by odstraszyć złodziei. Dreszcz przebiegał po kręgosłupie każdemu, kto wyobrażał sobie, siebie wbitego na te „strzały". Na zachodnim krańcu Church Row stoi kościół St John z 1745 roku.

Podczas wojny piękny Hampstead odwiedzała Maria Kuncewiczowa (1899–1989). Przyjeżdżała w odwiedziny do pewnej „oschłej, wiktoriańskiej" Angielki, która jej wyjawiła swą miłość do przystojnego Polaka. Był nim dawno nieżyjący Adam Mickiewicz.

„Mieszkała na Hampstead, w starym domu z ogródkiem. Sama otworzyła drzwi. Weszłyśmy na górę i siadły przy kominku. Te same pewnie co za jej młodości palisandrowe me-

Georgiańska uliczka Church Row zasypana śniegiem. Na cmentarzu kościelnym jest pochowany słynny malarz angielski John Constable

ble stały naokoło; wystrzygane czarne profile wujków i ciotek w owalnych ramkach wisiały na ścianie; między nimi – młodzieniec »wsparty na Judahu skale«. On. I inni... Słowacki, Krasiński, Kościuszko... Monika Gardner podała mi herbatę w filiżance z wypełzłą pozłotą...

Gruba kotara, tak jak teraz kryła światło lampy przed bombą niemieckiego lotnika, tak pół wieku temu kryła je przed gniewem sąsiadów...

Którejś wiosennej nocy londyńskiej [...] wiatr rozchylił kotarę i bezsenny sąsiad z przeciwka zobaczył pannę w łzach: Monika płakała nad pożółkłą broszurą...

– Ciekawym, co to tak wzruszającego ona tam czyta?

A Monika czytała dalej historię ostatniego polskiego powstania.

Jedyne, dostępne jej drogi ucieczki z wyspiarskiego letargu, prowadziły ją szlakiem magów. Znużyła się już trochę nieziemskością tego szlaku... Młodość żądała spraw realnych. W takiej to chwili znużenia Monika natrafiła na broszurę o polskiej insurekcji. Stanęła przed nią Polska, równie tragiczna... a przecież rzeczywista, współczesna, podległa ratunkowi.

Monika Gardner zatęskniła do «mierzenia sił na zamiary». Zaczęła uczyć się Polski, odkryła Mickiewicza i ze szlaku magów śródziemnomorskich skręciła na zarośnięty macierzanką trakt nowogródzkiego maga.

310

Kiedy do niej przyszłam zimą 1940-ego roku, miała za sobą długie życie i kilka angielskich tomów o niespokojnym kontynentalnym narodzie. Po polsku mówiła źle, Polaków widywała nieczęsto, miast naszych i wsi prawie nie znała. Mimo to, lepiej od niejednego Polaka, znała Polskę i rozumiała polskie słowa. Znała tę Polskę, która nigdy nie znika z mapy, rozumiała polszczyznę bohaterów, uczonych, artystów i ludzi pokornego serca.

Zajęta była tłumaczeniem *Historii Polski* Haleckiego oraz przeróbką własnej książki o Kościuszce. Nie była ani sentymentalna, ani «pełna zapału». O swoich pracach mówiła tak, jak ktoś strudzony, lecz sumienny, mówi o robocie, za którą mu dobrze płacą.

...Nakręcałam numer telefonu Moniki Gardner... Wsiadłam w taksówkę, pojechałam na Hampstead... Sznur przegradzał ulicę. Przy niektórych domach pracowali jeszcze strażacy, swąd i pył stały w powietrzu. Ściany wiadomego mieszkania także jeszcze stały. W środku tylko podobno było pusto. I podobno Monika leżała w palisandrowym łóżku, cudem jakimś spuszczona na dno swojego domu, nakryta popiołem. Rękopisy nadpalone, pozalewane, ale czytelne, miano także odgrzebać.

Ludzie patrzyli zza sznura na ogromną wyrwę w szeregu kamienic... W oknie Moniki powiększonym o pół frontowego muru, łopotała jak chorągiew, wielka, ciężka kotara".

W reportażach pisanych w czasie wojny, szczególnie przez kobiety, wyczuwa się lęk, smutek, a czasami głęboką depresję. Mężczyźni są bardziej odporni na stres i niebezpieczeństwo. Stanisław Mackiewicz był zachwycony (przynajmniej początkowo) angielską flegmą i poczuciem humoru.

„Bomba przebija sufit jakiejś restauracji z dancingiem. Na sali trupy i gruzy, tańczyć dalej jest trudno. Anglicy stają w ogonku do szatni, swoim zwyczajem nie rozmawiając ze sobą, senni, obojętni, spokojni, nudni.

Zbombardowana londyńska ulica

Bombardowanie jest nieznośne. Około godziny trzeciej w nocy stoimy na korytarzu naszego hotelu, w którym ludziom, którzy schronili się z ulicy, wydają po filiżance herbaty z albertem. Bomba wybuchła tuż obok. «Sorry» – mówi pannica, wyciągając do kogoś filiżankę herbaty.

Bawił mnie także humor angielski, tak pewny siebie, tak daleki od naszej tromtadracji. Oto w czasie silniejszych bombardowań stacje kolejki podziemnej służyły za schrony. Karykatura przedstawia taką stację w nocy, mnóstwo zabiedzonych twarzy, tłok, ludzie leżą na betonie. Pod karykaturą podpis: «Anglia króluje nad morzami i... podziemiem».

Starsi panowie ćwiczeni byli po dwie godziny dziennie w tak zwanej Home Guard, która miała się bić dopiero w chwili najazdu hitlerowców na Wyspę Brytyjską. Karykatura przedstawia typową Angielczycę w starszym wieku, obok kominek, kot, ona robi na drutach. Przez drzwi wchodzi mąż w mundurze z naszywką Home Guard, z ogromniastym karabinem na plecach. Żona pyta się go: «Cóż ty tak wcześnie dzisiaj. Czy to inwazja się zaczęła?».

Wróćmy do czasów powojennych i zobaczmy, jak sobie radził pewien artysta ceramik, który sprzedawał na Hampstead naczynia, ozdoby, kafle i różne małe figurki. Bardzo często, kiedy oglądam w muzeach lub na rynkach z antykami stare talerze, puchary, figurki zwierząt, kiedy widzę żółwie, krokodyle, pastuszki, pary splecione w uścisku miłosnym, chciałabym je potłuc i z kawałków zrobić coś w rodzaju ławki w stylu Gaudiego (takiej jak w parku Guella w Barcelonie). Jednocześnie wiem, że to nie do wykonania. Jeżeli chodzi o ceramikę Stanisława Reychana (pochodzącego z lwowskiego, malarskiego rodu Reychanów) to jestem pewna, że niektóre jego figurki pozostawiłabym w całości. W swojej biografii *Pamiętnik dziwnego człowieka* Reychan zostawił ciekawy opis tej dzielnicy:

„Hampstead jest dzielnicą Londynu położoną na wzgórzach, które zamykają kotlinę Tamizy od północnego zachodu. Nierówność terenu, malownicze położenie, duża ilość zabytkowych domów i will wśród ogrodów i zieleni, a przede wszystkim Hampstead Heath, olbrzymi park naturalny [...] dają tej dzielnicy niezwykły urok.

Hampstead ma lokalne stowarzyszenie plastyków. Nie ma w nim wielkich nazwisk: większość to amatorzy... [Stowarzyszenie] urządza wystawy, prelekcje, kursa, pokazy. W połowie lat osiemdziesiątych stowarzyszenie postanowiło urządzić wystawę na otwartym powietrzu – czyn nadzwyczaj odważny w angielskim klimacie. Jak zwykle w Anglii, wymyślono kompromis: zamiast jednym ciągiem, wystawa będzie się odbywać tylko w soboty i niedziele, ale przez trzy letnie miesiące; z tych 13 czy 14 weekendów chyba kilka

będzie miało dobrą pogodę. Dzielnica nadaje się znakomicie ze względu na położenie, a *heath* (wrzosowisko) wywabia na ulice nie tylko setki miejscowych, ale tysiące wycieczkowiczów z całego Londynu.

Wąskie uliczki Hampstead były zaprojektowane na wóz i dwa konie

Impreza się udała. Przeszła przez różne fazy eksperymentów [...] Poziom nie jest wysoki, ale wystawa spełnia swoje zadanie i obroty są dobre.

W lecie 1950 roku przechodziłem spacerem przez Hampstead i zobaczyłem, że wśród tłoku obrazów i bohomazów jest jedno skromne stoisko garncarskie. Nie wiem, skąd wziąłem odwagę, by przystąpić do dyżurnego komitetu. W owym czasie nie było jury: panowała zasada «dla wszystkich», a miejsca rozlosowywano codziennie rano. Ale rzeźbiarz lub garncarz nie mógł korzystać z rozwieszonych siatek, musiał otrzymać kącik od komitetu. Zachęcono mnie: nie bardzo chcieli same «garnki», ale na figurki i garnki mieszane chętnie się zgodzili. Na następną sobotę już przywiozłem swoje «eksponaty» i jakąś deskę, by je na niej postawić...

Prawem nowicjusza miałem od razu powodzenie. W tym pierwszym sezonie – zresztą niepełnym, bo zacząłem później – sprzedałem za przeszło 50 funtów. Suma ta była duża pod każdym względem. I jako początek, i za jakość ofiarowanych na sprzedaż «arcydzieł». Ale co najważniejsze: cóż to był za bodziec dla samopoczucia! Surowy, 45-letni nowicjusz, początkujący na oślep od dwu lat, a ma takie uznanie..."

Stanisław Reychan odniósł sukces komercyjny, a jego figurki, kafelki i płaskorzeźby były regularnie wystawiane w Royal Academy of Art. W paryskim Salonie zdobył dwa medale: brązowy w roku 1958, srebrny w roku 1960. Jego wystawa na otwartym powietrzu na skraju wrzosowiska w Hampstead cieszyła się olbrzymią popularnością wśród londyńskich spacerowiczów.

Muzeum RAF-u w Colindale

Wystawę autentycznych samolotów wojskowych wielu krajów od Bleriota do dziś można zobaczyć w Muzeum RAF-u w Colindale. Główny budynek to hangar z pierwszej wojny światowej.

Jest tutaj oryginalny myśliwiec Dywizjonu 307 i tablica poświęcona polskim pilotom, którzy uczestniczyli w Bitwie o Anglię. Niektórzy z nich napisali książki i dzięki nim możemy zrozumieć, ile odwagi, zimnej krwi, przytomności umysłu i odrobiny szczęścia każdy z nich potrzebował, aby przeżyć. Piloci myśliwscy nie tylko musieli dobrze sterować maszyną i nie zapominać o takich „drobiazgach" jak na przykład o tym, że w samolocie angielskim, aby dodać gazu, przesuwało się dźwignię do przodu, podczas gdy w naszych do tyłu, ale też musieli nauczyć się angielskiego do tego stopnia, aby można było nimi dowodzić w powietrzu, kierować przez radio z ziemi i naprowadzać na właściwy cel. Piloci bombowi także żyli w ciągłym stresie, w końcu ich maszyny nie były tak zwrotne i szybkie jak myśliwce i bez osło-

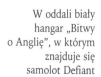

W oddali biały hangar „Bitwy o Anglię", w którym znajduje się samolot Defiant

ny myśliwców łatwo je było dogonić. Normą dla pilota bombowego było 30 lotów operacyjnych. W nocy z 30 na 31 maja 1942 roku, w pierwszym masowym, tysiącsamolotowym nalocie bombowym na Kolonię, wzięły udział polskie dywizjony 300, 301, 305 oraz załogi z 18 Kursu Doskonalenia Bojowego.

Lotnicy transportowi znali angielski najlepiej, ponieważ musieli załatwiać najprzeróżniejsze formalności przy pobraniu i zdaniu samolotu, musieli porozumiewać się z ludnością i przełożonymi brytyjskimi. Poza tym latali podczas każdej pogody, bo uzupełnienie sprzętu stawało się kwestią życia lub śmierci. Nie wolno im było używać radia, by nie przeciążać stanowisk dowodzenia, ani latać wyżej niż na wysokości 650 metrów, by nie wprowadzać zamieszania w tychże stanowiskach. W Air Transport Auxiliary (ATA), czyli Pomocniczym Transporcie Powietrznym, latały w tym czasie trzy polskie pilotki: Anna Leska, Jadwiga Piłsudska i Barbara Wojtulanis.

Już król Stanisław August zachęcał do lotów balonem i nagradzał odważnych. Patrząc na latające maszyny i czytając o polskich pilotach, dochodzę do wniosku, że możność latania daje nam poczucie wolności o wiele większe niż cokolwiek innego.

Pilot i strzelec obok samolotu Defiant, którym latał Dywizjon 307. Oficer ma na sobie uniform RAF-u z odznakami PAF-u (Polish Air Force), strzelec turkusowy szalik (kolor Dywizjonu 307) i biało-czerwoną kratkę na kolanach

Informacje praktyczne

Camden Lock, rynek
Dojazd: metro Camden Town, linia Northern
Otwarty sob., niedz. 11.00–18.00; w pozostałe dni tylko
niektóre stoiska (przeważnie te w głównej hali przy wia-
dukcie)

Blue Sea Fish Bar
Dojazd: autobus 24 (3 przystanki od rynku Camden
Lock, w kierunku północnym)
143 Queen's Crescent, NW5
tel. 020 7267 2299

Studio Abbey Road
Dojazd: metro St John's Wood, linia Bakerloo
3 Abbey Road, NW8

Hampstead
Dojazd: metro Hampstead, linia Northern (odnoga na
Edgware)

Muzeum RAF-u w Colindale (Royal Air Force Museum Colindale)
Dojazd: metro Colindale, linia Northern (odnoga na
Edgware)
Grahame Park Way, NW9
tel. 020 8205 2266
www.rafmuseum.org

Cmentarz na Highgate jest romantyczny i tajemniczy. W nocy i z bladoprzezroczystą, bezgłośnie wędrującą kulą zawieszoną nad tym przedziwnym kamiennym światem, przypomina mi piękną *Balladę o księżycu* Beaty Obertyńskiej, która mieszkała i pracowała w Londynie od 1944 roku, kiedy przybyła tutaj wraz z II Korpusem. To jej wiersze recytowano na konferencji z cyklu *Wielcy ludzie emigracji – ocalić od zapomnienia* i to ku jej czci odsłonięto tablicę w Sali im. Mirewicza, mieszczącej się na terenie parafii jezuitów (w dzielnicy Willesden Green):

Cmentarz na Highgate

Przez bramę parku Waterlow widać kaplicę, przez którą się wchodzi na cmentarz zachodni

Księżyc nie bał się grobów.
Nawet lubił cmentarz –
smętek, co się wśród krzyżów
milczeniem wałęsa
i płytami pokłada
i urnami smukli...
Czuł się zresztą na tle tym
twarzowiej i smutniej...

Choć i dzisiaj, jak zwykle
nie szukał nikogo,
płyt nie pytał o imię,
w twarz nie patrzył grobom –
uderzyła nagle
woń zwiędłych chryzantem,
woń cmentarna, zaduszna,
woń, co jak andante
gorzką smugą znad kwiatów
wstaje ociągliwa...

Skąd to przyszło?
I czemu?
I co go tam wzywa?

...Grób był świeży i biały.
Wieńce jeszcze żyły.
Księżyc wmazał się plamą
Na płytę mogiły
i poświatą
cień kwiatom
odsunął z kamienia...
A kamień tylko jedno
miał do powiedzenia...

Od grobowca
z orłem Worcella
i Darasza pochodzi
nazwa pagórka

Tedy smugą ukośną
Ostrząc ich obrzeże,
jął powoli literę
dukać po literze...
S-t-a-n-i-s-ł-a-w W-o-r-c-e-l-l, W-o-j-c-i-e-ch D-a-r-a-sz,
p-o-w-s-t-a-ń-c-y...

Pagórek Białego Orła
jest po prawej
stronie, za celtyckim
krzyżem

Na cmentarzu zachodnim znajduje się tzw. Pagórek Białego Orła, gdzie leży siedmiu powstańców. Nazwę zawdzięcza rzeźbie orła, który próbuje wyzwolić się spod kamiennej płyty – symbolu Polski walczącej o wolność. W grobie z orłem są pochowani Stanisław Worcell (1799–1857)

Granitowy obelisk upamiętnia
Feliksa Nowosielskiego, Jana Ostrowskiego
i Ludwika Oborskiego

Na wschodnim cmentarzu wśród starych
drzew można znaleźć wiele aniołów

i Wojciech Darasz (1808–1852), obydwaj odznaczeni Krzyżami Virtuti Militari. Grób został wykupiony na wieczność przez brata Darasza. Na pogrzebie obydwu były obecne delegacje Polaków, Francuzów, Włochów i grupy Niemców, którzy w tym czasie sympatyzowali z Polakami. Niesiono sztandary, Włosi postarali się o muzykę, była to podniosła uroczystość.

W pobliżu orła znajduje się granitowy obelisk, na którym widnieją trzy nazwiska: Feliksa Nowosielskiego, Jana Ostrowskiego i Ludwika Oborskiego. Wszyscy trzej także zostali odznaczeni Krzyżami Virtuti Militari. Nowosielski mieszkał (podobnie jak Worcell) i w Londynie, i na wyspie Jersey, i był bardzo aktywny w Tymczasowym Komitecie Młodej Polski. Pod koniec życia pomagał najbiedniejszym emigrantom. Razem z Oborskim zbierali fundusze dla tych, którzy chcieli wrócić do ujarzmionego kraju. Oborski działał w Towarzystwie Braterskiej Pomocy, w roku 1848 wyjechał, by wziąć udział w Wiośnie Ludów. Jego grób został także wykupiony na wieczność za sumę 4 funtów i 9 szylingów. Obok znajdują się groby Józefa Michalskiego i jego żony, a także Ludwika Miecznikowskiego (1836–1900), który brał udział w powstaniu styczniowym. Po osiedleniu się w Anglii działał w środowisku emigracyjnym.

Zatarta tablica
Jacoba Bronowskiego
na zachodnim
cmentarzu

Niedaleko wejścia z trudem odnajduję skromną tablicę, na której widnieje nazwisko profesora Jacoba Bronowskiego (1908–1974). Urodzony w Polsce, wyjechał z rodziną najpierw do Niemiec, później do Anglii. Studiował w Cambridge statystykę. W 1945 roku współpracował nad raportem *Efekty bomb atomowych zrzuconych na Hiroszimę i Nagasaki* (*The Effects of the Atomic Bombs at Hiroshima and Nagasaki*). Później pracował dla National Coal Board, pod jego kierunkiem naukowcy rozwinęli nowy proces wytwarzania bezdymnego opału. Pisywał książki na temat literatury i dramaty dla radia i telewizji (na przykład *The Face of Violence*). Jego esej filozoficzny na temat wynalazków, zatytułowany *The Ascent of Man*, jest uważany za jeden z najlepszych seriali w historii brytyjskiej telewizji. Bronowski był głęboko przekonany, że naukowiec nie powinien słuchać polityków, że powinna zapanować demokracja intelektu i że konflikt między politykami i rządem z jednej strony a intelektem, który jest stróżem prawości i uczciwości, z drugiej, jest nieunikniony (i stary jak świat).

Cmentarz na Highgate został założony w pierwszej połowie XIX wieku i jest znany wśród koneserów sztuki nagrobnej ze swego piękna. Tutaj pochowano wiele wybitnych osobistości z epoki wiktoriańskiej i od czasu do czasu nadal można zobaczyć pogrzeby, ponieważ zostało jeszcze trochę miejsca na tym malowniczym, aczkolwiek bardzo drogim pagórku. O jego urodzie decydują nie tylko ciekawe rzeźby, ale i przyroda. Wśród spowitych bluszczem jesionów, klonów, dereni, ostrokrzewów i cedrów libańskich widzi się pierwiosnki, przebiśniegi, fiołki alpejskie, niezapominajki, dziki czosnek, słychać śpiew drozda i szpaka. Ponoć są także sroki, jerzyki i czaple. Aby usłyszeć wszystkie ptaki, które uwiły gniazda na cmentarzu, trzeba przyjść tu wiosną, gdy rozlega się urzekający świergot.

Cmentarz jest zarejestrowany jako organizacja charytatywna, utrzymuje się z datków. Był w opłakanym stanie, kiedy 30 lat temu konserwatorzy zabytków wzięli go w swoje ręce. Odzyskał wiele ze swej pierwotnej świetności. Ochotniczy strażnicy przychodzą na kilka godzin dziennie. Ponieważ jest to cmentarz ciągle funkcjonujący, a jednocześnie „muzeum na świeżym powietrzu" (z powodu swych zabytków), zarząd chce mieć pewność, że ci, którzy tu przychodzą, okazują respekt zmarłym. Zniechęca się turystów, ale zaprasza tych, którzy są zainteresowani historią, sztuką czy po prostu chcą się pomodlić przy grobie. O oznaczonych godzinach przewodnik oprowadza chętnych po alejkach, pokazując najsłynniejsze groby (w zachodniej części; po wschodniej można chodzić samemu).

Grób Feliksa Topolskiego na wschodnim cmentarzu

Na cmentarzu wschodnim można bez trudu odnaleźć grób polskiego artysty Feliksa Topolskiego. Jest on usytuowany niemal naprzeciwko masywnego grobu Karola Marksa. W XIX wieku Londyn stawał się ośrodkiem wychodźstwa nie tylko z Polski, ale i z innych krajów europejskich. Schronili się tu Francuzi, Włosi, Węgrzy, Rosjanie i Niemcy. W 1867 roku na zgromadzeniu w rocznicę powstania 1863 roku wobec licznych przedstawicieli organizacji międzynarodowych Marks zaproponował rezolucję, „że bez Polski wolnej i niezawisłej nie można ustalić wol-

Wschodni cmentarz jest zarośnięty i romantyczny. Obydwa cmentarze były często filmowane, kręcono tutaj horrory

ności w Europie", a Fox – literat angielski – zaproponował drugą rezolucję, „że zniesienie Kongresowego Królestwa Polskiego przez cara jest zniewagą wymierzoną przeciw tym mocarstwom europejskim, które dopomagały do tego urządzenia wskutek wzajemnych zazdrości – jednakże my, którzy reprezentujemy ludowe uczucia i ludowe interesa, nie możemy żałować zniszczenia nienaturalnych i nieprawych kompromisów z roku 1815 – i albo musimy zezwolić na wymazanie Polski z mapy europejskiej, albo też dopomagać do postawienia Polski w granicach z 1772". Na koniec odśpiewano chórem *Jeszcze Polska nie zginęła*, *Marsyliankę*, hymn Garibaldiego i angielski hymn *Rule Britania*.

Park Waterlow
w listopadzie

Obok cmentarza jest usytuowany niewielki park Waterlow. Kiedy na początku listopada widzę dużą grupę Polaków, która odwiedza groby powstańców, przynosząc kwiaty i świece, a później wychodzi i podąża przez park do metra, przypomina mi się wiersz Antoniego Słonimskiego zatytułowany *Listopad*:

Listopad złotem liści już park przyozdobił,
Szeleszczą pod nogami – opadają z drzew.
I jam jest jak te liście, które z kraju mogił
Wicher dziejów po świecie dalekim rozwiewa.

Na sąsiedniej stronie:
grób jak mała
strzelista wieża
kościoła
na zachodnim
cmentarzu

323

Zawodzi wiatr jesienny, łka między drzewami,
Pieśnią smętną, nużącą dla obcego ucha.
Nasza mowa, to znaczy mowa tych, co łzami
Wśród grobów błądzących pozdrawiają ducha.

Kto tęskni do umarłych, żywych opłakuje
I kogo przyjaciele odeszli rówieśni,
Ten tylko w płaczu wiatrów jesiennych zgaduje
Melodie polskich wierszy, smutek polskiej pieśni.

Kościół pw. Matki Boskiej Częstochowskiej

„Na Wielkanoc 1940 roku kościół pod wezwaniem Matki Boskiej Częstochowskiej na Devonia Road wypełniony był po brzegi, więcej niż jedna trzecia przybyłych stała. Na skutek niesłychanych krzywd, jakich w kraju doświadczali rodacy od dwóch odwiecznych wrogów, wśród Polaków panował nastrój tragizmu" – zanotował w swej kronice lat wojennych Raczyński.

„Rektor Staniszewski wypowiedział piękne kazanie, w którym ofiarę Polski potraktował mesjanistycznie (choć nie za cudze grzechy) na tle ofiary i zmartwychwstania Zbawiciela. Na zakończenie zaklinał zebranych, by poświęcili się pracy twórczej i nie oddawali się histerycznej krytyce i wyszukiwaniu winnych. W kościele wiele osób płakało w czasie kazania i podczas *Boże coś Polskę*. Po nabożeństwie ks. Staniszewski mówił mi o swoich obawach, aby po wojnie nawet zwycięskiej władza nie wypadła z rąk przywódców i nie dostała się w ręce motłochu. Olbrzymią rolę przypisywał Kościołowi, o ile zechce i będzie umiał ją wypełniać w interesie ogółu. On sam ją podjął. Po nabożeństwie wszystkich chętnych zaprosił na święcone. Przygotował je na sto pięćdziesiąt osób, ale liczył, że może będzie miał ponad 200".

W dniu wybuchu wojny okręty Polskiej Marynarki Wojennej znalazły się w portach angielskich. Ponieważ nie miały one kapelana, rektor Polskiej Misji Katolickiej odwiedził marynarzy, odprawił dla nich mszę św., wyspowiadał ich i wygłosił kazanie. Już na wieczerzy wigilijnej 1939 roku, Misja gościła uczniów z „Daru Pomorza", który wojna zaskoczyła na Atlantyku.

W tym czasie kościół na Devonii był jedynym wolnym kościołem polskim w Europie. Dziesięć lat wcześniej Polska

Misja Katolicka w Anglii i Walii (która istniała od 1894 roku) kupiła go od sekty swe-
denborgistów. Kościół zbudowano w stylu
gotyku kolegiackiego. Zachodnia – frontowa
fasada pokryta jest wapieniem z Kentu
i ozdobiona kamieniem ciosowym.

Po zakupieniu kościoła rekonstrukcję
powierzono architektowi Zbigniewowi Fle-
szarowi. Witraże zostały wykonane przez
żołnierza, profesora Adama Bunscha. Jego
też jest obraz *Ostatniej Wieczerzy*, na którym Jezus i jego uczniowie są przedstawieni
jako powstańcy na zsyłce syberyjskiej, zsyłce, która kończy-   Witraż
ła się śmiercią. Podczas wojny przyozdabiano wnętrze   św. Kazimierza
przedmiotami zakupionymi przez lotników i ich rodziny,
wieczną lampą, srebrnym ryngrafem, monstrancjami, szablą
generała Sikorskiego i wieloma innymi pamiątkami i przedmiotami. Na ołtarzu są zawieszone wota od dywizjonów
lotniczych, brygad, okrętów i żołnierzy. W czasie drugiej
wojny światowej kościół był „domem" rządu RP i wraz
z przyległym budynkiem służył za miejsce schronienia dla
wielu żołnierzy polskich.

Na terenie Wielkiej Brytanii znajdują się dwie Polskie
Misje Katolickie. Jedna obejmuje swym zasięgiem Anglię
i Walię; rektorem jest ks. prałat Tadeusz Kukla, a siedziba
znajduje się właśnie tutaj. W Anglii i Walii istnieje 78 polskich parafii, zgrupowanych w sześciu dekanatach. Opieką
duszpasterską objęci są Polacy w dalszych 56 miejscowo-
ściach. Druga misja, w Szkocji, ma siedzibę w Glasgow, a jej
rektorem jest ks. Marian Lekawa. Tutaj znajdują się trzy polskie parafie.

Dzięki hojności Polaków i zaangażowaniu polskich ka-
płanów Polska Misja Katolicka jest właścicielem 30 kościołów, 12 kaplic, 39 plebanii i 55 ośrodków parafialnych.

Przystąpienie Polski do Unii Europejskiej zapełniło polskie kościoły nową falą emigracji. „Chociaż polskie kościoły
przepełnione są po brzegi, udział Polaków mieszkających
w Anglii i uczęszczających do kościoła szacuje się na 10 procent. Przed PMK staje potężne wezwanie dotarcia do pozo-
stałych 90 procent", stwierdza autor krótkiej historii Polskiej Misji Katolickiej w Anglii i Walii na kościelnej stronie
internetowej.

Informacje praktyczne

Cmentarz Highgate

Dojazd autobusami do Highgate Village (trzeba wysiąść na Highgate High Street), numery 211, 143, 210, 214, 291, a potem spacer w dół; lub dojazd autobusem C2, trzeba wysiąść na pętli (Highgate Road) i iść pod górę Swains Lane.

Zachodni Cmentarz otwarty codz. 11.00–16.00; od pon. do pt. tylko jedna wycieczka z przewodnikiem o 14.00; w weekendy oprowadzanie z przewodnikiem co godzinę od 11.00, ostatnia o 16.00 (zimą o 15.00);
XII, I, II otwarty tylko w sob. i niedz. Najlepiej zadzwonić i zarezerwować miejsce. Należy przyjść 15 minut przed rozpoczęciem oprowadzania.
Wstęp (datek) 5 funtów.
Grupy 8-osobowe lub większe mogą przychodzić pon.-pt., ale nie w weekendy; trzeba dzwonić przed przyjściem pod numer 020 8340 1834.
Wschodni Cmentarz otwarty 10.00–17.00 (zimą 11.00–16.00)
Wstęp (datek) 1 funt.

Polski kościół Matki Boskiej Częstochowskiej

2 Devonia Road, N1
Dojazd: metro Angel, linia Northern
Msze święte: niedz. 8.00, 9.30, 11.00, 12.15, 19.00; święta: 7.30, 11.00, 19.30
W tygodniu – pon., wt., czw. 7.30, 10.30, 19.30; śr., pt. 7.30 i 19.30, sob. 7.30 i 18.00.
tel. 020 7226 9944
polishcatholicmission.org.uk

„Ciemna dymu opona rozciągająca się po całej atmosferze, wśród gęstej mgły przebijające się, jak tylko zasięgniesz
okiem, wieże, gmachy i domy, w środku tych srebrne pasmo
Tamizy zapowiadają, że się zbliżamy do stolicy handlu świata całego. Takim słusznie Londyn nazwać można. Inne narody przedzielają morza, ich morza łączą ze wszystkimi świata krajami, wszędy prawie z osadami własnymi. Nie masz
kraju, który by tu swoich nie wysyłał płodów, nie masz kraju, do którego by Anglicy swoich nie wysyłali rękodzieł".

Julian Ursyn Niemcewicz zachwycał się wszystkim, co
angielskie. Karol Sienkiewicz, który odwiedził Londyn
mniej więcej w tym samym okresie (w 1820 roku), był także olśniony swoim pierwszym zetknięciem się z tym wielkim portem:

„Przez środek całego [miasta], jako że jest długie, idzie
potężna Tamiza, którą okręty wchodzą do miasta; tych wielka moc niepodobna zliczyć, ponieważ jedne przybywają
ustawicznie, drugie ubywają, ok. 3 lub 4 tysięcy okrętów
głównych, oprócz drobnych statków, tak że całe miasto
od chorągiewek jest pstre".

Wycieczka statkiem po Tamizie pozwoli nam zrozumieć
jak ważną „autostradą" była ona w czasach, kiedy zazwyczaj
nie istniały dobre drogi. Szeroka, spokojna, łatwa w nawigacji, niosła łódki, żaglówki i różnego rodzaju statki. Pełniła
funkcję głównej arterii handlowej od czasów inwazji rzymskiej aż do lat pięćdziesiątych XX wieku.

W 1236 roku wody Tamizy wylały i w Westminster Hall
pływano łódkami. W roku 1663 i 1928 sytuacja się powtó-
rzyła. W 1953 roku fala spowodowała olbrzymie zniszczenia u ujścia rzeki. Wreszcie w połowie lat siedemdziesiątych

Most Londyński, zbudowany w średniowieczu z kamienia. Stało na nim wiele drewnianych domów. Był jedynym mostem w Londynie aż do 1750 r.

ubiegłego wieku zaczęto budować zaporę. Funkcjonuje ona od 1984 roku. Ma 520 metrów długości, a 10 śluz podnosi się do poziomu o 1,6 metra wyższego od poziomu fali przypływu z 1953 roku.

W dawnych czasach problemem było to, że rzeka stała się gigantycznym ściekiem, który płynął do morza. Tak straszliwie śmierdziała, że posłowie w Parlamencie nosili maski pokropione octem. Śmierć kosiła ludzi jak za czasów zarazy. Decyzje musiały zapaść szybko, ażeby ratować miasto. Rozsądnie przemyślana kanalizacja rozwiązała ten problem.

Statki pasażerskie kursują na odcinku około 50 kilometrów, od renesansowego pałacu Henryka VIII w Hampton Court (który ma najpiękniejsze kominy: kominy – cacka, kominy – donice, kominy – wazony, kominy – puchary) na zachodzie aż po zaporę na wschodzie. Wycieczka od westminsterskiego molo do Greenwich, gdzie jest obserwatorium i południk zerowy (a także wspaniałe muzeum morskie i słynny kliper „Cutty Sark"), na pewno uświadomi nam, jak piękne budynki, pałace, kościoły, wieżowce, stacje i mosty wyrosły, i ciągle wyrastają, nad tą szeroką i majestatyczna rzeką. Na odcinku od Westminsteru do

Tower, możemy naliczyć aż 9 mostów. Najnowszy jest most Milenijny.

Najsłynniejszym mostem jest most Londyński (London Bridge), wzniesiony w latach 1176–1209, który w czasach średniowiecza był zabudowany domami.

Młodzi Sobiescy, Jan i Marek, podziwiali Tamizę i wybrzeże – „bardzo zacne" i „bardzo uzbrojone" – napisał ich towarzysz podróży w 1646 roku.

„Okręty wielkie i ładowne dochodzą z Morza Indyjskiego, aż po same miasto Londyn. Chodziliśmy potem przypatrzeć się mostowi, który jest murowany kosztem wielkim na tej rzece[...] wpół jakoby miasta, na którym są mieszkania murowane i wysokie..."

W 1678 roku polski szlachcic Teodor Billewicz opisuje, że widział głowy na jednej bramie „więcej niż sto głów człowieczych na palach, tych to głowy rebelizantów, jako senatorów, tak też radnych panów, którzy się byli zrebelizowali przeciw królowi; potem gdy ich zwyciężył, król kazał wszystkich, głowy poucinawszy, na pale powbijać i na bramach [...] postawić". Za czasów Karola II, w roku 1678, wykryto „Papieski Spisek", w czego rezultacie wielu niewinnych katolików, w tym 18 księży, zostało skazanych na śmierć. Parlament zaraz wydał dekret, że katolicy nie mogą sprawować żadnych funkcji we władzach miasta, w wojsku i marynarce. Billewiczowi bardzo spodobały się kamienice na moście Londyńskim i podczas przechadzki doszedł do wniosku, że wyglądał on raczej jak pięknie brukowana ulica niż most.

Aż do 1750 roku (do powstania mostu Westminsterskiego), był to jedyny most na Tamizie. Po stronie Southwark stał na nim bogato ozdobiony dom, zwany Nonsuch House (Takiego-Domu-Jak-Ten-Nie-Ma), z cebulastymi kopułami i holenderskimi szczytami, od strony City znajdował się Great Fatehouse (Wielki Dom Przeznaczenia), na którym wystawiano na widok publiczny głowy zdrajców. W 1598 roku pewien Niemiec naliczył ich 30, zanurzonych w smole dla konserwacji. W części środkowej stała kaplica poświęcona Tomaszowi Becketowi. W pożarze mostu na początku XVIII wieku zginęło podobno 3000 mieszkańców, strażaków i gapiów – wielu z nich, jak w pułapce, zostało uwięzionych pośrodku. Domy ostatecznie usunięto w połowie XVIII wieku, a nowy most wzniesiono w roku 1831; stoi on obecnie w Arizonie, kupiony za 2,4 miliona dolarów w późnych latach sześćdziesiątych ubiegłego stulecia przez Amerykanina, który jak wieść niesie, był przekonany, że kupił Tower Bridge. Most został starannie rozebrany i przewiezio-

Most Westminsterski wybudowano jako drugi w 1750 r., a w latach 1854–1862 postawiono jego nowszą wersję z żeliwa

ny do Stanów Zjednoczonych, gdzie wzniesiono go jeszcze raz. Obecna budowla, niewatpliwie najbrzydsza z dotychczasowych, pochodzi z 1972 roku.

Tamizę podziwiał Aleksander Chodźko, który przypłynął tu w 1842 roku. Pisywał listy do Mickiewicza, nakreślił w nich portret miasta i jego mieszkańców w ciepłych tonach. (Wielu Polaków tak jak Chodźko przyjeżdżało z Paryża. Ci, którzy za nim nie przepadali, byli zachwyceni Londynem i odwrotnie):

„Przyjechałem z Boulogne do Londynu 13 godzin, ciągłą wodą. Tamiza jedna warta, by z daleka przyjechać dla widzenia jej. Sta i tysiące statków jak wielkie pływające miasta. Skrzyp machin i tętent młotów, w atmosferze zamglonej, śmierdzącej węglorodem. Wjechaliśmy w miasto właśnie w chwili, gdy je nawiedziła mgła, *fog*. Trudno sobie wystawić coś bardziej nieprzyjemnego dla płuc i oczu; nie jest to ciemność, nie jest to zmrok, jest to coś na kształt rudego dymu, tak gęstego, że go czujesz ustami, o kilka kroków przed sobą widzisz przedmiot i nie możesz go poznać. Słońce jak butla nalana czerwonym przezroczystym płynem patrzy po szatańsku. Wszakże *fog* nawiedza nas dosyć rzadko, a gdy go nie ma, jest za co pogodzić się z miastem i jego klimatem".

Tower Bridge

Tuż przy Wieży Londyńskiej stoi majestatyczny Tower Bridge – neogotycki most, z eleganckimi wieżami po obu stronach. Ukończony w 1894 roku, zaprojektowany przez Horacego Jonesa i zbudowany przez Johna Wolfe-Barry'ego most wpuszcza wysokie statki, otwierając swą dolną część. Żaglowce muszą przystosowywać się do pływów. Dwa razy dziennie umożliwiają one „jazdę za darmo", nawet przy przeciwnym wietrze. Conrad przypomina nam o tym w początkowym akapicie *Jądra ciemności*:

„Jacht krążowniczy «Nellie» obrócił się na kotwicy bez najlżejszego trzepotu żagli i stanął bez ruchu. Przypływ się skończył, wiatr ucichł prawie zupełnie, a że jacht kierował się w dół rzeki, nie pozostawało nic innego, tylko zatrzymać się i czekać odpływu.

Przymorski obszar Tamizy rozciągał się przed nami jak początek nieskończonego wolnego szlaku. Morze i niebo

Tower Bridge jest
mostem zwodzonym
i nadal przepuszcza
wysokie statki

w oddali spajały się ze sobą bez śladu, a w świetlistej przestrzeni wysuszone na słońcu żagle szkut dryfujących w górę z przypływem zdawały się tkwić spokojnie w kępkach
czerwonych, mocno napiętych płócien, błyskając pokosto-
wanymi rejkami. Na niskich brzegach stała mgła ścieląca się
ku morzu coraz cieńszą warstwą. Powietrze było ciemne
nad Gravesend, a jeszcze dalej w głąb zdawało się zgęszczać
w ponury mrok, skupiony w posępnym bezruchu nad najbardziej rozległym i najpotężniejszym miastem świata".

Malarz, krytyk i pisarz Marek Żuławski właściwie nie
zauważa rzeki. Dla niego kobieta „z długimi różowymi
palcami" jest na planie pierwszym, Tamiza i mosty stanowią
jedynie tło.

„Noreen przybiegła do pracowni wcześnie rano. Ma lek-
ką sukienkę w kwiatki i wielki słomkowy kapelusz. Sanda-
ły na bosych nogach pokazują jej greckie stopy o długich,
różowych palcach. Jest niezwykle zgrabna, cienka w pasie,
drobna...

Włosy rozsypią się jej na wietrze, kiedy wreszcie skoczy-
my do łódki na Tamizie. Siedzi teraz przede mną na miejscu
sternika. Wiosłując, analizuję jej urodę. Owszem długa
szyja, nieskazitelny zarys szczęki, długie rzęsy ocieniają jej

niebieskie oczy – właściwie ani jednego błędnego szczegółu. Włosy ma złote. Zupełnie jak obrazek na pudełku od czekoladek. Jej wysmukłe uda giną w przezroczystym cieniu sukienki i kiedy odchylam się w tył przy wiosłach, widzę przeczystą biel jej majteczek, których potem pozbędzie się dyskretnie pod baldachimem bzów na zakotwiczonej łodzi. Zdejmie także w zamyśleniu złote kółeczka kolczyków i uważnie odłoży je do torebki.

Most Southwark
i Most Waterloo

Dlaczego jej nie kocham, nie umiem sobie wytłumaczyć. Jest słodka i uległa. Znosi bez skargi moje humory, pozuje

mi do obrazów, pisze na maszynie i sprząta w pracowni.
Kiedy w roku 1938 wyjechałem z wystawą do Polski, pisy-
wała do mnie prawie codziennie. To właśnie zdarzyło się
wtedy...

Polski statek »Lech«, którym wracałem, cumował w por-
cie londyńskim prawie pod samym Tower Bridge. Zobaczyłem ją od razu z daleka. Drobna postać w jasnej sukience.
Biegła po kocich łbach nadbrzeża jak szczygiełek to tu, to
tam na wysokich obcasach, na próżno starając się mnie
wyśledzić wśród pasażerów. Ze statku wyładowano polskie
bekony. Jeden z nich wędrując na niezmiernie długiej linie
kołysał się nad jej głową. Zamarłem z przerażenia, czułem,
że ją zawadzi. Upadla na brudny bruk jak skoszona. Zagry-
złem wargi. Wstała momentalnie, ale świeżo wyprasowana
sukienka – cała w błocie – wyglądała strasznie. Tak, Noreen
zawsze była *accident prone...* (pechowa)".

Scenka ta przypomina mi ruchome nieme obrazki. Nie
ma w niej żadnego dialogu. Słowa, którymi się kochankowie
posługują, są nieważne dla malarza. On tylko pamięta jej
ciało, jej kapelusz i sukienkę, a potem ten bekon i błoto.

Na przystani w Greenwich nieopodal miejsca, gdzie cu-
mują statki, stoi kliper „Cutty Sark", który przewoził kiedyś
herbatę oraz wełnę z Chin. Greenwich jest historycznym
miastem na liście Światowego Dziedzictwa Kultury UNE-
SCO. W czasach Henryka VIII wznosił się tutaj jego ulubiony pałac. Księgarnie, antykwariaty, targ rzemiosła, węgorz
zapiekany w cieście – wszystko to przyciąga ludzi do Greenwich, zwłaszcza w niedziele. W parku na pagórku mieści się
obserwatorium i południk zerowy. Można stanąć jedną nogą na półkuli wschodniej i drugą na zachodniej. W 1884 roku czas Greenwich stał się w wyniku międzynarodowego
porozumienia podstawą pomiaru czasu dla większości
państw świata. Wizyta w Narodowym Muzeum Morskim
ukazuje, jaką potęgą była kiedyś flota morska Anglii. Wszyscy ci, którzy kochają morze, żaglowce i statki, powinni je
zwiedzić.

Conrad przyznaje, że pewne żaglowce, przypominają mu
młodość i marzenia o podróżach po wielkim i nieznanym
świecie. Jego młody wiek stał na przeszkodzie w zdobyciu

zaufania u załogi. Właśnie tego nie mógł darować niejakiemu Jermynowi. Ubliżył on nie tylko jego wiedzy i doświadczeniu, ale także inteligencji.

„Okręt był także stary. Nazywał się «Judea»... Cała w kurzu, rdzy, plugastwie – u góry sadza, brud na pokładzie. Wydawało mi się, że opuszczam pałac dla zrujnowanej chatki. Miała około czterystu ton pojemności, prymitywną windę kotwiczną, drewniane klamki u drzwi i wielką kwadratową rufę; nigdzie nie było na niej ani źdźbła mosiądzu. U rufy widniała nazwa okrętu wypisana wielkimi literami, a pod nią wycinane laubzegą ozdoby z drzewa o startej pozłocie, z czymś w rodzaju tarczy herbowej i wypisanym poniżej mottem: «Czyń lub giń». Pamiętam, że podziałało mi to niezmiernie na wyobraźnię. Był w tym jakiś powiew romantyzmu, coś, co sprawiało, że pokochałem ten stary grat – coś co przemówiło do mojej młodości!

Opuściliśmy Londyn z obciążeniem w postaci piasku, udając się do jednego z północnych portów po węgiel dla Bangkoku. Bangkok! Zadrżałem z radości. Spędziłem na morzu już sześć lat, lecz widziałem tylko Melbourne i Sydney...

Wyszliśmy z Tamizy pod żaglami, mając na pokładzie pilota. Nazywał się Jermyn i plątał się cały dzień po kambuzie, susząc przy piecu swoją chustkę do nosa. Widocznie nigdy nie sypiał. Ten ponury człowiek [...] czuł się dobrze jedynie wtedy, gdy coś szło nie tak jak trzeba. Nie dowierzał mojej młodości, mojemu rozsądkowi, mojej żeglarskiej wiedzy, i postawił sobie za zadanie, aby mi to okazywać w najprzeróżniejszy sposób.

Zdaje mi się, że miał słuszność [...] ale żywię nienawiść względem Jermyna aż do dnia dzisiejszego”.

Niemcewicz, który twierdził, że „żyjemy w czasie pamiętników [...] Ciekawość jest urodzona w człowieku i że nie tylko chce on cofać się w przeszłość [...] chciwie, więc chwyta każdy dzieła, które podwajają istnienie jego, łącząc przeszłość z czasem bieżącym, dając mu [...] wdzierać w zdarzenia prywatnego życia, których w poważnych dziełach nie znajdzie", prowadził systematyczne notatki w poczuciu własnych możliwości pisarskich i dobrze pojętego obowiązku obywatelskiego. Po obejrzeniu szpitala dla marynarzy, zaprojektowanego przez Wrena, napisał z entuzjazmem:

„Zachwycił mnie szpital dla majtków w pysznym pałacu Greenwich; 2000 marynarzów wspaniale jest tam utrzymywanych, z hojną wdzięcznością wypłaca się im rząd za trudy, rany, za bogactwa, zwycięstwa, nabycia, chwałę, którą sprowadzili na Wielką Brytanię. Jest tam także szkoła dla synów majtków w bitwach poległych. Przyjęli Anglicy ten chwalebny zwyczaj od Greków".

Sprawdzam w źródłach angielskich, czy rzeczywiście było to takie idealne i wspaniałe miejsce. Okazuje się, że administracja szpitala wsławiła się korupcją i okrucieństwem, i liczba rekonwalescentów rencistów spadła dosyć gwałtownie. W 1869 roku budynek został zwolniony i w cztery lata później przeprowadziła się tutaj z Portsmouth Królewska Szkoła Marynarki. Obecnie Royal Naval College udostępnia zwiedzającym jedynie kaplicę i główny hol. Ściany i sufit pokrywają wspaniałe dekoracje z początku XVIII wieku pędzla Jamesa Thornhilla (który także przyozdobił wnętrze katedry św. Pawła). U dołu jednego z malowideł na ścianie zachodniej artysta przedstawił siebie, najwyraźniej wyciągającego rękę po więcej pieniędzy.

Tym, którzy chcieliby zwiedzać doki, polecam Dockland Museum. Można w nim znaleźć model statku „Torrens", na którym pływał Conrad. Model został wykonany prawdopodobnie przez jednego z marynarzy. Prawdziwy „Torrens" poszedł na złom w 1910 roku. Muzeum mieści się na Molo Zachodnich Indii (West India Quay) w magazynie nr 1. Tutaj wyładowywano i przechowywano rum, cukier, kawę, wełnę z plantacji (na których pracowały zastępy niewolników), a później herbatę i ryby w puszkach, suszone owoce, stal i inne towary.

Tamiza, statki, doki, widok egzotycznych towarów i zapach wonnych korzeni, bliskość morza, to nie tylko obietnica przygody obejrzenia świata, ale także dni i miesiące spędzone w małej kajucie, gdzie jedyną rozrywką jest słuchanie opowiadań. Jest to także czas refleksji. W starożytnej Grecji ci, którzy umieli opowiadać, byli czarodziejami słowa. Język ich tworzył obrazy i wywoływał silne emocje. Niezdewaluowany, nienafaszerowany kłamstwem, miał wielką potęgę.

– Zważcie – zaczął znów i siedząc ze skrzyżowanymi nogami podniósł rękę obróconą dłonią zupełnie na zewnątrz, zupełnie jak Budda nauczający w europejskim ubraniu i bez lotosu...

Zdobywanie ziemi, polegające przeważnie na tym, że się ją odbiera ludziom o odmiennej cerze lub trochę bardziej płaskich nosach nie jest rzeczą piękną, jeżeli się w nią wejrzy zbyt blisko. Odkupia ją tylko idea. Idea tkwiąca w głębi; nie sentymentalny pozór, tylko idea; i altruistyczna wiara w te ideę – coś co można wyznawać i bić przed tym pokłony. I składać ofiary...

Urwał. Płomyki ślizgały się po rzece: małe, zielone płomyki, czerwone płomyki, białe płomyki, które się ścigały nawzajem, dopędzały, łączyły, krzyżowały – aby się rozstać spiesznie lub powoli. Ruch handlowy wielkiego miasta trwał na bezsennej rzece wśród gęstniejącego mroku".

Mgła spowija Tamizę

Informacje praktyczne

Narodowe Muzeum Morskie (National Maritime Museum)
Otwarte IX–VI: codz. 10.00–17.00;
VII–VIII: codz. 10.00–18.00
Romney Rd, SE10
tel. 020 8312 6565
www.nmm.ac.uk

Królewskie Obserwatorium w Greenwich (Royal Observatory Greenwich)
Greenwich Park, SE10
Otwarte codz. 10.00–17.00
tel. 020 8312 6535
www.ron.nmm.ac.uk

Stara Królewska Szkoła Morska (Old Royal Naval College)
Greenwich, SE10
Otwarta pon.–sob.10.00–17.00, niedz.12.30–17.00
tel. 020 8269 4747
www.greenwichfoundation.org.uk

Muzeum w Dokach (Museum in Docklands)
Dojazd: metro Canary Wharf, linia Jubilee lub West India Quay DLR
No. 1 Warehouse, West India Quay
Hertesmere Road, E14
Otwarte codz. 10.00–18.00
Wstęp płatny
tel. 0870 444 3857
www.museumindocklands.org.uk

Kiedy i jak jechać?

Londyn wczesną wiosną wygląda inaczej niż miasta w Polsce. Wszędzie rosną magnolie, drzewa czereśni, dzikie jabłonie i kasztany, co znaczy, że widzimy gamę bladoróżowych odcieni lub różu wymieszanego z czerwonym winem. W marcu, przypatrując się uważnie drzewom na ulicach, w ogrodach i parkach, zobaczymy delikatne gałązki. Ich rysunek z każdym dniem staje się coraz bardziej bogaty, pojawiają się węzełki, a z nich wyłaniają się pączki. Drzewa są wtedy jak japońska kaligrafia. Kilka dni później pokrywają się gęstniejącym kwieciem i nagle przestają być czarno-białym rysunkiem, a stają się kolorowe i malownicze. Miłośnicy ogrodów powinni przyjeżdżać tu wiosną. W maju wielu ogrodników amatorów otwiera swoje ogrody dla wszystkich przechodniów. Ponieważ nie jest chłodno, a powietrze jest wilgotne, w parkach trawa jest zawsze zielona. Niektóre parki prezentują odcienie zieleni, podczas gdy inne mają skoordynowane kolory i kwitnie w nich mnóstwo różnorodnych egzotycznych kwiatów.

Ci, którzy lubią antyki, mogą pójść w drugim tygodniu marca na Targi Antyków w Chelsea (w dawnym Ratuszu na King's Road, SW3). Na Wielkanoc można obejrzeć Puszczanie Latawców (w Blackheath) lub Festiwal Latawców (w Hampstead Heath). W poniedziałek wielkanocny można pójść na procesję i posłuchać hymnów religijnych. W kwietniu odbywa się Maraton Londyński, a w maju Chelsea Flower Show (wystawa kwiatów), gdzie wybitni ogrodnicy wal-

Wiosna

czą o zdobycie złotego medalu. Często na otwarcie wystawy przybywa rodzina królewska.

Lato Kilka ostatnich lat było dosyć gorących. Ponieważ w domach nie ma klimatyzacji, a w metrze jest, ale słaba, w wagonach może być bardzo duszno, gdy temperatura na zewnątrz przekracza 25°C. Londyńczycy noszą ze sobą wodę w butelce i udają, że wszystko jest w porządku. Nie narzekają, ponieważ taki jest tutaj zwyczaj. Kto chce się ochłodzić, idzie do galerii, gdzie jest zawsze świetna klimatyzacja. Amerykańscy turyści twierdzą, że pod tym względem Londyn jest trochę zacofany (zapominają, że może to być spowodowane oszczędnością). Muzea są otwarte jak zawsze, ludzie, którzy mają dzieci w wieku szkolnym, wyjeżdżają w czasie tych dwóch miesięcy, a to oznacza, że pod koniec sierpnia są korki i czasami strajkuje obsługa na lotniskach. Dobrym pomysłem jest lecieć albo przed końcem sierpnia, albo we wrześniu. Nie powinno się jechać lub lecieć 30 i 31 sierpnia. Gazety angielskie w ogórkowym sezonie są wyjątkowo nudne.

W czerwcu na The Mall turyści zbierają się, aby zobaczyć paradę królewskiej gwardii (z okazji rocznicy urodzin królowej). To święto nazywa się Trooping the Colour i do niedawna nawet królowa pojawiała się na koniu. Cała rodzina królewska świetnie jeździ konno (na tego typu okazje wybiera się niepłochliwe konie). Konie najbardziej flegmatyczne stoją zazwyczaj na posterunku na Whitehall. Nikogo nie kopią i z godnością znoszą błyski fleszy aparatów fotograficznych podnieconych turystów.

W czerwcu w Covent Garden są organizowane instalacje kwiatowe, uliczne przedstawienia i pokazy mody. Moim ulubionym sportem jest tenis, tak więc wyprawa na tenisowy turniej na kortach Wimbledonu jest po prostu koniecznością. W pierwszych dniach mistrzostw łatwo kupić bilet. Aby dostać bilety na półfinały i finały, należy wziąć udział w loterii (organizowanej kilka miesięcy wcześniej). Wimbledon ma swoje małe muzeum.

Jest to sezon przedstawień i koncertów na wolnym powietrzu w parkach, odbywają się też letnie festiwale muzyki i sztuki wraz z koncertami w najpiękniejszych kościołach.

W lipcu wystawa kwiatów w Hampton Court może być dobrym pretekstem do tego, by zwiedzić elegancki renesan-

sowy pałac Henryka VIII położony pod Londynem. Dwa ostatnie dni sierpnia można przetańczyć na bajecznie kolorowym karnawale w Notting Hill.
W sklepach trwają wyprzedaże letnich rzeczy.

Jesień jest zazwyczaj ciepła, nosi się tylko kurtki. Nawet kiedy pada deszcz, jest ciepły. Zresztą, gdy tylko zaczyna padać, pojawiają się sprzedawcy z parasolkami. Są one tanie, ale też i łamliwe. Drogich nie warto kupować, ponieważ zwykle szybko się je gubi.

Jesień

1 września Polacy składają wieńce pod Pomnikiem Lotników Polskich w Northolt. Na Tamizie odbywają się zawody i ostatni koncert promenadowy w Albert Hall. W październiku Perłowi Królowie przybywają na Festiwal Dożynek do kościoła St Martin-in-the-Fields na Trafalgar Square. Teatry kukiełkowe zbierają się na Covent Garden na tzw. Punch and Judy Festival. W listopadzie odbywa się uroczyste otwarcie Parlamentu, podczas którego można zaobserwować starą tradycję i przedziwne rytuały jej towarzyszące. Królowa przyjeżdża w złotej karecie, na głowie ma koronę i ubrana jest w złotem przetykaną suknię, przyozdobioną diamentami. Telewizja filmuje i nadaje uroczystość bez skrótów. 5 listopada to noc fajerwerków, chociaż są tacy, którzy zaczynają o dzień, dwa wcześniej. Ci, którzy organizują ogniska, palą też kukłę Guya Fawkesa, żołnierza, który był jednym z uczestników Spisku Prochowego. W listopadzie w Remembrance Day Service kombatanci (w tym polscy) składają wieńce na Grobie Nieznanego Żołnierza, oddając cześć poległym żołnierzom. Niedawno odsłonięto Cenotaph kobiet i pomnik Lotników na Nabrzeżu Wiktorii.

Zimy są dosyć ciepłe w porównaniu z polskimi. Śniegu nie widzieliśmy już od dawna. Czasami pojawia się, zazwyczaj rano, i zaraz się roztopi. W domach angielskich do niedawna nie było centralnego ogrzewania, za to piecyki gazowe można znaleźć w każdym wiktoriańskim domu. Większość domów londyńskich pochodzi z epoki wiktoriańskiej, dlatego jest w nich dosyć zimno (nieszczelne są okna, przesuwane w górę i w dół, i oszczędza się na ogrzewaniu). Kiedyś pewna pani minister radziła, by starsi ludzie, których nie stać na piecyk elektryczny, zakładali zimą wełniane skarpety. W niektórych domach gość dostaje przed spaniem gumową butelkę wypełnioną gorącą wodą.

Zima

Przed Bożym Narodzeniem przyjeżdża z Norwegii olbrzymia choinka, która staje na Trafalgar Square. Ta tradycja zaczęła się zaraz po wojnie. Norwegia z wdzięczności dla Anglików za pomoc w czasie drugiej wojny światowej, co roku wysyła zielone, wspaniałe drzewko.

Na Sylwestra pije się szampana na Trafalgar Square, niektórzy wdrapują się na lwy, próbując je ujeżdżać, inni stoją i patrzą. O północy oglądamy fajerwerki.

Miłośnicy sportów jeżdżą na łyżwach na lodowiskach (np. przy Somerset House lub Muzeum Nauki). W styczniu w chińskiej dzielnicy świętuje się Chiński Nowy Rok. Papierowe smoki chodzą po Gerrard Street i płatają ludziom figle.

Samolot

Konkurencja między liniami lotniczymi pozwala znaleźć tanie oferty przelotu. Specjalne oferty są często reklamowane w gazetach. Dzieci do dwóch lat płacą 10 procent normalnej taryfy (jeżeli siedzą na kolanach i nie zajmują oddzielnego miejsca). Starsze dzieci do lat 12 także podróżują taniej. Z Warszawy lub Krakowa leci się około 3 godzin. W Anglii należy przesunąć zegarki o godzinę do tyłu. Na lotnisku Heathrow, które jest położone 45 kilometrów od Londynu, można wsiąść albo do Heathrow Express (pociągu, który przyjeżdża na Paddington 15 minut później), albo do autokaru National Express, który dowozi pasażerów na Victoria Station, albo do metra, którym można dojechać wszędzie. Pociąg Heathrow Express jest dwa–trzy razy droższy od metra. Dla kogoś, kto ma zamiar zatrzymać się w hotelu w dzielnicy Paddington (okolice po północnej stronie Hyde Parku), Heathrow Express jest najlepszym wyjściem.

Lotnisko Gatwick jest położone 65 kilometrów na południe od Londynu. Na Gatwick można wykupić bilet kolejowy, który będzie także travelcard (trzeba tylko przy kupnie zaznaczyć, że chce się bilet kolejowy i travelcard ważną na metro i autobus). Jest to dobry pomysł, jeżeli jeszcze w tym samym dniu planuje się zwiedzać Londyn. Ten bilet/travelcard jest ważny na pociąg, który dojeżdża na stacje Victoria czy też King's Cross. Można też skorzystać z autobusu National Express lub innego, ale może to trwać około półtorej do dwóch godzin.

Lotnisko Stansted jest położone 81 kilometrów na północ od Londynu. Najtańszym środkiem lokomocji jest autobus, który po dojeździe do Londynu zatrzymuje się w kilku miejscach. Można tez wsiąść do pociągu, a następnie się przesiąść na metro na stacji Liverpool Street lub wcześniej.

Jeżeli odbiera się kogoś na lotnisku lub samemu odlatuje z Londynu, warto zawsze sprawdzić, czy samolot nie ma opóźnienia i na który terminal przylatuje, czy też z którego terminalu odlatuje.

Informacja na Heathrow 0870 0000 123.

Informacja na Gatwick 0870 000 2468.

Do Londynu przyjeżdża wiele autokarów. Jest to najtańszy środek lokomocji i w miarę wygodny. Zatrzymuje się często. Warto wziąć ze sobą drobne na WC. W Europie używa się euro, a w Anglii funtów. Kiedy autokar dociera do kanału La Manche, na statku można rozprostować kości. Przepłynięcie 50 kilometrów przez kanał trwa około półtorej godziny. Pierwszy widok wyspy to białe skały Dover. Potem jeszcze około 112 kilometrów do Londynu. Zazwyczaj jedzie się tam dwie godziny. Odległości są podawane w milach. Na podróż powinno się wziąć wełniane skarpetki (w butach puchną stopy) i coś miękkiego pod głowę. Są takie nadmuchiwane poduszeczki-kołnierzyki, które pozwalają odpocząć głowie i szyi. Przed wyjazdem należy pamiętać o wzięciu do podręcznego bagażu mydła, ręcznika, pasty do zębów, skarpetek i świeżej bielizny na zmianę. Butelka wody mineralnej ugasi pragnienie podczas długiej podróży, a kanapki z polskim chlebem, który nawet po dwóch dniach zachowuje dobry smak, są niezłym pomysłem. Warzywa takie jak marchewka, ogórek lub papryka są na podróż idealne.

Autokar

Autokary przyjeżdżają na Victoria Station. Kierowca będzie wiedział, czy na „nową" (przystanek Green Lines) czy na „starą" Victorię (na ulicę Eccleston). Są one położone blisko siebie, oddzielone tylko główną ulicą Buckingham Palace, ale czasami trzeba sprawdzić na obu przystankach. Czterdzieści pięć–sześćdziesiąt kilometrów przed Londynem można zadzwonić do znajomych i powiedzieć im, że za godzinę autobus dotrze do Victorii, dodając której. Znajomym wystarczy godzina, aby dojechać i spotkać was. Dzwoniąc do znajomych, powinno się wykręcić 00 44 i numer w Londynie (ale bez zera na początku), jeśli używa się polskiego telefonu komórkowego. Jeżeli zadzwonicie z angielskiego telefonu (będąc już w obrębie Anglii), należy wykręcić 020 i numer londyński.

Samochód   Po dojeździe do Calais można albo wykupić bilet na pociąg, na którym parkuje się samochód (pociąg jedzie tunelem), i 30 minut później dojeżdża się do Dover, albo załadować samochód na prom. Ta podróż trwa półtorej godziny. Podróż statkiem jest tańsza. W miesiącach wakacyjnych bilety na pociąg (czy też na statek) są droższe. W Anglii jeździ się po lewej stronie. Zmęczeni podróżą kierowcy łatwo o tym zapominają. Jeżdżenie po lewej stronie nie jest trudne. Jedynym problemem jest mijanie ciężarówek na jednopasmowych szosach, ale po kilku kilometrach zaczyna się autostrada, gdzie już nie ma problemu, rozdzielenie dwu kierunków zmusza do jazdy po lewej stronie. Kierowcy są tutaj dobrzy, ponieważ praktyczny egzamin jest dosyć trudny. Zazwyczaj są rozsądni i kulturalni. Na rondach trzeba uważać. W Anglii pierwszeństwo ma ten, który jest na zewnętrznym obwodzie ronda. Nie należy zapominać popatrzeć w prawo, kiedy się wjeżdża na rondo.

Po dojeździe do obwodnicy M25 (co oznacza, że jest ona w odległości 25 mil od centrum Londynu – około czterdziestu kilometrów) można w nią skręcić lub jechać dalej, kierując się znakami na centralny Londyn lub West End. Te znaki doprowadzą nas do City i do Wieży Londyńskiej. Tu widać już Tamizę i dużo łatwiej można się zorientować. Przy wjeździe do centralnego Londynu znaki z literą „C" ostrzegają nas, że zbliżamy się do punktu, od którego powinno się zapłacić *congestion charge*. Ostatnio poszło w górę – od niedawna kosztuje 8 funtów. Ażeby go uniknąć, powinniśmy okrążyć West End. W weekendy nie płaci się *congestion charge*. Obwodnica, która jest w samym Londynie, nazywa się North Circular i South Circular. North biegnie przez północny Londyn, South przez południowy. W godzinach szczytu jest zapchana (ma tylko dwa pasma). Dobrze jest znać nazwę dzielnicy, do której chcemy dojechać. Na znakach drogowych w mieście są zazwyczaj nazwy dzielnic.

Parkowanie w centralnym Londynie jest drogie, ale dwa razy tańsze na przykład w Hammersmith. Na ulicach znajdują się parkometry i zawsze należy sprawdzić, ile kosztuje parkowanie za godzinę. Jeżeli zatrzymujecie się w dzielnicy mieszkalnej, tzw. *residential*, powinniście wykupić od lokalnych władz bilet, który będzie tańszy niż parkometr. Nie powinno się używać samochodu do poruszania się po centrum, ponieważ jest to bardzo drogie. Należy unikać spóźnień z opłatą w parkometrze – nawet po kilku minutach samochód może już być opieczętowany. Odblokowanie samochodu może kosztować więcej niż 70 funtów, plus mandat. Lepiej więc jeździć metrem lub autobusami. Na peryferiach lub poza miastem jazda samochodem będzie tańsza, szczególnie jeżeli koszty benzyny pokrywa kilku pasażerów. W mieście obowiązuje 20–30 mil/h (30 mil to 48 km). Na drogach bez ulicznego oświetlenia 40–60 mil/h, a na autostradzie 70 mil/h. Nie powinno się przekraczać dozwolonej prędkości, ponieważ w mieście i na peryferiach są kamery, a wkrótce będzie zastosowany najnowszy wynalazek – miniaturowa kamerka ukryta w *cats-eyes* (światełkach odblaskowych, które zaznaczają pasmo po obydwu stronach). Obecnie aparaty fotograficzne są ukryte w żółtych lub szarych skrzynkach. Wewnątrz jest także radar. Pas przy chodniku to zazwyczaj *bus lane* zarezerwowany dla autobusów i taksówek (w określonych godzinach od poniedziałku do piątku). Jeżeli nie zdążyliście przeczytać godzin i dni, zerknijcie, co robią inni kierowcy. Jeżeli nie wjeżdżają na ten pas, wy też nie powinniście. Kwadrat na środku skrzyżowania pomalowany w żółtą kratkę oznacza, że w tym miejscu należy zostawić wolną przestrzeń potrzebną innym kierowcom do przejechania kwadratu, czyli że na nim nie można czekać. Czeka się przed wjazdem na kwadrat, który zawsze powinien być wolny.

Jak poruszać się po Londynie?

Przy przechodzeniu przez ulicę musimy pamiętać, żeby popatrzeć w PRAWO, w LEWO i w PRAWO. W hotelach dostaniecie małą mapkę centralnego Londynu. Atlas londyński, A – Z, jest wielkości książki, zawiera też wszystkie ulice. Nie ma sensu wozić go ze sobą, kiedy jeździcie metrem czy autobusem, ponieważ jest ciężki. Przed podróżą do części Londynu, której nie znacie, powinniście zrobić sobie mapkę, jak dojść od stacji metra do celu. Jeżeli natomiast jeździcie samochodem, lepiej wziąć A – Z, ponieważ łatwo można się zgubić, szczególnie w południowym Londynie. Nie zawsze tablice z nazwami ulic są tam, gdzie powinny być. Od czasów wojny, kiedy patrioci angielscy pozdejmowali je z myślą o tym, że uniemożliwi to żołnierzom niemieckim poruszanie się po południowej Anglii i Londynie, nie powieszono ich jeszcze na miejsce (!).

Metro   Są różnego rodzaju bilety. Kupienie tzw. *travelcard* na dzień lub tydzień może być dobrym posunięciem. Poza tym ten bilet jest ważny niezależnie od liczby przejazdów na metro, autobus i kolej naziemną. Najlepiej też kupić *travelcard* na strefę 1 i 2. W ten sposób można obejrzeć większość muzeów, które tam właśnie się znajdują. Po godzinie szczytu, czyli po 9.30, bilet jest tańszy. Jeżeli podróżuje się z grupą (najmniejsza powinna się składać z 10 osób), zniżka jest naprawdę wysoka. Tego typu bilety kupuje się zazwyczaj na większej stacji metra. Na Oxford Circus obsłużą was najszybciej. Zawsze pytają, na ile dni jest karta i na ile osób w wieku poniżej 17 lat. Mogą zechcieć obejrzeć legitymację szkolną czy jakiś inny dowód tożsamości.

Autobusy   Na przystankach są wywieszone trasy linii. Jeżeli ma się
miejskie   wątpliwości, należy zapytać kierowcę, do jakiej dzielnicy jedzie i czy będzie przejeżdżać po głównej ulicy. Tego typu informacja pozwoli wam dotrzeć najbliżej celu. Nie należy zapominać o tym, by wziąć rano ze sobą adres i numer telefonu hotelu czy znajomych, u których się zatrzymaliście. Jeżeli pojedziecie autobusem w niewłaściwym kierunku, nie wpadajcie w panikę. To się zdarza często, ponieważ jesteśmy przyzwyczajeni do prawostronnego ruchu. Trzeba przejść przez ulicę, znaleźć przystanek i poczekać na autobus jadący w przeciwnym kierunku.

Jednodniowy bilet ważny na 4 strefy jest tańszy od biletu na metro. Dobrym pomysłem jest podróżowanie górą. Kierowcy londyńscy nie są zbyt ostrożni, tak więc podczas podróży powinno się siedzieć. Jeżdżą zrywami, są nerwowi (prawdopodobnie z powodu korków) i nikt nie szkoli ich, jak wozić kilkudziesięciu pasażerów bez potłuczeń. W przegubowcach nikt nie sprawdza biletów, chociaż od czasu do czasu pojawi się kontrola. Jeżeli zapomnieliśmy kupić bilet w kiosku, na niektórych przystankach są automaty (na monety). Jeżeli nie ma, w wielu autobusach można kupić bilet u kierowcy, ale trzeba mieć drobne. Kierowca potrafi wyprosić pasażera, jeżeli ten nie ma monet, tylko banknoty.

Kursują na najpopularniejszych trasach od 23 do 6 rano. Linie oznaczone są literą „N" poprzedzającą niebieskie i żółte numery. Wszystkie autobusy przejeżdżają przez Trafalgar Square (który jest w nocy sercem autobusowego Londynu). Tutaj można przesiąść się na autobus, który jedzie do waszej dzielnicy. Najważniejsze to dostać się do Trafalgar Square. Jednodniowe *travelcard* są w nich ważne do 4.30. Nocą należy być czujnym, usiąść tam, gdzie są ludzie, unikać wzrokowego kontaktu z tymi, którzy nie wyglądają na zrównoważonych, nie nosić aparatu fotograficznego na szyi, nie afiszować się zbytnio z telefonem komórkowym czy I-Podem w obecności nastolatków. Mapę trzeba nosić w kieszeni. (W miejscach turystycznych grasują złodzieje – można ich rozpoznać po tym, że mają rozbiegane oczy, którymi „obmacują" potencjalną ofiarę).

Autobusy nocne

W Londynie są dwa rodzaje taksówek. Pierwszy to tzw. londyńskie taksówki, których kierowcy zdali egzamin ze znajomości wszystkich londyńskich ulic. Są one łatwe do zauważenia, pali się żółte światełko, kiedy taksówka jest wolna. W środku ma licznik. Jeszcze kilka lat temu wszystkie były czarne, ale od czasu Złotego Jubileuszu królowa pozwoliła kierowcom na umieszczanie reklam na karoserii. Drugi rodzaj to *minicab*, kierowcą może być ktoś, kto ma swoje auto i chce dorabiać jako taksówkarz, ale nie zdał egzaminu ze znajomości Londynu. *Minicab* jest zazwyczaj tańszy, o cenę kursu można się dowiedzieć przed zamówieniem, kiedy rozmawiamy przez telefon z operatorem. Kierowca nie zmienia ceny, uzgodnionej przez operatora. W samochodzie nie ma licznika.

Minicab opłaca się, jeżeli jedziecie na lotnisko.

Samotnym kobietom podróżującym w nocy radziłabym jednak wziąć licencjonowaną londyńską taksówkę, a nie *minicab*. (Licencjonowana londyńska taksówka tel. 020 7253 5000 lub 020 7253 6969, lub 020 7251 4002).

Taksówki

Jeżdżąc koleją, można zaoszczędzić trochę czasu. *Travelcard* jest ważna także w pociągu (tak długo, jak poruszamy się po strefach, na które jest wykupiona). Na przykład do doków można dojechać i metrem, i koleją, i DLR (Dockland Light Railway), która jest prowadzona przez komputer (w małych, lekkich kolejkach nie ma maszynisty). Jest to kolej nadziemna, czasami biegnie po nasypie, pociąg składa się z 2–4 wagonów. Ostatni przystanek w Londynie znajduje się przy Tower Hill.

Kolej

Przydatne adresy

Po przyjeździe warto wpaść do POSK-u i kupić żółty *Informator*, który ma wiele adresów polskich instytucji, placówek, kościołów, księgarni i galerii. W księgarni można nabyć „Dziennik Polski", katolicką „Gazetę Niedzielną" lub pójść do czytelni i przejrzeć różne gazety, takie jak „Goniec Polski" itp. W tych ostatnich można znaleźć dużo informacji praktycznych (np. polskie dyskoteki w zachodnim Londynie, telefonowanie do Polski, nowe polskie restauracje, itd.).

Hotele   Najlepiej jest znaleźć hotel, używając Internetu, w ten sposób można porównać różnego rodzaju *special offers* (oferty specjalne) i wybrać tę najlepszą. Zorganizowana grupowa wycieczka ma szanse wynegocjować pokoje po przyzwoitej cenie. Niestety, w Anglii nie mamy dobrych hoteli w przystępnej cenie, tak jak to jest w Paryżu. Londyn jest najdroższym miastem w Europie i ceny hoteli zaczynają się od 30–50 funtów. Jeżeli wynajmiemy pokój w pobliżu Paddington, będzie on zapewne mały, ale za to jesteśmy blisko Hyde Parku i West Endu. Za niższą cenę można wynająć dużo większy pokój (z lepszym śniadaniem) w dokach, ale za to dojazd będzie kosztować kilka funtów i spędzimy dodatkowo 1–2 godziny dziennie w metrze.

W zachodnim Londynie dwa polskie hotele niedaleko stacji metra Ealing Common (i Acton Town), które istnieją już od ponad 20 lat, oferują pokoje od 30 funtów:

Park Lodge Guest House
335 Uxbridge Road, Acton
London, W3 9RA
tel/fax 020 8992 7874
tel. komórkowy 079 4914 7586

Acton Hill Guest House
311 Uxbridge Road
London, W3
tel. 020 8992 2553
tel. komórkowy 079 3065 4645

W okolicach Paddington (czyli po północnej stronie Hyde Parku):

Rose Court Hotel * *
1–3 Talbot Square Sussex Gardens
London, W2 1TR
tel. 020 7723 5128
fax 020 7723 1855
e-mail: rosehotel@aol.com
www.rosecourthotel.com

Alexandra Hotel * * (od 60 funtów)
159–161 Sussex Gardens
London, W2 2RW
tel. 020 7402 6471
fax 020 7724 1049
e-mail: hotels.leventis-group@virgin.net
www.hotels-leventisgroup.co.uk

Niki Hotel * * (od 70 funtów; dużo taniej w styczniu
i lutym):
16 London Street, W2 1HL
tel. 020 724 4466
fax 020 7723 7191
info@nikihotel.co.uk
www.nikihotel.co.uk

Na West Endzie, 5 minut od stacji metra Oxford Circus,
blisko polskiej ambasady:
Astor Court Hotel * * *
20 Hallam Street, W1W 6JQ
tel. 020 7636 4133
fax 020 7436 1191
astorcourt1@yahoo.co.uk

Blisko Bloomsbury i stacji King's Cross (kolejowej i metra):
Euston Novotel * * * * (od 160 funtów)
100–110 Euston Road, NW1 2 AJ
tel. 020 7666 9000
fax 020 7666 9100
www.accor.com

Niedaleko stacji Victoria, na tyłach pałacu Buckingham:
Rubens Hotel * * * *
39 Buckingham Palace Gate, SW1
bookrb@rchmail.com

Po południowej stronie Kensington Gardens, 8 minut od
metra High Street Kensington:
Kensington Palace * * * *
De Vere Gardens, W8 5AF
tel. 020 7937 8121
fax 020 937 2816
kensingtonpark@thistle.co.uk
www.thistlehotels.com/kensingtonpark

Blisko muzeów nauki i przyrodniczego; najbliższe metro
Gloucester Road:
Ramada Jarvis Kensington * * *
31-34 Queens Gate, SW7 5JA
tel. 020 7584 7222
fax 020 75893910
www.queensgateconcorde.co.uk
reservations@queensgateconcorde.co.uk

Na północy, blisko Hampstead i stacji metra Finchley Road:
Quality Hotel Hampstead * * * (od 65 funtów)
5 Frognal, NW3 6AL
tel. 020 7794 0101
fax 020 7794 0100
reservations@lth-hotel.com
www.lth-hotels.com

Bardzo blisko Tower, nad Tamizą, niedaleko stacji metra
Tower Hill:
The Tower Thistle Hotel * * * *
St Katharine's Way, E1W 1LD
tel. 020 74812575
fax 020 7488 4106
rezerwacja tel. 0800 181716
tower@guoman.com
www.guoman.com

W dokach, dojazd DLR do stacji East India Dock:
Travelodge Docklands * * * (od 55 funtow)
Coriander Avenue, E14 2AA
tel. 020 7531 9705
fax 020 7515 9178
087 0085 0950
www.travelodge.co.uk

Hotelik, którego właścicielem jest zazwyczaj jedna rodzina i w którym będziecie się czuć jak w angielskim domu, to Bed and Breakfast (łóżko i śniadanie). „Continental breakfast" oznacza śniadanie składające się z rogalika, dżemu (pomarańczowej gorzkiej marmolady), kawy i soku. „English breakfast" jest większy – plasterek boczku, usmażone jajko, grillowany pomidor, kilka pieczarek i grzanka.

London Bed and Breakfast Agency Ltd
71 Fellows Road
London, NW3 3JY
tel. 020 7586 2768
fax 020 7586 6567
saty@londonbb.com
www.londonbb.com

Schroniska młodzieżowe:
International Students House (ISH)
229 Great Portland Street, London W1N 5HD
tel. 020 7631 8300
fax 020 7631 8315

YMCA
National Council
640 Forest Road
London, E17 3DZ
tel. 020 8520 5599

Należy zarezerwować wcześniej miejsce. Na peryferiach Londynu jest kilka miejsc, gdzie można zatrzymać się przez cały rok:

Campingi

Crystal Palace Caravan Site (8 mil/13km od centralnego Londynu)
Crystal Palace Parade
London, SE19 1UF
tel. 020 8778 7155

Picketts Lock Sport and Leisure Centre (10mil/16km od centralnego Londynu)
Picketts Lock Lane, Edmonton
London, N9 0AS
tel. 020 8345 6666

Abbey Wood
Federation Road, Abbey Wood
London, SE2 0LS
tel. 020 8311 7708

Gdzie jeść?

W polskich barach i restauracjach (np. „Daquisé" czy
„Łowiczanka") jedzenie jest dobre i niezbyt drogie, szczególnie w POSK-u na 4 piętrze w barze. Polskich restauracji
jest więcej, niż wymieniłam, ale należy o nie zapytać (zależy to od dzielnicy, w jakiej jesteście). W chińskiej dzielnicy
w restauracjach – kantynach (często położonych na wyższych piętrach) dania są w podobnej cenie jak w barze
w POSK-u. Należy unikać miejsc turystycznych i chodzić
tam, gdzie widać wielu Chińczyków. Oni wiedzą, gdzie jest
dobra kuchnia. Jeżeli chcecie spróbować *tim sum* (knedliki
z mąki ryżowej z nadzieniem), radziłabym pójść w porze
obiadowej (w porze lunchu) i zamówić kilka dań, które nie
są drogie. Jeżeli zamówicie 6–7 dań na dwie osoby, będzie
to kosztować ok. 14–20 funtów. Moją ulubioną restauracją
jest „Joy King Lau" na Leicester Street (po północnej stronie placu). Jeżeli chcecie zjeść w Soho coś niechińskiego,
sprawdźcie zawsze ceny (zanim wejdziecie lub usiądziecie).
Niedroga jest angielska restauracja „Stockpot" na Panton
Street (odchodzi od Leicester Square w kierunku zachodnim). Dania w „Stockpot" trzeba solić i pieprzyć samemu –
to stary angielski zwyczaj, który ma zapewne związek
z tradycją purytańską. Dobre są proste angielskie dania
w pubach. Można zamówić *scampi* (krewetki w cieście) lub
ryby z frytkami (w niektórych pubach do ciasta dodaje się
trochę piwa i wówczas panierka jest dużo lżejsza); polecam
też steki, mięsa duszone w sosie lub *pie* – zapiekanki w cieście,
wypełnione mięsem, warzywami lub żółtym serem i cebulą.
Oczywiście taki *pie* można kupić za połowę ceny w angielskiej piekarni, kiedy jeszcze jest ciepły. Do hinduskich
restauracji powinno się pojechać na Southall (zachodnie
peryferie) lub na Brick Lane na East Endzie. Tradycyjnym
robotniczym londyńskim barem (pozostało już ich niewiele), jest *pie shop*. Zamawia się w nim węgorza w galarecie

(*jellied eel*) z ziemniakami purée (*mash potatoes*) i ze słonym, zielonym sosem z pietruszki (*liquor*). Bary *fish and chips* są różnej jakości. Jeden z najlepszych nazywa się „Blue Sea Fish Bar" na Queens Crescent (zob. s. 307).

Zasada jest prosta: by skorzystać z lokalu serwującego kuchnię narodową, trzeba zerknąć przez okno i wejść tam, gdzie widać wielu klientów danej narodowości, unikać natomiast miejsc, gdzie jedzą turyści.

Żeby wypić herbatę w wytwornym angielskim stylu, należy pójść albo do hotelu „Ritz" (trzeba dokonać wcześniej rezerwacji) albo do Fortnum & Mason (słynnego domu towarowego, który sprzedaje najlepszą herbatę i ma na parterze także kawiarnię). Moją ulubioną herbatą jest herbata Królowej Anny (Queen Ann Tea). Tę herbatę można kupić tylko w Fortnum & Mason. I „Ritz", i Fortnum & Mason, są na ulicy Piccadilly, „Ritz" bliżej stacji metra Green Park.

Jedną z najlepszych restauracji jest „Nobu" na Park Lane, blisko Hyde Park Corner. Serwują tutaj także różnego rodzaju egzotyczne knedliki, często przysmażane, mają więc chrupiącą skórkę. Powinno się zarezerwować stolik. Tu przychodzą sławni ludzie. Jedna ze scen w romantycznej komedii *Notting Hill* z Julią Roberts i Hugh Grantem została sfilmowana właśnie w „Nobu".

3 x T (Toalety, telefon, taniej lub za darmo)

Toalety

Toalety są bezpłatne w pubach, restauracjach, na lotniskach, w muzeach, galeriach, itp.

W Anglii istnieje prawo, zgodnie z którym właściciel pubu nie ma prawa odmówić potrzebującemu skorzystania z toalety. Ciągle jeszcze na ulicach są szalety dawnego typu (jeden z pierwszych w mieście, na Camden Town, został postawiony z inicjatywy George'a Bernarda Shawa), ale przybywa coraz więcej kabin automatycznych, tak zwanych *superloos* (slowo *loo* jest bardziej eleganckie niż *toilet*).

Telefony

Budki telefoniczne stoją na wielu rogach, na dworcach i lotniskach (często można także znaleźć automat w pubie). Istnieje kilka typów budek, które są rozpoznawalne z daleka: stary typ, który widać na widokówkach, nowa, prze-szklona budka ze znakiem BT oraz w chińskiej dzielnicy budki wyglądające jak pagody, z eleganckimi daszkami. Na lotnisku automat BT (British Telecom) jest tańszy od innych. Można płacić monetami, kartą telefoniczną lub kar-tą płatniczą. Jeżeli płacimy bilonem, powinniśmy mieć przy-gotowane minimum 30 pensów na rozmowę w Londynie. Podczas krótkiej rozmowy najlepiej używać monet o najniż-szych nominałach (10- lub 20-pensówki). Rozmowy krajo-we są droższe między 9.00 a 13.00. Niższe stawki obowią-zują przed godziną 8.00 i po 18.00. Podczas weekendu opła-ty są niższe. Karty można kupić w kiosku lub czasami w sklepie spożywczym. Używając karty kredytowej, należy pamiętać, że opłata za rozmowę będzie wyższa. Żeby za-dzwonić za granicę, trzeba mieć przynajmniej dwa funty kredytu na karcie. Jeżeli na automacie jest numer telefonu, można zadzwonić do osoby, z którą chcemy rozmawiać, i poprosić ją o oddzwonienie. Można także dzwonić poprzez operatora na tzw. *collect*, osoba, do której dzwonimy, pokry-wa wówczas koszt telefonu.

Taniej lub za darmo

Bary są tańsze niż restauracje, chociaż chińskie restau-racje są cenowo bardzo przystępne. POSK-owy pub na czwartym piętrze ma dobrą kuchnię i jest niedrogi. Super-market jest tańszy niż mały sklep na rogu. Rynek jest tańszy niż supermarket.

W supermarkecie pod koniec dnia o określonej godzinie są czasami obniżane ceny na towary, których data ważności dobiega końca.

Sklepy Oxfam, Help the Aged i inne sprzedają używaną odzież. W eleganckich i drogich dzielnicach używana odzież, dodatki, torebki, pantofle są dobrej jakości, ponieważ zosta-ły oddane przez bogate właścicielki. Aby tanio kupić nową odzież, należy pójść albo na rynek albo do dzielnicy, o któ-rej wiemy, że ceny w sklepach są tam dużo niższe.

Wstęp do muzeów państwowych jest bezpłatny, powin-no się więc z tego skorzystać. Czasami, jeżeli jest w nich jakaś tymczasowa wystawa, trzeba wykupić bilet, ale do po-zostałej części muzeum wstęp jest wolny. Sytuacja zapewne się zmieni i podejrzewam, że nie na lepsze. Muzea prywat-ne i pałace królewskie są drogie (bilet kosztuje ok. 10 fun-tów lub więcej). Wstęp do małych muzeów, np. Muzeum Podrzutków czy Guildhall, kosztuje około 5 funtów (zniżki dla dzieci i studentów). W niektórych muzeach są godziny lub dni (raz na tydzień), gdy nie płaci się za wstęp (np. wejście na wystawę w Courtauld Institute jest bezpłatne w poniedziałki do 14). W wielu galeriach jest wstęp bezpłatny na godzinę przed zamknięciem (np. w Galerii Guildhall).

Najważniejsze polskie adresy

Ambasada RP
47 Portland Place, W1
Dojazd: metro Oxford Circus, linia Victoria i Bakerloo
tel. 0870 7742 705
fax 020 7323 4018
e-mail: polishembassy@polishembassy.org.uk
www.polishembassy.org.uk

Konsulat Generalny RP w Londynie
73 Cavendish Street, W1
Dojazd: metro Oxford Circus, linia Victoria i Bakerloo
tel. 0870 774 2802
fax 020 7323 2320

POSK
238-246 King Street, W6
Dojazd: metro Ravenscourt Park, linia District lub metro Hammersmith, linie Piccadilly i District
tel. 020 8741 1940
fax 020 9746 3798
www.posk.org
e-mail: admin@posk.org
Księgarnia, biblioteka, restauracja „Łowiczanka", kawiarnia na parterze, bar na 4 piętrze, galeria i teatr
Instytut Józefa Piłsudskiego
Stowarzyszenie Lotników Polskich
Koło Byłych Żolnierzy Armii Krajowej
PUNO

Polska Misja Katolicka w Anglii i Walii
2 Devonia Road, N1

Dojazd: metro Angel, linia Northern
tel. 020 7226 3439
e-mail: pbf.pmk@ukonline.co.uk
polishcatholicmission.org.uk

Instytut Polski i Muzeum im. Generała Sikorskiego
20 Prince's Gate, SW7
Dojazd: metro South Kensington, linie Circle i District
tel. 020 7589 9249

Felix Barker, Peter Jackson, *London*, Cassell & Company, London 1974.

The Cambridge Biographical Encyklopedia, ed. by David Crystal, Cambridge University Press, Cambridge 1998.

Ian Cunningham, *A Reader's Guide to Writers' London*, Prion, London 2001.

Lewis Foreman, Susan Foreman, *London: A Musical Gazetteer*, Yale University Press, New Haven and London, 2005.

E. Glinert, *The London Compendium*, Penguin Books, London 2003.

Edward Jones, Christopher Woodward, *A Guide to the Architecture to London*, Weidenfeld and Nicholson, London 1992.

The London Encyclopedia, ed. by Ben Weinreb and Christopher Hibbert, Book Club Associates, London 1983.

Patricia Pierce, *Old London Bridge*, Headline, London 2001.

John Richardson, *The Annals of London*, Cassel Paperbacks, London 2000.

John Russell, *London*, Thames and Hudson, London 1994.

Jonathan Schneer, *The Thames England's River*, Little, Brown, London 2005.

Godfrey Smith, *The English Companion*, Pavilion, London 1984.

The Times History Atlas, ed. by Hugh Clout, Times Books, London 1991.

The Young Oxford History of Britain and Ireland, M. Corbisley, J. Gillingham, R. Kelly. I. Dawson, J. Mason, K.O. Morgan (ed) Oxford University Press, Oxford 1996.

Gavin Wightman, *London's Thames*, John Murray, London 1988.

Westminster i Whitehall

Edward Raczyński, *W sojuszniczym Londynie*, Polska Fundacja Kulturalna, Londyn 1997.

Halina Taborska, *Nowy Londyn*, „Veritas", Londyn 2004.

Victoria i St James's

Franciszek Kalinowski, *Lotnictwo polskie w Wielkiej Brytanii 1940–1945*, Instytut Literacki, Paryż, 1969.

Halina Taborska, *Nowy Londyn*, „Veritas", Londyn 2004.

Jerzy Tuszewski, *Armand – Hubert – Brutus. Trzy oblicza agenta*, Agencja Wydawnicza CB, Warszawa 2005.

Stanisław Reychan, *Pamiętnik dziwnego człowieka*, „Universitas", Kraków 1992.

Joseph Conrad, *Listy*, PIW, Warszawa 1968.

Jeffrey Meyers, *Joseph Conrad*, John Murray, London 1988.

Frederick R. Karl, *Joseph Conrad: The Three Lives*, Farrar, Straus and Giroux, New York 1979.

West End

„Dziennik Polski", 3 października 2005, wywiad z Arturem Rynkiewiczem przeprowadzony przez W. Płazaka.

Stanisław Mackiewicz, *Londyniszcze*, Czytelnik, Warszawa 1957.

Joseph Boruwłaski, *The Life and Love Letters of a Dwarf*, Isbister & Co. Limited, London 1902.

Joseph Conrad, *Tajny agent*, przekład A. Glinczanka, PIW, Warszawa 2004.

Piccadilly

John Gielgud, *An Actor and His Time*, Penguin Books, London 1979.

Adrian Turner, *Robert Bolt*, Hutchinson, London 1998.

Kevin Brownlow, *David Lean*, Faber and Faber, London 1997.

Eva Curie, *Madam Curie*, Heinemann, London 1962.

Południowy brzeg

Mieczysław Paszkiewicz, *Muzeum Polskie*, Katolicki Ośrodek Wydawniczy „Veritas", Londyn 1972.

Jan Jokiel, *Udział Polaków w Bitwie o Anglię*, Instytut Wydawniczy PAX, Warszawa 1972.

Władysław Anders, *Bez ostatniego rozdziału*, Londyn 1949.

Marek Żuławski, *Studium do autoportretu*, Czytelnik, Warszawa 1980.

Adam Kossowski, *Murals and Paintings*, Armelle Press, Londyn 1990.

Józef Garliński, *Świat mojej pamięci. Wspomnień tom drugi: Londyn* Oficyna Wydawnicza Volumen, Warszawa 1998.

South Kensington i parki

Marcus Binney, *The Women who Lived for Danger*, Coronet Books, London 2002.

Madeleine Masson, *Christine*, Hamish Hamilton, London 1975.

Barbara Hulanicki, *From A to Biba*, Hutchinson, London 1983.

Witold Gombrowicz, *Wspomnienia polskie*, Res Publica, Warszawa 1990.

Marek Żuławski, *Studium do autoportretu*, Czytelnik, Warszawa 1980.

Józef Mackiewicz, *Fakty, przyroda i ludzie*, Kontra, Londyn 1984.

Joseph Conrad, *Tajny agent*, przekład A. Glinczanka, PIW, Warszawa 2004.

Chelsea

Thomas Carlyle, *The History of Frederick the Great*, London 1901.

Bloomsbury i St Pancras

Ian McAuley, *Guide to Ethnic London*, Immuel Publishing Ltd, London 1993.

Joseph Conrad, *Refleksje o morzu i statkach, życiu i ludziach*, wyboru dokonał T. Kaczmarek, „Bonami", Poznań 2004.

Jiří Langer, *Nine Gates*, James Clarke & Co, London 1961.

Fitzrovia, Marylebone i Regent's Park

„Dziennik Polski", 3 października 2005, wywiad z Arturem Rynkiewiczem przeprowadzony przez W. Plazaka.

„Dziennik Polski", 19 grudnia 1981, W. A. Zbyszewski, *Prezydent Edward Raczyński*.

Mieczysław Paszkiewicz, *Muzeum Polskie*, „Veritas", Londyn 1972.

„Nowa Polska" pod red. A. Słomińskiego, Londyn 1942.

Jan Dąbrowski, *Polacy w Anglii i o Anglii*, Wydawnictwo Literackie, Kraków 1962.

Jerzy Tuszewski, *Armand – Hubert – Brutus. Trzy oblicza agenta*, Agencja Wydawnicza CB, Warszawa 2005.

Józef Garliński, *Enigma*, Odnowa, Londyn 1980.

Strand i okolice

Jan Nowak-Jeziorański, *Wojna w eterze*, Wydawnictwo Znak, Kraków 1991.

Jan Nowak-Jeziorański, *Courier from Warsaw*, Collins/Harvill, London 1982.

Jan Jokiel, *Udział Polaków w Bitwie o Anglię 1940*, Wydawnictwo MON, Warszawa 1967.

Eugeniusz Banaszczyk, *W Bitwie o Anglię*, Książka i Wiedza, Warszawa 1979.

Ryszard Kapuściński, *Autoportret reportera*, Wydawnictwo Znak, Kraków 2003.

Ludwik Hass, *Masoneria polska XX w.*, POLCZEK, Warszawa 1993.

Ludwik Hass, *Sekta farmazonii warszawskiej*, PIW, Warszawa 1980.

City

Edward Raczyński, *W sojuszniczym Londynie*, Polska Fundacja Kulturalna, Londyn 1997.

Szczepan Wesoły, *Dzieje Akcji Katolickiej...* „Czyn Katolicki", Londyn, wrzesień 2003.

Maria Pawlikowska-Jasnorzewska, *Listy 1928–1945*, „Kossakiana", Kraków 1998.

Jan Dąbrowski, *Polacy w Anglii i o Anglii*, Wydawnictwo Literackie, Kraków 1962.

Maria Kuncewiczowa *Blitz*, „Nowa Polska" pod red. A. Słonimskiego, Londyn 1942.

Stanisław Mackiewicz, *Londyniszcze*, Czytelnik, Warszawa 1957.

Tower Hill

Jeffrey Meyers, *Joseph Conrad*, John Murray, London 1991.

Frederick R. Karl, *Joseph Conrad: The Three Lives*, Farrar, Straus and Giroux, New York 1979.

Anecdotes from History, compiled by Grant Uden, Basil Blackwell, Oxford 1968.

The Cambridge Biographical Encyclopedia, ed. by David Crystal, University Press Cambridge, 1994.

The London Encyclopedia, ed. by Ben Weinreb and Christopher Hibbert, Book Club Associates, London 1983.

The Young Oxford History of Britain and Ireland, Oxford University Press, Oxford 1996.

Edmund Kosiarz, *Flota Białego Orła*, Wydawnictwo Morskie, Gdańsk 1984.

Jan Dąbrowski, *Polacy w Anglii i o Anglii*, Wydawnictwo Literackie, Kraków, 1962.

Wacław Jędrzejewicz, *Kronika życia Józefa Piłsudskiego 1867–1935*, Polska Fundacja Kulturalna, Londyn 1977.
Jan Dąbrowski, *Polacy w Anglii i o Anglii*, Wydawnictwo Literackie, Kraków 1962.

East End

Ryszard Juszczak, *Kościół św. Andrzeja Boboli*, „Unicorn", Londyn 1980.
Beata Obertyńska, *W domu niewoli*, Nakładem Grona Przyjaciół, Chicago 1968.
Beata Obertyńska, *Poezje*, OTAWA, Jerozolima 1945.

Hammersmith

Bohdan Arct, *Polacy w Bitwie o Anglię*, Wydawnictwo MON, Warszawa 1967.
Jan Jokiel, *Udział Polaków w Bitwie o Anglię*, Instytut Wydawniczy Pax, Warszawa 1972.
Stanisław Mackiewicz, *Londyniszcze*, Czytelnik, Warszawa 1957.
Rafał Habielski, *Polski Londyn*, Wydawnictwo Dolnośląskie, Wrocław 2004.
„Dziennik Polski", 7 września 2005.
Fredrich R. Karl, *Joseph Conrad: The Three Lives*, Farrar, Straus and Giroux, New York, 1979.
Józef Garliński, *Świat mojej pamięci*, Oficyna Wydawnicza Volumen, Warszawa 1998.

Zachodni Londyn

Jan Nowak-Jeziorański, *Courier from Warsaw*, Collins/Harvill, London 1982.
Maria Pawlikowska-Jasnorzewska, *Listy 1928–1945*, „Kossakiana", Kraków 1998.

Paddington

Wywiad autorki z Zofią Komedą-Trzcińską przeprowadzony 2 i 9 grudnia 2005 r.
Informacje o Themersonach na podstawie rozmowy z Jasią Reichardt w listopadzie i grudniu 2005, a także po obejrzeniu filmu o Themersonach (w reż. Tomasza Pobóg-Malinowskiego).

Edgware Road i Maida Vale

Camden, St John's Wood, Hampstead i Colindale

Maria Kuncewiczowa, *Blitz*, „Nowa Polska" pod red. A. Słonimskiego, Londyn 1942.

Stanisław Reychan, *Pamiętnik dziwnego człowieka*, „Universitas", Kraków 1992.

Highgate i Islington

Beata Obertyńska, *Ballada o chorym księżycu*, „Veritas", Londyn 1959.

Jan Dąbrowski, *Polacy w Anglii i o Anglii*, Wydawnictwo Literackie, Kraków 1962.

Jacob Bronowski, *The Ascent of Man*, BBC, London 1974.

Antoni Słonimski, *Listopad*, „Nowa Polska", Londyn 1942.

Edward Raczyński, *W sojuszniczym Londynie*, Polska Fundacja Kulturalna, Londyn 1997.

Tamiza i mosty

Joseph Conrad, *Młodość i inne opowiadania*, przekład A. Zagórska, PIW, Warszawa 1956.

Marek Żuławski, *Studium do autoportretu*, Czytelnik, Warszawa 1980.

Jan Dąbrowski, *Polacy w Anglii i o Anglii*, Wydawnictwo Literackie, Kraków 1962.

Indeks osób

W indeksie umieszczono osoby, utwory literackie, dzieła sztuki i filmy; tytuły wyróżniono kursywą; w nawiasach podano nazwiska autorów.

Indeks geograficzno-rzeczowy

Indeksem ujęto nazwy geograficzne i rzeczowe, mające bezpośredni związek z Londynem historycznym i współczesnym oraz obecnością Polaków, polskiej emigracji i Polonii.

Spis treści